영적 훈련

도널드 S. 휘트니

네비게이토 출판사

네비게이토 선교회는
국제적이며 복음적인 기독교 기관이다.
예수 그리스도께서는 자기를 따르는 자들에게
"너희는 가서 모든 족속으로 제자를 삼으라"
(마태복음 28:19)는 지상사명을 주셨다.
네비게이토 선교회는 세계 모든 국가에서
예수 그리스도의 일꾼들을 배가시켜
이 지상사명의 성취를 돕는 것을
근본 목표로 하고 있다.

네비게이토 출판사는
네비게이토 선교회의 문서 선교를 담당하고 있다.
본 출판사에서는 그리스도인의 영적 성장을 돕는
서적과 자료들을 출판하여,
그리스도인의 삶의 기초가 견고한
헌신된 제자로 성장하게 하고,
나아가 성숙한 인격과 지도력을 갖춘
일꾼이 되도록 돕고 있다.

SPIRITUAL DISCIPLINES FOR THE CHRISTIAN L·I·F·E

DONALD S. WHITNEY

Translated by permission
Title originally published in English as
SPIRITUAL DISCIPLINES FOR THE CHRISTIAN LIFE
by NavPress, a ministry of The Navigators.
©1991 by Donald S. Whitney
Korean Copyright ©1997
by Korea NavPress

차 례

저자 소개　　7
추천의 말　　9
감사의 말　　11
 1 영적 훈련의 목적　　17
 2 성경 말씀 섭취(1)　　33
 3 성경 말씀 섭취(2)　　51
 4 기도　　85
 5 예배　　111
 6 전도　　131
 7 섬김　　155
 8 청지기의 도　　179
 9 조용히 혼자 있는 시간　　219
10 영적 일기 쓰기　　253
11 배우는 삶　　277
12 끈기 있는 훈련　　295

저자 소개

도널드 휘트니 박사는 미국 아칸소 주 출신으로 일찍이 예수 그리스도를 주님과 구주로 영접했습니다. 아칸소 로스쿨 재학 시절에 전임 사역자로 부르심을 받아 목회의 길을 걷게 되었고, 1981년 이래 시카고 근교에 있는 글렌필드 침례교회의 목사로 시무하고 있습니다. 트리니티 신학교에서 목회학 박사 학위를 받았으며, 구원의 확신(1997, 네비게이토 출판사 간)이라는 책을 쓰기도 했습니다.

추천의 말

나는 기꺼이 모든 그리스도인들에게 이 책을 읽어 보도록 권하는 바입니다. 이 책을 읽되, 한 달씩의 간격을 두고 세 번은 통독하기 바랍니다(매번 읽기를 마칠 때마다 다음에 다시 읽을 날짜를 정해 두기 바랍니다). 그렇게 할 때 이 책의 내용은 마음에 스며들게 될 것이며, 제자로서의 자신의 삶에 대해 현실적인 평가를 할 수 있게 될 것입니다. 처음 읽고 나서는 구체적인 적용 사항을 몇 가지 정하여 실천해 보기 바랍니다. 그리고 두 번째와 세 번째 읽을 때는 무엇을 어떻게 실천해 왔는지 평가해 보기 바랍니다. 평가 결과가 처음에는 약간 충격적일 수도 있습니다. 그러나 그것은 당신에게 유익할 것입니다.

근래에 들어 여러 가지 영적 훈련은 북미의 복음적인 그리스도인들의 대화에서 단골 메뉴가 되었습니다. 이것은 반가운 일입니다. 훈련(discipline)에 대한 가르침은 새로운 것이 아니라 말씀, 기도, 교제, 주님의 만찬과 같은 이른바 "은혜의 수단들"에 대한 고전적인 가르침을 다시 언급하면서 이를 확장시킨 것입니다. 저자는 성경 말씀의 기초 위에 굳게 서서 확신 있는 필치로 훈련의 행로를 그리고 있습니다. 그의 권면은 복음적이며, 결코 율법적이지 않습니다. 다른 말로 하면, 그는 우리를 구원하신 은혜에 감사하여 영적 훈련을 통해 경건을 추구하도록 권하고 있을 뿐, 자기 의를 쌓거나, 자기 힘으로 하나님께 나아가거나, 자기 노력으로 영적 진보를 이룩하기 위한 방편으로 영적 훈련을 촉구하고 있지는 않습니다. 이러한 기초 위에서 그가 제안하는 내용들은 건전한 만큼 또한 유익합니다. 그는 참으로 생명력 있는 삶에 이르는 길을 보여 주고 있습니다.

만약 자신과 하나님을 속이지 않고 하나님 앞에서 정직하게 자신을 살펴보며, 나아가 하나님과 힘차게 동행하는 삶을 살기를 진정으로 원한다면, 이 책은 실제적인 도움을 제공할 것입니다. 1세기 반 전 스코틀랜드의 교수였던 던컨은 학생들에게 죄 문제에 대한 존 오웬의 글을 읽도록 권하면서, "하지만, 제군들. 수술 받을 준비를 하게"라고 권면했습니다. 나는 당신에게 이 책을 읽도록 권하면서 "자, 여러분, 훈련할 준비를 하십시오"라고 말하고 싶습니다. 영적 훈련은 당신을 영적으로 건강하도록 해줄 것입니다.

J. I. 패커

감사의 말

스코틀랜드의 앨런 웰즈 선수는 1980년 모스크바 올림픽 100미터 경주에서 우승했을 때 "이 영광을 에릭 리델에게 돌립니다"라고 말했습니다. 그러면서 그는 1924년 파리 올림픽 이래 자신과 모든 스코틀랜드 사람들이 리델로부터 받은 감화와 영향에 감사를 표했습니다. 파리 올림픽에서 리델은 100미터 경주가 있는 날이 자신의 영적인 확신과 마찰을 빚자 그 경주에서 우승할 수 있는 기회를 스스로 포기했습니다. 그는 다른 날에 벌어진 400미터 경주에서 금메달 획득과 함께 올림픽 신기록을 세우는 것으로 만족했습니다.

웰즈가 거의 40년 전에 세상을 떠난 사람의 영향에 대해 감사를 표했듯이, 나 역시 저술이나 전기를 통해서만 만났을 뿐, 직접 만난 적이 없는 사람들이 내게 끼친 영향에 대해 감사를 표시하기 원합니다. 그들의 생각과 삶은 나의 생각과 삶에 지대한 영향을 끼쳤습니다.

먼저 청교도들에게 감사를 표합니다. 오늘날 제대로 알지도 못하는 사람들이 그들을 매도하고 있습니다. 그들에 대하여 우리는 판에 박은 듯한 인식을 하고 있는데, 그것은 신앙과 경건한 삶에 있어서 그들이 얼마나 지대한 공헌을 했는가를 잘 알지 못하고 있음을 드러낼 뿐입니다. 그들은 영적 거인들이며, 그들의 영향은 내게까지 미치고 있습니다.

조나단 에드워즈, 찰스 스펄전, 그리고 마틴 로이드 존스에게 감사를 표합니다. 그들의 삶과 사역으로 말미암아 나의 삶과 사역은 크게 향상될 수 있었습니다.

나는 또한 나의 삶을 부요케 해준 이 시대의 사람들에게 감사하고 싶습니다.

어니 라인싱거에게 감사를 드립니다. 개혁과 부흥에 대한 그의 비전, 만나 본 적도 없는 한 젊은 목사를 기꺼이 돕고자 하는 마음, 그리고 그의 훌륭한 저술들로 인해 감사를 드립니다.

존 암스트롱, 짐 엘립, 그리고 톰 네틀즈 제씨에게는, 그들의 우정에 대해, 그리고 나의 생각을 자극해 준 데 대해 감사드립니다.

J. I. 패커에게 감사드립니다. 그는 명료한 신학 저술을 통해 청교도들에 대한 오랜 연구 결과들을 명쾌하게 전달해 주었습니다.

짐 라트젠에게 감사드립니다. 그는 내가 이 책을 쓰는 데 대해 순수한 마음으로 기뻐해 주었으며, 그와 함께 일하는 것은 언제나 큰 즐거움이었습니다.

원고 입력과 기타 많은 세세한 부분에서 도와준 베스 멀린즈에게 감사드립니다.

영적 훈련에 대하여 내가 가지고 있는 생각들을 체계적으로 정리해 보도록 처음으로 자극을 주었던 데이비드 라슨에게 감사드립니다.

로저 플레밍 부부에게 감사드립니다. 그들의 우정과 격려가 없었더라면 이 책은 아마 쓰여지지도 출판되지도 않았을 것입니다.

처음부터 끝까지 꼼꼼하게 편집해 준 트래시 멀린즈에게 감사드립니다.

이 책을 쓰는 동안 나를 위해 기도해 주고, 특별한 사랑으로 지원해 준 글렌필드 교회 교우들에게 감사드립니다.

그리고, 이 책을 쓸 때 인내심 있게 기다려 준 아내에게 감사를 표합니다.

경건한 생활을 하기 위하여
늘 자신을 훈련하시오.

디모데전서 4:7, 새번역

제 1 장

영적 훈련의 목적

우리 세대는 훈련되지 않은 세대이다.
옛날부터 행해 왔던 훈련들은 무너져 내리고 있다.…
무엇보다, 거룩한 은혜의 훈련이 율법주의로 조롱당하기도 한다.
성경을 모르는 이 세대는 영적 훈련에 대해 전혀 무지하다.
우리에게는 경건한 성품의 강력한 힘이 필요하다.
그것은 오직 훈련을 통해서만 얻을 수 있다.

V. 레이먼드 에드먼

방향이 없는 훈련은 고역입니다.

여덟 살짜리 꼬마 케빈을 생각해 보십시오. 케빈의 부모는 그에게 음악 레슨을 시켰습니다. 매일 방과후면 그는 거실에 앉아 마지못해서 기타 연습을 했습니다. 하지만 그의 마음은 밖에 가 있고 눈은 길 건너편 공원에서 야구를 하고 있는 친구들을 부러운 듯이 바라보고 있습니다. 그의 훈련에는 방향이 없었습니다. 케빈에게는 기타 치는 연습이 고역이었습니다.

그런데 어느 날 오후 기타 연습을 하고 있는데 천사가 찾아왔습니다. 그리고는 환상 가운데 케빈을 카네기 홀로 데려갔습니다. 케빈은 베테랑 기타 연주자가 연주하고 있는 것을 보았습니다. 기타 연습에 진저리가 나 있었던 케빈은 그 광경을 보고 참으로 놀랐습니다. 그 연주자의 손가락은 현 위를 마치 춤추듯 우아하고 유연하게 움직이고 있었습니다. 그는 손가락으로 요술을 부리는 듯했습니다. 그의 손가락을 통해 복잡한 악보는 아름다운 음악으로 바뀌어 향기처럼 홀 전체로 퍼져 나갔습니다. 케빈은 자기 손가락이 기타의 현을 뜯을 때는 얼마나 서툰지 생각해 보았습니다. 자기가 연주할 때 흘러나오던, 귀에 거슬리는 불협화음이 떠올랐습니다.

케빈은 그 대가의 기타 연주에 매료되었고, 두 귀를 쫑긋 세우고 그 연주 소리에 귀를 기울였습니다. 그리고 모든 것을 귀에 담았습니다. 도대체 그처럼 기타를 잘칠 수도 있다고는 상상해 본 적도 없었습니다.

그때 천사가 물었습니다. "케빈, 어떻게 생각하니?"

케빈은 놀란 표정을 지은 채 천천히 입을 떼었습니다. "와, 정말 놀라워요!"

환상은 사라지고, 천사는 다시 거실에 있는 케빈 앞에 서 있습니다. "케빈, 네가 본 그 명연주자는 몇 년 후의 바로 너야"라고 천사는 말했습니다. 그리고는 기타를 가리키며 천사는 단호하게 말했습니다. "하지만, 네가 그렇게 되기 위해서는 열심히 연습을 해야 해!"

그 순간 천사는 사라지고, 거실에는 기타를 들고 앉아 있는 케빈만 혼자 남았습니다. 기타 연습에 대한 케빈의 태도는 이제 달라질까요? 아마 달라질 것입니다. 몇 년 후의 자기 모습을 생각하면서 연습을 할 것입니다. 그의 훈련은 방향과 목표를 가지게 될 것입니다. 물론 피나는 노력이 필요할 것입니다. 그러나 기타 연습이 이제는 더 이상 고역이 아닐 것입니다.

많은 그리스도인들이 영적 훈련에 대해서, 케빈이 기타 연습에 대해 느끼고 있는 것과 같은 느낌을 갖고 있습니다. 그들의 영적 훈련은 방향이 없습니다. 기도는 하나의 고된 일처럼 생각됩니다. 성경 말씀을 묵상하는 것이 실제 삶에서 무슨 가치와 유익이 있는지 잘 모릅니다. 여러 가지 영적 훈련을 하고는 있지만 그 진정한 목적이 무엇인지 분명치 않는 경우가 많습니다.

이 문제를 해결하기 위해서는, 먼저 우리가 장차 어떤 사람이 될 것인지를 알아야 합니다. 로마서 8:29에는 하나님의 택함을 받은 사람들에 대해 다음과 같이 말합니다. "하나님이 미리 아신 자들로 또한 그 아들의 형상을 본받게 하기 위하여 미리 정하셨으니…." 하나님의 영원한 계획은 모든 그리스도인이 궁극적으로는 그리스도처럼 되는 것입니다. "사랑하는 자들아, 우리가 지금은 하나님의 자녀라. 장래에 어떻게 될 것은 아직 나타나지 아니하였으나, 그가 나타내심이 되면 우리가 그와 같을 줄을 아는 것은 그의 계신 그대로 볼 것을 인함이니, 주를 향하여 이 소망을 가진 자마다 그의 깨끗하심과 같이 자기를 깨끗하게 하느니라"(요한일서 3:2-3). 주님께서 다시 오시는 날 우리는 주님과 같이 될 것입니다. 이것은 환상이 아니라 장래에 실제로 이루어질 사실입니다. 이것은 그리스도인인 당신의 얼마 후의 모습입니다.

그러면 왜 연습 또는 훈련에 대해 거론할 필요가 있습니까? 하나님께서 우리가 그리스도와 같아지도록 미리 정하셨다면, 훈련이 무슨 소용이 있습니까?

비록 하나님께서는 예수님께서 다시 오실 때 우리를 그분과 같은 형상으로 만드시겠지만, 그때까지 우리가 그분을 닮아 가도록 하셨습니다. 우리는 단지 거룩해지도록 기다리기만 하는 것이 아니고 거룩함을 추구해야 합니다. 우리는 거룩함을 추구하도록 명령받았습니다(히브리서 12:14). 거룩함이 없이는 아무도 주님을 보지 못할 것이기 때문입니다.

그러면 다음과 같은 질문이 떠오릅니다. "그러면 우리는 어떻게 거룩함을 추구합니까? 우리는 어떻게 하나님의 아들 예수 그리스도처럼 될 수 있습니까?"

우리는 그 명확한 답변을 디모데전서 4:7에서 찾아볼 수 있습니다. "오직 경건에 이르기를 연습하라." 경건한 생활을 하기 위해 늘 자신을 훈련하라는 것입니다.

이 구절이 이 책 전체의 주제입니다. 이 장에서는 그 의미를 파악해 보고자 합니다. 나머지 장들에서는 그것을 실제적으로 적용하는 방법들을 다루겠습니다. 이 구절의 말씀에 순종하여 자신을 훈련하는 성경적인 방법들을 영적 훈련이라고 부르도록 하겠습니다. 그리스도인들이 영적 성숙과 경건에 이르는 유일한 길은 영적 훈련을 실행하는 것입니다. '경건'이라는 말은 '그리스도를 닮음', '거룩함' 등과 같은 의미를 갖고 있습니다. 경건은 영적 훈련들의 목표입니다. 이 사실을 기억할 때 영적 훈련들은 고역이 아니라 즐거움이 될 것입니다.

영적 훈련 - 경건에 이르는 수단

여러 가지 영적 훈련은 영적 성장을 촉진하는 개인적이며 협동적인 훈련입니다. 그것은 경건한 습관들이자 성경 시대 이래로 하나님의 사람들이 실행해 온 것입니다.

이 책에서는 수많은 영적 훈련 중에서 성경 말씀의 섭취, 기도, 예배, 전도, 섬김, 청지기의 도, 조용히 혼자 있는 시간, 영적 일기 쓰기, 그리고 배우는 삶이라는 주제들을 살펴보게 될 것입니다. 물론 영적 훈련의 영역들은 이외에도 많습니다. 자백, 서로에 대한 책임감, 단순성, 굴복, 찬양, 우선 순위, 희생 등등 실로 많은 영역들이 있습니다.

훈련의 내용이 무엇이든 가장 중요한 것은 훈련의 목적입니다. 음악을 연주한다는 목표를 떠나서 기타나 피아노를 치는 연습을 하는 것이 별로 가치가 없는 것과 마찬가지로, 경건이라는 목표를 떠나서 영적인 훈련들을 행하는 것은 아무 가치가 없습니다(골로새서 2:20-23, 디모데전서 4:8). 경건이라는 목표는 모든 영적 훈련들을 하나로 묶어 주는 역할을 합니다. 우리는 디모데전서 4:7에서 경건에 이르기 위해 자기 자신을 훈련하도록 명령받았습니다.

영적 훈련들은 성령 충만한 가운데 경건을 추구할 때 우리가 사용해야 할, 하나님께서 주신 수단들입니다.

경건한 사람은 바로 훈련된 사람입니다. 언제나 그랬습니다. 교회사의 위대한 영웅들, 예를 들면 어거스틴, 마르틴 루터, 존 칼빈, 존 번연, 수산나 웨슬리, 조지 휫필드, 레이디 헌팅던, 조나단 에드워즈, 찰스 스펄전, 조지 뮐러 등등을 생각해 보면, 그들은 모두 하나같이 훈련된 사람들이었습니다. 목회자로서 그리고 한 사람의 그리스도인으로서 경험을 통해, 나는 훈련을 통하지 않고서 영적 성숙에 이른 사람을 아직 한 사람도 보지 못했습니다. 훈련을 통해 경건에 이르게 됩니다.

사실, 하나님께서는 우리를 변화시키고 그리스도를 닮아 가게 하시는 데 세 가지 주요한 촉매를 사용하시는데, 단 한 가지만이 주로 우리의 통제하에 있습니다. 주님께서 우리를 변화시키기 위해 사용하시는 촉매 중의 하나는 사람들입니다. "철이 철을 날카롭게 하는 것같이 사람이 그 친구의 얼굴을 빛나게 하느니라"(잠언 27:17). 때때로 하나님께서는 우리 친구들을 사용하셔서 우리를 날카롭게 하셔서 보다 더 그리스도를 닮은 삶을 살게 하시며, 때로는 우리의 대적들을 사용하셔서 우리의 거칠고 모난 면들을 갈아서 없애십니다. 부모, 자녀, 배우자, 직장 동료, 고객, 선생님, 이웃, 목사님, 영적 지도자 등 하나님께서는 사람들을 통해 우리를 변화시키십니다.

우리의 삶에서 하나님께서 사용하시는 변화의 촉매 가운데 또 하나는 환경입니다. 이를 잘 표현하고 있는 구절은 로마서 8:28입니다. "우리가 알거니와, 하나님을 사랑하는 자, 곧 그 뜻대로 부르심을 입은 자들에게는 모든 것이 합력하여 선을 이루느니라." 하나님께서는 재정적인 압박, 신체적인 문제들, 심지어 날씨까지도 거룩한 섭리의 손길을 통해 자신의 택하신 사람들을 거룩하게 하시는 데 사용하십니다.

그리고 영적 훈련이라는 촉매가 있습니다. 이 촉매는, 하나님께서 이것을 사용하실 때 내부로부터 외부로 역사하신다는 점에서 처음의 두 가지와는 다릅니다. 하나님께서 사람들과 환경을 통해 우리를 변화시키실 때는 외부로부터 내부로 역사하십니다. 영적 훈련들은 또한 그것들을 행하는 것과 관련하여 하나님께서 우리에게 어느 정도 선택권을 주신다는 면에서 나머지 두 가지와는 다릅니다. 우리는 흔히 하나님께서 우리 삶 가운데로 이끌어 오시는 사람들이나 환경들에 대해서는 거의 선택권을 행사할 수 없습니다. 그러나 오늘 성경을 읽을 것인지 기도를 할 것인지는 우리가 결정할 수 있습니다.

한편, 우리는 아무리 굳센 의지로 행하는 자기 훈련도 우리를 조금도 더 거룩하게 하지 못한다는 것을 인정합니다. 거룩함에서의 성장은 하나님의 선물이기 때문입니다(요한복음 17:17, 데살로니가전서 5:23, 히브리서 2:11). 그러나, 우리는 그 과정을 촉진하기 위해 뭔가를 행할 수는 있습니다. 하나님께서는 그분의 은혜를 받고 경건함에서 성장하기 위한 수단으로 영적 훈련을 주셨습니다. 영적 훈련을 통해 하나님께서 우리 안에서 역사하시도록 우리 자신을 하나님 앞에 두게 됩니다.

신약성경은 원래 헬라어로 기록되었습니다. 신약성경에서 "훈련"으로 번역된 헬라어는 *gymnasia*이며, 이로부터 *gymnasium*(체육관)과 *gymnastics*(체조)가 나왔습니다. 이 단어는 "연습하다, 운동하다, 훈련하다"는 의미를 가지고 있습니다.

영적 훈련을 영적 운동으로 생각해 보십시오. 예를 들면, 기도를 하거나 일기를 쓰려고 당신이 좋아하는 장소로 가는 것은 역기를 들려고 체육관으로 가는 것과도 같습니다. 이러한 신체적 훈련이 힘을 강화시키는 것과 마찬가지로 영적 훈련들은 경건함을 향상시킵니다.

영적 훈련의 역할에 대해 생각하는 데 도움이 되는 성경의 이야기가 두 가지 있습니다. 누가복음 18:35-43에는 바디메오라는 소경 거지가 예수님을 만난 이야기가 나옵니다. 바디메오가 여리고에서 가까운 길가에 앉아 있을 때 군중들이 떠들며 다가오는 소리가 들렸습니다. 무슨 일인지 궁금해서 사람들에게 물어 보자 나사렛 예수께서 지나가신다는 것이었습니다. 바디메오와 같이 사회적으로 소외된 사람들도 지난 2-3년 동안 이스라엘 각처로부터 들려 오는 예수님에 대한 소문들을 들어 왔던 터였습니다. 즉시로 그는 "다윗의 자손 예수여, 나를 불쌍히 여기소서!"라고 외치기 시작했습니다. 그 행렬을 인도하고 있던 사람들은 아마도 그 지방의 유지들이었을 것입니다. 그들 가운데 하나가 그 거지의 돌발적이고 혼란을 일으키는 행동에 당황한 나머지 조용히 하도록 엄히 꾸짖었습니다. 그러나 그는 더욱 큰 소리로 "다윗의 자손이여, 나를 불쌍히 여기소서!"라고 외쳤습니다. 예수님께서 멈춰 서시고 그 사람을 부르라고 말씀하시자 사람들은 놀랐습니다. 그 불쌍한 사람의 믿음에 응답하여 예수님께서는 그의 눈을 기적적으로 뜨게 해주셨습니다.

성경에 나오는 두 번째 이야기는 바로 다음 구절인 누가복음 19:1-10에 나옵니다. 그것은 세리 삭개오의 회심에 관한 유명한 이야기로서, 아마도 그 일은 바디메오가 고침을 받은 직후에 일어났을 것입니다. 삭개오는 키가 너무나 작아 군중 가운데 계신 예수님을 볼 수가 없었습니다. 그래서 앞으로 달려가서 뽕나무에 올라갔습니다. 예수님께서 그 나무 곁으로 지나가실 때 보기 위함이었습니다. 예수님께서 그 앞까지 오시더니 위로 올려다보시며 삭개오를 부르시며 내려오라고 하셨습니다. 예수님께서는 그 세리의 집으로 들어가셨고, 삭개오는 예수님을 믿어 구원을 얻었으며, 자기 재산의 절반을 가난한 자들에게 나눠 주고, 지금까지 불법적으로 거둔 세금이 있다면 4배로 변상하기로 결심했습니다.

바디메오와 삭개오가 예수님이 지나가시는 길에 자신을 두고 그분의 은혜를 구했듯이, 영적 훈련들이란 우리 자신을 하나님의 은혜의 길에 두며 은혜를 구하는 방법이라 할 수 있습니다. 그 두 사람처럼, 이를 통해 하나님께서 우리를 불쌍히 여기시며, 우리와 친교를 나누시는 것을 경험하게 될 것입니다. 그리고 시간이 흘러감에 따라 우리는 성령으로 말미암아 점차 주님의 형상으로 변화되어 갈 것입니다. "우리가 다 수건을 벗은 얼굴로 거울을 보는 것같이 주의 영광을 보매 저와 같은 형상으로 화하여 영광으로 영광에 이르니, 곧 주의 영으로 말미암음이니라"(고린도후서 3:18).

영적 훈련은 또한 우리를 변화시키는 하나님의 은혜의 통로입니다. 영적 훈련을 통하여 주님과 교제하며 동행하는 삶을 살 때, 주님의 은혜가 우리에게로 흘러 들어오게 되고 우리는 변화되는 것입니다. 그러므로 경건해지려면 훈련이 우선 순위가 되어야 합니다.

19세기 영국의 위대한 설교자인 찰스 스펄전은 그 중요성을 이렇게 역설했습니다. "나는 무엇보다도 그리스도와의 친교를 발전시키기 위해 힘써야 합니다. 주님과의 교제에 힘쓰는 그것이 나의 평안의 근거가 될 수는 없을지라도 평안의 통로가 되기 때문입니다." 평안뿐만 아니라, 거룩함에 이르도록 하기 위해 그리스도께서 주시는 모든 것의 통로는 영적 훈련입니다.

오랫동안 댈러스 카우보이 축구팀의 코치였던 톰 란드리는 "코치의 본분은 선수들이 성취하고 싶어하는 목표를 성취하도록 그들이 원치 않는 것도 시키는 것이다"라고 말했습니다. 그리스도인들도 이와 마찬가지입니다. 우리 그리스도인들이 항상 성취하기 원하는 목표는 예수님을 닮아 가는 것입니다. 이 목표를 성취하기 위해서는 때로는 자신이 원치 않는 것도 해야 합니다. 이것이 바로 영적 훈련입니다. 우리는 이 훈련을 받도록 부르심을 받았습니다. 성경은 경건에 이르기 위해 늘 자신을 훈련하라고 말합니다.

영적 훈련 - 주님께서 그것을 원하신다

"경건에 이르기를 연습하라!"는 말씀을 통해 영적 훈련이 단지 하나의 제안 사항이 아니라 하나님의 명령이라는 것을 잘 알 수 있습니다. 거룩함은 거룩하신 분의 아들이라고 자처하는 사람들에게는 선택 사항이 아닙니다. "오직 너희를 부르신 거룩한 자처럼 너희도 모든 행실에 거룩한 자가 되라. 기록하였으되, '내가 거룩하니 너희도 거룩할지어다' 하셨느니라"(베드로전서 1:15-16). 따라서 거룩함에 이르기 위한 수단인 영적 훈련들도 선택 사항이 아닙니다.

잠언 23:12에서는 "훈계에 착심(着心)하라"고 권면을 하고 있습니다. (이 구절은 영적 훈련에 적용될 수 있습니다. 하나님의 훈계는 우리의 훈련을 위한 것입니다.) 하나님께서는 경건을 촉진시키는 영적 훈련들에 우리가 꾸준히 착념하기를 원하시는 것입니다.

"나의 멍에를 메고 내게 배우라"(마태복음 11:29)고 하신 예수님의 말씀은 영적 훈련을 원하고 계심을 보여 줍니다. 제자의 삶에 대한 다음 말씀에서도 마찬가지입니다. "또 무리에게 이르시되, '아무든지 나를 따라오려거든 자기를 부인하고, 날마다 제 십자가를 지고 나를 좇을 것이니라'"(누가복음 9:23). 이 구절들을 통해, 예수님의 제자가 되는 것은 예수님으로부터 배우며 그분을 따르는 것임을 알 수 있습니다. 배우고 따르는 데는 훈련이 수반됩니다. 우연히 배우거나 어쩌다가 따르는 사람들은 진정한 제자가 아니기 때문입니다. 훈련이 제자의 도의 핵심이라는 것이 갈라디아서 5:22-23에서 확인됩니다. 그 구절은 영적인 자기 훈련(즉 절제)은 성령의 지배를 받고 있다는 명확한 증거 가운데 하나라고 말하고 있습니다.

예수님께서는 우리가 이러한 훈련을 하기 원하실 뿐 아니라, 친히 우리를 위해 본을 보여 주셨습니다. 예수님은 훈련에 착념하셨습니다. 경건을 위해 자신을 훈련하신 것입니다. 그러므로 예수님을 닮기 원한다면 우리도 경건을 위해 영적 훈련을 해야 합니다.

댈러스 윌러드는 훈련에 관한 자신의 저서에서 이렇게 말합니다.

> 내가 주장하는 핵심은, 우리는 한 가지를 행함으로써 그리스도처럼 될 수 있다는 것입니다. 그 한 가지란 바로 우리도 그

리스도를 본받아 그리스도께서 택하신 삶의 양식을 택하는 것입니다. 우리가 주님을 믿는다면, 주님께서는 어떻게 살아야 하는지를 알고 계셨다는 것도 믿어야 합니다. 우리는 믿음과 은혜로 말미암아 예수님께서 하셨던 활동들 즉 예수님께서 아버지와의 교제 가운데 꾸준히 거하기 위해 행하셨던 활동들을 행함으로써 예수님과 같이 될 수 있습니다.

그리스도인으로 자처하는 많은 사람들이 영적으로 훈련되어 있지 않아 열매 맺고 능력 있는 삶을 살지 못하고 있습니다. 많은 그리스도인들이 직업에서는 남보다 앞서기 위해 열심히 훈련하면서도 경건에 이르기 위해서는 별로 훈련을 하지 않습니다. 하나님의 교회에 매우 충성스럽고, 하나님의 것들에 대해 진정한 열정을 나타내 보이며, 하나님의 말씀을 매우 사랑하면서도, 훈련 부족으로 인해 하나님의 나라에서 효과적으로 쓰임받지 못하고 있는 그리스도인들이 많습니다. 그들은 영적 너비는 1㎞에 이르나 영적 깊이는 1㎝밖에 되지 않는 사람들입니다. 그들과 하나님 사이에는 깊고도 친밀한 교제의 통로가 없습니다. 그들은 깊이 있게 훈련을 해본 적이 없습니다. 그들은 모든 것에 손을 대어 보았으나 어떤 것에서도 자신을 훈련하지는 않습니다.

악기 다루는 기술을 습득하는 데는 수년이 걸린다는 것을 알고 그 연주법을 배우기 위해 열심히 노력하는 사람들, 숙달하려면 수년이 걸린다는 것을 알면서도 테니스나 기타 여러 스포츠에서 실력을 키우기 위해 애쓰고 있는 사람들, 희생과 노력 없이는 성공할 수 없다는 것을 알기에 직업에서 스스로를 훈련하고 있는 사람들을 생각해 보십시오. 이러한 사람들이 유독 영적 훈련은 쉽게 이루기를 원하며, 잘되지 않으면 쉽사리 포기해 버립니다. 마치 예수님을 닮아 가는 것은 애써 노력을 할 만한 가치는 없는 것처럼 말입니다.

훈련되지 않은 사람은 마치 극작가 조지 코프만과 같습니다. 어느 금광 채굴 회사의 발기인이 코프만을 설득시켜 그 회사의 주식을 사게 하려고 그 금광이 얼마나 유망한지 열심히 설명했습니다. 그 사람이 "그 금광은 너무나 금이 풍부해서 당신이 땅에서 금덩이를 주울 수 있을 정도입니다"라고 하자, 코프만은 "그럼 내가 허리를 구부려야 한다는 말이요?"라고 물었습니다.

경건이라는 금은 땅 표면에서 발견되지는 않습니다. 그것은 영적 훈련이라는 도구로 깊은 곳에서 파내야 합니다. 그러나 꾸준히 노력하는 자들은 그 보물들이 그러한 어려움을 감수할 만한 충분한 가치가 있다는 것을 알고 있습니다.

추가 적용

영적 훈련을 등한시하는 것은 위험하다. 윌리엄 바클레이는 그 위험성을 잘 지적하고 있습니다. 훈련된 삶과 훈련되지 않은 삶의 차이에 관해 그는 다음과 같이 썼습니다.

> 훈련 없이는 아무것도 성취할 수 없습니다. 많은 운동 선수들과 많은 사람들이 훈련을 포기하고 태만해졌기 때문에 파멸에 이르렀습니다. 콜리지(역자 주: 영국의 시인, 비평가)는 훈련 부족으로 인한 최고의 비극적 인물입니다. 그는 위대한 지성의 소유자였으면서도 이룬 것은 거의 없었습니다. 그는 군대에 들어가기 위해 케임브리지 대학을 떠났습니다. 그러나 그 박식함에도 불구하고 말을 빗질해 주는 일을 하지 못했기 때문에 군대를 떠났습니다. 그는 옥스퍼드 대학에 들어갔으나 학위도 따지 못하고 그만두었습니다. 그는 신문을 창간했으나 10호까지만 나오고 폐간했습니다. 그에 대하여 이런 말이 있습니다. "그의 머리는 항상 해야 할 일들로 가득 차 있었다. 그러나 그 일들은 언제나 완수되지 않은 채 남아 있었다. 콜리지

는 단 한 가지를 제외하고는 모든 시적 재능을 지니고 있었다. 그 한 가지란 계속해서 노력하고 집중하는 것이었다." 그의 머리와 가슴 속에는 그 자신이 말했듯이 "기록하기만 하면 완성될" 온갖 종류의 책들이 들어 있었습니다. 그는 "나는 큰 책 두 권을 인쇄소에 보내기 직전에 있습니다"라고 말했습니다. 그러나 그 책들은 결코 만들어지지 않았습니다. 그는 자리에 앉아서 머리 속에 있는 것들을 써 내려가는 훈련을 하지 않으려고 했기 때문이었습니다. 훈련 없이 정상에 도달한 사람은 없으며, 정상에 도달한 사람 중에 훈련 없이 정상을 지킨 사람은 없습니다.

영적 훈련을 등한히 하면 영적 열매를 별로 맺지 못할 위험성이 있습니다. 우리 중에 콜리지와 같이 지적이고 시적 재능을 지닌 사람은 별로 없지만, 모든 그리스도인들은 성령께서 주시는 영적 은사들을 지니고 있습니다(고린도전서 12:4-7). 그러나 단지 영적 은사들을 지니고 있다는 것이 풍성한 열매를 보장하지는 않습니다. 마치 콜리지의 훌륭한 시적 재능이 시가 쓰여지는 것을 보장하지는 않은 것과 같습니다. 자연적인 재능과 마찬가지로, 영적인 은사도 영적인 열매를 맺기 위해서는 훈련에 의해 계발되어야 합니다.

영적 훈련을 할 때 참 자유를 누리게 된다. 리처드 포스터는 영적 훈련에 관한 책에서, 많은 사람들이 영적 훈련을 제한하고 속박하는 것으로 여기고 있으나 실제로는 영적 자유에 이르는 수단이라는 점을 상기시켜 주었습니다. 그는 영적 훈련들을 "자유에 이르는 문"이라고 불렀는데, 옳은 말입니다.

무슨 일이든 훈련을 통해 그 일에 숙달될 때에야 비로소 자유를 누리게 됩니다. 우리는 이 원리를 주위에서 쉽게 관찰할 수 있습니다. 크리스토퍼 파크닝이나 체트 앗킨스와 같은 사람이 기타를 연주하는 것을 보면, 이 사람들은 태어날 때 기타를 몸에 달고 나온 것 같은 인상을 받습니다. 그들은 기타에 아주 익숙하고 자유 자재로 연주할 수가 있어, 그것이 너무나 쉬운 일로 보입니다. 그러나 악기를 연주하려고 시도해 본 사람들은 명연주자들의 그러한 자유로움은 수십 년에 걸친 연습과 훈련의 결과라는 것을 깨닫습니다. 훈련을 통한 자유는 숙련된 연주자들뿐 아니라, 올스타팀에 선발된 운동 선수들, 노련한 목수들, 성공한 중역들, 공부 잘하는 학생들, 그리고 가정과 가족들을 날마다 잘 보살피는 어머니들에게서도 찾아볼 수 있습니다.

훈련과 자유의 관계에 대해 엘턴 트루블러드는 다음과 같이 말했습니다.

> "매여 있을 때가 가장 자유롭다!"라는 '자유의 패러독스'를 이해하지 못했다면 영적 삶에서 별 진보를 나타내지 못했을 것입니다. 그러나 단지 어떤 식으로든 속박되어 있는 것으로 충분한 것은 아닙니다. 중요한 것은 그 속박의 성격입니다. 운동 선수가 되고자 하면서도 규칙적인 운동과 절제를 통해 신체를 단련하기를 원치 않는 사람은 필드나 트랙에서 자유롭게 남들보다 잘 뛸 수가 없습니다. 훈련을 하지 않는 것은 원하는 속도와 지구력으로 달리는 자유를 그에게서 앗아갑니다. 경건한 삶을 사는 영적 거장들은 한결같이 "훈련은 자유를 위한 대가(代價)다"라고 말하며, 이 원리를 삶의 모든 영역에 적용시킵니다.

트루블러드가 자유를 훈련의 대가라고 한 것은 옳은 말입니다. 자유를 얻기 위해서는 훈련이라는 값을 치르지 않으면 안 됩니다. 엘리자베드 엘리어트는 다음과 같이 말합니다. "자유와 훈련은 서로 배타적인 것으로 간주되어 왔습니다. 사실 자유는 훈련의 반대가 아니라, 훈련의 최종적인 보상입니다." 자유를 위해서는 훈련이라는 대가를 치러야 한다는 것을 명심하는 한편, 자유는 훈련의 보상이라는 것을 잊지 맙시다.

경건이라는 이 자유는 어떻습니까? 앞에서 든 예화들을 다시 생각해 봅시다. 예를 들어, 기타의 명연주자는 나와는 달리 어려운 곡을 세고비아 기타로 "자유자재로" 연주합니다. 왜 그렇습니까? 오랜 세월에 걸친 훈련과 연습 때문입니다. 이와 비슷하게, "자유자재로" 말씀을 인용하는 사람들은 하나님의 말씀을 암송하는 데 자신을 훈련해 온 사람들입니다. 예배, 섬김 및 전도와 같은 훈련을 통해서는 자기 중심적인 삶으로부터의 자유를 경험합니다. 경건이라는 자유는 하나님께서 우리에게 원하시는 것을 행하는 자유, 그리고 우리의 성품을 통해 그리스도의 성품을 드러내는 자유입니다. 이러한 자유는 영적인 훈련들을 힘쓸 때 하나님께서 주시는 "보상" 또는 결과입니다.

그러나 훈련을 통해 얻는 경건이라는 자유를 온전히 누리기 위해서는 시간이 필요합니다. 하룻밤 사이에 또는 단 한 번의 주말 수양회를 통해 이러한 자유를 얻을 수 있는 게 아닙니다. 성경은, 영적 훈련을 통해 표현되는 것과 같은 절제가 있어야 경건이라는 열매가 맺힌다는 것을 상기시킵니다. 베드로후서 1:6에 있는 계발의 연속 과정을 주목해 보십시오. "…절제에 인내를, 인내에 경건을…." 경건이란 일생을 통해 추구해야 할 것입니다.

모든 그리스도인들은 영적 훈련들을 즐길 수 있다. 하나님의 영이 거하시는 모든 사람은 영적 훈련이 주는 즐거움을 맛볼 수 있습니다.

맨 앞에서 이야기한 케빈의 경우를 생각해 보십시오. 날마다 하는 기타 연습이 장차 자신을 어떤 사람으로 만들어 줄 것인지를 일단 깨닫고 나면 완전히 새로운 태도로 연습에 임하게 될 것입니다. 그 연습을 통해 점차 케빈은 가장 큰 즐거움을 누리게 될 것입니다.

방향이 없는 훈련은 고역입니다. 그러나 경건이라는 목표를 마음속에 간직하고 있는 한 영적 훈련은 결코 고역이 아닙니다. 만약 당신이 머리 속에 그리고 있는 훈련된 그리스도인의 모습이 엄하고, 입을 굳게 다물고, 즐거움이라고는 모르는 반(半) 로봇 같은 모습이라면 크게 오해하고 있는 셈입니다. 예수님께서는 지금까지 지구상에 살았던 사람 중에 가장 훈련된 사람이었으나, 가장 즐겁게 그리고 열정적으로 사신 분이셨습니다. 주님의 삶은 훈련하는 삶의 모본입니다. 영적 훈련으로 말미암은 즐거움을 누리기 위해 주님을 따르도록 합시다.

제 2 장

성경 말씀 섭취(1)

훈련을 피하게 되면 남는 것은 재앙뿐이다.
밴스 하브너

1989년 8월, 나는 동아프리카의 오지(奧地)로 가는 선교 여행에 동참하는 특권을 누렸습니다. 우리 교회에서 목사인 나를 포함하여 네 명이 함께 갔습니다. 네 사람은 아직 다 지어지지 않은, 진흙과 막대기들로 얼기설기 엮어 놓은 조그마한 교회 건물 앞에 텐트를 치고 지냈습니다. 그곳은 가장 가까운 원주민 부락으로부터 10㎞ 정도나 떨어진 곳에 위치해 있었습니다.

나는 해외 여행을 자주 했기 때문에, 내가 기독교 신앙의 한 부분으로 여겨 온 많은 관습들이 우리를 초대한 그곳 사람들의 문화와 상반될 수도 있다는 것을 잘 알고 있었습니다. 우리는 "그리스도인은 어떻게 살아야 하는가?"에 대해 각기 나름대로의 생각을 가지고 있습니다. 그 생각은 자신이 속한 집단이나 민족이나 나라의 영향을 받습니다. 따라서 나는 그 동안의 경험을 통해 내가 가지고 있는 그리스도인의 상(像)을 다른 문화에 속한 사람들에게 함부로 강요해서는 안 되며, 어떤 사항들에 대해서는 참기가 어렵더라도 용납해야 한다고 생각했습니다. 선교 여행을 떠나면서 이와 같이 마음의 준비를 했음에도 불구하고, 나는 이 적도 지방의 자칭 그리스도인들에게서 보게 될 것들에 대해서는 준비가 되어 있지 않았습니다. 거짓말, 도둑질, 그리고 부도덕한 일들이 흔히 행해지고 일반적으로 용납되고 있었는데, 심지어 교회의 지도자들 사이에서도 그러했습니다. 그곳에서는 기독교 신앙과 삶에 대한 올바른 이해는 그곳의 물만큼이나 희귀했고, 교리적 오류라는 질병은 말라리아만큼이나 흔했습니다.

그곳 교회는 마치 문제투성이였던 고린도 교회에서 파송된 선교사들이 세운 것처럼 보였습니다. 그 이유를 생각하며 관찰하던 중 주된 이유 하나를 알게 되었습니다. 아무도 성경을 가지고 있지 않았던 것입니다. 목사도, 집사도, 아무도 성경이 없었습니다. 목사는 그저 대여섯 개의 설교 거리를 가지고 있을 뿐이었는데, 그것들은 모두 자신이 기억하고 있는 몇 개의 성경 이야기라는 숯불 위에서 설 구워진 것들이었습니다. 6주마다 같은 설교를 했습니다. 성경 말씀과 진정으로 접할 수 있는 기회는 오직 이따금씩 선교사(가장 가까운 곳에 있는 사람이 160km 떨어진 곳에 있었음)가 방문했을 때나 그 지역의 교파 지도자가 설교를 할 때뿐이었습니다. 그 교회의 거의 대부분의 사람들에게 있어서는, 이처럼 이따금씩 있는 성경과의 간접적인 접촉을 통해 알고 있는 성경 지식이 전부였습니다. 오직 한 사람만이 어느 정도 영적으로 성장해 있었는데, 그는 생애의 대부분을 다른 곳에서 살면서 성경을 가르치는 교회에 출석했기 때문이었습니다.

우리 네 사람은 함께 돈을 내어 그 교회 교인들을 위해 값이 저렴한 성경들을 샀습니다. 매일 전도를 위한 방문을 마친 후 우리는 오후에 그 교회 교인들을 위한 성경공부를 인도했고, 다시 한 번 밤에 회중 전등을 켜고 했습니다. 우리는 성령께서 이 건조하고 미개

한 지역에 있는 사람들에게 하나님의 말씀이 깊이 뿌리내리게 해주시도록 기도하는 가운데 그곳을 떠났습니다.

우리 대부분의 사람들은 그러한 서글픈 상황에 대해 안타까운 마음을 갖게 될 것입니다. 우리들 가운데 많은 사람들이 제3세계의 어떤 곳에 있는 교회 전체가 가지고 있는 것보다 더 많은 성경을 자기 집에 가지고 있다는 사실은 생각지도 못하고 있을 것입니다. 성경이 없어서 말씀을 잘 모르는 것과, 몇 권씩이나 가지고 있으면서도 모르는 것은 전혀 다른 문제입니다.

성경 말씀 섭취보다 더 중요한 영적 훈련은 없습니다. 아무것도 그것을 대신할 수는 없습니다. 성경 말씀이라는 젖과 고기를 먹지 않고서도 건강한 그리스도인은 없습니다. 그 이유는 명확합니다. 성경을 통해 하나님께서는 자신에 대해, 그리고 특히 성육신하신 하나님이신 예수 그리스도에 대해 말씀해 주십니다. 성경은 하나님의 법을 가르쳐 주며, 우리 모두가 어떻게 그 법을 어겨 왔는지를 보여 줍니다. 성경에서 우리는 어떻게 그리스도께서 하나님의 법을 어긴 사람들을 위한 대속 제물로 죽으셨는지, 왜 우리는 하나님과 올바른 관계 가운데 있기 위하여 회개하고 예수님을 믿어야 하는지에 대해 배웁니다. 성경에서 주님의 방법과 주님의 뜻을 배웁니다. 성경에서 하나님을 기쁘시게 할 뿐만 아니라 우리 자신을 위해서는 가장 좋고 가장 풍성한, 그런 삶을 사는 법을 알게 됩니다. 두고두고 필수 불가결한 이러한 정보들 가운데 그 어느 것도 성경 이외의 다른 곳에서는 찾아볼 수가 없습니다. 그러므로 하나님을 알고 경건해지고자 한다면 마땅히 하나님의 말씀을 자세히 알아야 합니다.

그러나 이러한 이야기를 너무나 많이 들어서 또 들으면 하품이 나는 사람들, 수긍을 하여 고개를 끄덕이는 사람들이 많이 있지만, 그들은 성경을 가지고 있지 않은 사람들과 비교해 일상 생활에서 하나님의 말씀을 섭취하는 데 조금도 더 시간을 들이지 않습니다. 그리스도인으로 자처하는 많은 사람들이 성경을 거의 가지고 있지 못한 제3세계의 그리스도인들보다 성경을 더 많이 아는 것이 아니라는 조사 결과가 나와 있습니다. 나의 목회 경험도 그 사실을 뒷받침하고 있습니다.

어떤 익살꾼은 만약에 성경을 등한히 하는 모든 그리스도인들이 동시에 성경에서 먼지를 털면 아마도 역사상 최악의 먼지 폭풍이 일어날 것이라고 꼬집었습니다.

그러므로 우리는 입술로는 하나님의 말씀이 중요하다고 외치지만 우리의 손과 귀와 눈과 마음은 성경에서 너무 거리가 멀다는 것을 고백해야 합니다. 신앙적인 활동들로 얼마나 바쁘냐에 상관없이, 우리는 자신을 가장 변화시키는 것은 성경 말씀을 섭취하는 것임을 기억해야 합니다. 여기에는 훈련이 필요합니다.

말씀 섭취는 가장 중요한 영적 훈련일 뿐만 아니라 가장 광범위한 훈련이기도 합니다. 그것은 실제로 몇 가지의 훈련들로 이루어져 있습니다. 마치 많은 단과대학이 모여서 이루어진 종합대학과 유사합니다. 각 단과대학이 서로 다른 분야를 다루지만, 무슨 무슨 대학교라는 이름 하에 모두 하나로 연합되어 있는 것과 비슷하다는 말입니다.

말씀 섭취에 있어서 이를 구성하는 훈련들을 가장 쉬운 것부터 가장 어려운 것까지 하나씩 살펴보기로 하겠습니다.

말씀 듣기

하나님의 말씀 섭취와 관련된 훈련 중 가장 쉬운 것은 단순히 하나님의 말씀을 듣는 것입니다. 왜 이것을 훈련으로 간주합니까? 우리가 정기적으로 하나님의 말씀을 듣기 위해 자신을 훈련하지 않는다면, 이따금씩 마음이 내킬 때만 듣거나, 혹은 아예 듣지 않게 될 것이기 때문입니다. 대부분의 사람들에게 있어서, 하나님의 말씀을 듣기 위해 자신을 훈련한다는 것은 하나님의 말씀이 신실하게 선포되는 교회에 꾸준히 출석하는 것을 의미합니다.

예수님께서는 "하나님의 말씀을 듣고 지키는 자가 복이 있느니라"(누가복음 11:28)라고 말씀하신 적이 있습니다. 단지 하나님의 영감으로 된 말씀을 듣는 것이 핵심은 아닙니다. 성경 말씀을 섭취하는 모든 방법들의 목적은 하나님께서 말씀하시는 것을 순종하고 그리스도를 닮아 가는 데 있습니다. 예수님께서 이 구절에서 권하신 것은 하나님의 말씀을 듣는 것입니다.

듣기의 중요성을 강조하는 다른 구절은 로마서 10:17입니다. "그러므로 믿음은 들음에서 나며, 들음은 그리스도의 말씀으로 말미암았느니라." 오직 성경 말씀을 듣는 것을 통해서만 예수님을 믿게 된다는 말은 아닙니다. 조나단 에드워즈가 그러했듯이, 수많은 사람들이 성경을 읽는 것을 통해서 그리스도인이 되었기 때문입니다. 그럼에도 이 구절은 말씀을 듣는 것과 관련이 있습니다. 에드워즈와 같이 말씀을 읽다가 믿게 된 대부분의 사람들도 아마 회심하기에 앞서 하나님의 말씀이 선포되는 것을 들었을 것입니다. 그리스도를 믿는 최초의 믿음이 예수 그리스도에 관한 하나님의 말씀을 들음으로써 생기듯이, 그리스도인들이 매일 매일의 삶을 살아가는 데 필요한 믿음 역시 많은 경우 성경 메시지를 들음으로써 얻게 됩니다. 경제적으로 어려움을 겪고 있는 가족이 하나님의 공급에 대한 말씀을 들음으로써 하나님의 공급에 대한 믿음을 얻을 수가 있습니다. 낙심해 있던 그리스도인이 그리스도의 사랑에 대한 설교를 들음으로써 자신을 향한 주님의 사랑에 대한 확신을 갖게 되기도 합니다. 최근에 들은 설교를 통해 하나님께서는 나에게 어떤 문제에 대해 인내할 수 있는 믿음을 주셨습니다. 믿음이라는 선물은 하나님의 말씀을 듣기 위해 자신을 훈련하는 사람들에게 주어지는 때가 많습니다.

하나님의 말씀을 듣는 방법으로는 교회에서 선포되는 설교 말씀을 듣는 것 외에도 여러 가지 방법이 있습니다. (내가 이 말을 하는 것은, 사정상 교회에 나갈 수 없는 사람들이 있다는 것을 알기 때문입니다.) 가장 잘 알려져 있는 방법은 기독교 계통의 방송의 설교 프로나 기독교 서점에서 쉽게 구할 수 있는 설교 테이프, 성경 테이프 등을 통해 말씀을 듣는 것입니다. 이 방법은 몸단장을 할 때, 요리를 할 때, 여행 중일 때… 등에 창의적으로 이용할 수 있는 것들입니다. 당신이 살고 있는 지역에서는 이러한 매체를 이용할 수가 없다면, 단파 방송이나, 우편으로 주문하면 테이프를 빌려주는 도서관 등을 고려해 보십시오.

말씀을 듣는 것과 관련하여 주목할 만한 다른 구절은 디모데전서 4:13입니다. "내가 이를 때까지 읽는 것과 권하는 것과 가르치는 것에 착념하라." 당시에는 개인이 성경책을 소유한다는 것은 쉽지 않은 일이었습니다. 그래서 바울은 디모데에게 성경 말씀을 회중 앞에서 낭독하여 들려주며 권하고 가르치는 일에 힘쓰라고 명한 것입니다. 우리는 교회에서 낭독되는 말씀을 들음으로써 말씀을 섭취할 수 있습니다. 하나님의 말씀을 듣는 것은 우리의 우선 순위가 되어야 합니다. 어떤 사람이 "나는 하나님을 예배하기 위해 교회에 갈 필요가 없습니다. 나는 골프장에서나 호숫가에서도 교회에서와 마찬가지로 하나님께 예배를 드릴 수가 있답니다"라고 한다면, 우리는 하나님께서는 그런 곳에서도 예배를 받으실 수 있는 점은 동의할 것입니다. 그러나 예배와 하나님의 말씀을 분리시킬 수는 없습니다. 우리는 교회에 가서 하나님의 말씀을 듣기 위해 훈련해야 합니다.

하나님의 말씀을 듣기 위해 우리 자신을 준비하는 것과 연관하여 잠시 말씀드리는 것이 좋겠습니다. 예배 시작 2분 전에 아슬아슬하게 예배당에 들어간다면, 그것은 마치 농구 게임이 시작되기 2분 전에 체육관으로 들어가는 것과도 같습니다. 목회자인 나는 만나서 담소하기를 기뻐하는 교인들을 보면 즐겁습니다. 하나님의 가족들이 함께 모이면 가족들이 재회할 때와 같은 반가워하는 분위기가 형성됩니다. 그러나 내가 더욱 관심을 갖는 것은, 하나님의 말씀을 듣기 위해 모인 그들에게 하나님을 경외하고 그분을 찾는 분위기가 형성되고 있는가 하는 것입니다.

한동안 한인(韓人) 교인들이 수요 예배를 드리기 위해 우리 교회 건물을 사용한 적이 있습니다. 나는 그들이 예배실에 들어와 취하는 행동을 보고 감명을 받았습니다. 예배 전에 일찍 도착했든, 아니면 예배가 이미 시작된 이후에 들어왔든, 그들은 들어오는 즉시 먼저 고개를 숙이고 기도를 하는 것이었습니다. 그들은 코트를 벗거나 자기 소지품들을 정돈하기에 앞서, 그리고 먼저 온 다른 사람들과 인사를 하기에 앞서 기도를 통해 마음을 준비했습니다. 이것은 그들 자신에게, 그리고 참석한 다른 사람들에게, 그 시간의 주된 목적이 무엇인지를 효과적으로 상기시켜 주는 역할을 했습니다. 다른 교회들에서도 이와 같은 모습을 볼 수 있었으면 합니다.

1648년, 영국의 청교도인 제레마이어 버로우즈는 하나님의 말씀을 듣는 훈련을 하기 위해 준비하는 것과 관련하여 다음과 같이 썼습니다.

> 먼저, 말씀을 들으러 올 때, 하나님의 이름을 거룩히 하기를 원한다면, 잠시 후면 듣게 될 것이 무엇인가 하는 생각으로 영혼을 가득 채워야 합니다. 잠시 후 듣게 될 것은 바로 하나님의 말씀입니다.… 사도 바울은 데살로니가 교인들에게 편지를 쓰면서, 어떻게 하나님의 말씀이 그들에게 그토록 능력 있게 역사했는지 그 이유를 말합니다. 그 이유는, 그들은 말씀을 하나님의 말씀으로 들었기 때문이었습니다. "이러므로 우리가 하나님께 쉬지 않고 감사함은, 너희가 우리에게 들은바 하나님의 말씀을 받을 때에 사람의 말로 아니하고 하나님의 말씀으로 받음이니 진실로 그러하다. 이 말씀이 또한 너희 믿는 자 속에서 역사하느니라"(데살로니가전서 2:13).

그러므로 하나님의 말씀을 듣는 것은 단지 수동적으로 듣기만 하면 되는 것이 아니라, 힘써 행함으로써 계속 발전시켜 나가야 할 하나의 훈련인 것입니다.

말씀 읽기

성경을 읽기 위해 자신을 훈련해야 한다고 하면, 새삼스레 그런 말을 할 필요가 있을까 생각하는 사람도 있을 것입니다. 그리스도인이라면 성경을 읽는 게 당연하지 않느냐는 것입니다. 하지만 그렇지 않습니다. 다음 조사 결과를 깊이 생각해 보십시오. 유에스에이투데이(USA Today)지는 3개월 전에 여론 조사 결과를 발표했는데, 이에 따르면 미국인의 11%만이 매일 성경을 읽는다는 것이었습니다. 반수 이상은 한 달에 한 번 읽거나 전혀 읽지 않았습니다.

그 조사가 미국인 전체를 대상으로 한 것이지 그리스도인들을 대상으로 한 것이 아니라는 사실로 인해 위로를 받으려고 할지도 모르겠습니다. 하지만 애석하게도 별로 위로가 되지 않는 조사 결과가 있습니다. 바너 리서치 그룹은 약 1년 전에 스스로 "거듭난 그리스도인"이라고 주장하는 사람들을 대상으로 조사를 했는데, 충격적인 결과를 얻었습니다. 오직 18% - 10명 중에 2명 미만 - 만이 매일 성경을 읽는다고 답변했고, 더구나 23% - 그리스도인이라고 말하는 사람 4명 가운데 1명 - 은 하나님의 말씀을 전혀 읽지 않는다고 했습니다. 이 수치를 디모데전서 4:7 말씀에 비추어 생각해 보기 바랍니다. "경건한 생활을 하기 위하여 늘 자신을 훈련하시오"(새번역).

예수님께서는 종종 "… 함을 읽어 본 일이 없느냐?"라는 질문으로 사람들이 성경 말씀을 제대로 이해하고 있는지 물어 보셨습니다. 예수님께서는 하나님의 백성이라고 스스로 주장하는 이들은 당연히 하나님의 말씀을 읽어 왔을 것으로 생각하셨습니다. 그리고 이러한 질문을 하셨다는 것은 하나님의 백성은 하나님의 모든 말씀을 잘 알고 있어야 한다는 것을 의미하고 있습니다.

예수님께서 "사람이 떡으로만 살 것이 아니요, 하나님의 입으로 나오는 모든 말씀으로 살 것이라"(마태복음 4:4)고 말씀하실 때, 그 말씀 속에는 분명히 우리가 "모든 말씀"을 읽기를 원하시는 마음이 담겨 있었습니다.

모든 성경은 하나님의 감동으로 된 것으로, 교훈과 책망과 바르게 함과 의(義)로 교육하기에 유익합니다(디모데후서 3:16 참조). 그러므로 우리는 성경을 읽어야 마땅합니다. 그렇지 않습니까?

요한계시록 1:3은 "이 예언의 말씀을 읽는 자와 듣는 자들과 그 가운데 기록한 것을 지키는 자들이 복이 있나니, 때가 가까움이라"고 말합니다. 하나님께서는 그분의 말씀을 읽고 지키는 자들이 복을 받을 것이라고 약속하셨습니다. 그러나 오직 성경을 읽기 위해 자신을 훈련하는 사람들만이 그러한 축복을 받을 것입니다.

자신을 훈련하는 주된 목적은 경건임을 기억하십시오. 앞에서 영적 훈련은 우리를 그리스도의 형상으로 변화시키는 하나님의 은혜를 누리기 위한 성경적인 통로라는 것을 배웠습니다. 가장 중요한 훈련은 하나님의 말씀을 섭취하는 것입니다. 1980년에 크리스채너티 투데이와 갤럽 연구소에서 실시한 조사 결과도 이를 뒷받침했습니다. 그 조사는, 정기적으로 성경을 읽는 것만큼 사람들의 윤리적 사회적 행동을 결정하는 데 영향을 미치는 것은 없다고 결론지었습니다. 변화받기를 원한다면, 보다 더 예수 그리스도를 닮기 원한다면, 성경을 읽기 위해 자신을 훈련하십시오.

얼마나 자주 성경을 읽어야 합니까? 영국의 설교자인 존 블랜차드는 다음과 같이 말했습니다.

> 우리는 얼마나 자주 성경으로 돌아가야 하는가? 이를 알기 위해서는 자신에 대해 현실적이고 솔직해져야 합니다. 얼마나

자주 우리는 문제나 유혹과 압력에 직면합니까? 날마다입니다. 그러면 얼마나 자주 우리는 교훈과 지침과 크나큰 격려를 필요로 합니까? 날마다입니다. 이 모든 문제들이 더 큰 문제로 발전하는 것을 막으며 이 모든 필요를 채우기 위해, 얼마나 자주 우리는 하나님의 얼굴을 보며, 그분의 음성을 들으며, 그분의 손길을 느끼며, 그분의 능력을 알 필요가 있습니까? 이 모든 질문에 대한 대답은 동일합니다. 날마다입니다! 미국의 전도자 D. L. 무디가 말했듯이 말입니다. "앞으로 6개월간을 먹지 않고도 지낼 수 있을 만큼 미리 먹어 두거나, 한 번에 일주일 동안 생명을 유지하기에 충분한 공기를 폐에 들이키거나 할 수 없는 것과 같이, 장래를 위해 은혜를 받아 저장할 수는 없는 법입니다. 우리는 필요가 생김에 따라 날마다 하나님의 한량없는 은혜의 창고를 이용해야 합니다."

성경 읽기를 계속 잘하기 위한 세 가지 실제적인 제안이 있습니다. 첫째, 시간을 내십시오. 아마도 그리스도인들이 성경 전체를 한 번도 통독해 보지 않은 주된 이유들 가운데 하나는 지레 겁을 먹었기 때문일 것입니다. 대부분의 사람들은 이전에 1,000쪽이 넘는 책을 읽어 본 적이 없으며, 성경의 두께만 보고 그만 기가 죽습니다. 하지만, 테이프에 녹음된 성경은 성경 전체를 71시간이면 한 번 통독할 수 있다는 것을 입증하여 주고 있습니다. 대부분의 미국인들이 2주 동안에 TV를 시청하는 데 들이는 시간이 그 정도입니다. 하루에 15분 정도만 성경을 읽으면 1년이 못 되어 완전히 통독할 수 있습니다. 하루에 단지 5분씩만 읽어도 3년 안에 다 읽을 수 있습니다. 그런데도 대다수의 그리스도인들이 평생 동안 한 번도 다 읽어 보지 못했습니다. 그러므로 그것은 기본적으로 훈련과 동기 부여의 문제라는 것을 알 수 있습니다.

시간을 내기 위해 자신을 훈련하십시오. 매일 같은 시간을 내도록 노력하십시오. 가능하면 잠자리에 들기 직전은 피하십시오. 물론 잠자리에 들기 직전에 성경을 읽는 것도 가치가 있기는 하지만, 이것이 성경을 읽는 유일한 시간이라면 또 다른 시간을 내도록 해야 합니다. 여기에는 적어도 두 가지 이유가 있습니다. 첫째, 당신이 매우 피곤하고 졸릴 때 읽은 것은 조금밖에 간직할 수 없을 것입니다. 그리고 두 번째, 당신은 아마도 나처럼 잠을 자면서는 별로 죄를 짓지 않을 것입니다. 당신은 성경 말씀이 당신의 삶에 여전히 영향을 미치고 있을 낮 시간에 그 말씀을 통해 그리스도를 만날 필요가 있습니다.

　두 번째의 실제적인 제안은, 성경 읽기 계획을 가지라는 것입니다. 매일 기분 내키는 대로 아무 데나 펼쳐서 읽는 사람은 얼마 안 가서 그 훈련을 그만둘 것이라는 것은 의심의 여지가 없습니다. 기독교 서점에 가면 값이 저렴한 성경 읽기 계획표들을 쉽게 구할 수 있습니다. 스터디 성경류 가운데 많은 것이 읽기 계획을 포함하고 있습니다. 또한 대부분의 지역 교회들은 매일의 성경 읽기 지침을 제공하고 있을 것입니다.

　특별한 계획이 없이, 매일 석 장씩 읽고 주일날은 다섯 장을 읽으면 일년이면 다 읽을 수 있습니다. 매일 구약 석 장과 신약 석 장을 읽으면 12개월에 구약 한 번과 신약 네 번을 마칠 수 있습니다.

　내가 좋아하는 계획은 매일 다섯 부분을 읽는 것입니다. 나는 창세기(율법서), 여호수아(역사서), 욥기(시문서), 이사야(선지서), 그리고 마태복음(신약성경)에서 시작하여 각 부분에서 동일한 숫자의 장들을 읽어 나갑니다. 이 계획을 변형시킨 것은 창세기, 욥기, 마태복음에서 시작하여 매일 세 부분을 읽어 나가는 것입니다. 그 세 부분은 길이가 대략 같기 때문에 거의 동시에 그것들을 끝내게 될 것입니다. 이러한 계획의 큰 장점은 다양성입니다. 성경을 죽 읽어 나가려고 의도한 많은 사람들이 레위기에서 혼란에 빠지고, 민수기에서 지루함을 느끼다가, 신명기에 가서는 완전히 포기하고 맙니다. 그러나 매일 한 곳 이상을 읽으면 동기력을 유지하기가 더 쉽습니다.

비록 당신이 일년에 성경을 다 통독하지는 못 한다 할지라도, 당신이 읽은 책들에 대한 기록을 유지하십시오. 읽은 후에는 장을 표시하는 숫자에 표를 해 두고, 책을 다 읽었으면 목차에 나오는 책이름에 표를 해 두십시오. 이렇게 해 두면, 아무리 기간이 많이 걸리더라도, 그리고 어떤 순서로 읽더라도, 성경의 모든 책을 다 읽었을 때를 알게 될 것입니다.

세 번째 제안은, 읽을 때마다 묵상할 단어나 어구(語句)나 구절을 적어도 하나를 찾으라는 것입니다. 묵상에 대해서는 다음 장에서 보다 자세히 살펴보게 되겠지만, 묵상이 없이 성경을 덮으면 읽은 것 가운데 단 한 가지도 기억하기가 쉽지 않을 것입니다. 그렇게 되면 성경 읽기를 통해 당신은 변화를 경험하지 못할 것입니다. 훌륭한 계획으로 한다고 해도 그것은 즐거운 훈련이 되기보다는 평범한 허드렛일이 되고 맙니다. 읽은 것 가운데 적어도 하나를 택하여 그것에 대해 몇 분 동안 깊이 생각해 보십시오. 말씀에 대한 당신의 통찰력은 깊어지고 그 말씀이 당신의 삶에 어떻게 적용되는지 더 잘 이해하게 될 것입니다. 그리고 성경의 진리를 더 많이 적용하면 할수록 당신은 더욱 예수님을 닮게 될 것입니다.

우리는 다음 이야기에 나오는 사람과 같이 하나님의 말씀을 읽는 데 열정을 가져야 합니다. 로버트 섬너는 하나님의 말씀의 경이라는 책에서 캔자스시티에 사는 한 사람에 대해 소개하고 있습니다. 그 사람은 폭발 사고로 심하게 다쳐서 얼굴은 일그러지고 두 손과 시력을 잃었습니다. 그는 사고가 일어나기 직전에 그리스도인이 되었는데, 그에게 가장 실망되는 것 중 하나는 더 이상 성경을 읽을 수가 없다는 것이었습니다. 그때 그는 영국에 사는 한 부인이 입술로 점자를 읽었다는 말을 들었습니다. 자기도 그렇게 할 수 있을 것으로 생각하며, 그는 점자로 된 성경을 구했습니다. 그러나 그는 자기 입술의 신경이 심하게 손상되어 문자를 판독할 수 없다는 것을 알았습니다. 어느 날, 점자로 된 성경을 입술로 가져 왔을 때, 우연히 그의 혀가 점자들에 닿게 되었는데 그것들을 느낄 수가 있었습니다. 그때 "아하, 혀로 성경을 읽을 수 있겠구나!" 하는 생각이 번쩍 떠올랐습니다. 로버트 섬너가 그 책을 쓸 무렵에는 그 사람은 성경 전체를 벌써 네 번이나 읽었습니다. 그 사람이 그렇게 할 수 있다면, 당신도 성경을 읽기 위해 자신을 훈련할 수가 있겠습니까?

말씀 공부

성경 읽기를 맑고 빛나는 호수를 쾌속정을 타고 유람하는 것에 비유한다면, 성경을 공부하는 것은 동일한 호수를 바닥이 유리로 된 보트를 타고 천천히 가로질러 가는 것입니다.

쾌속정을 타고 가는 것은 호수의 전체적인 모습을 보게 해주며, 호수 깊은 곳은 재빠르게 지나가면서 대충 볼 수 있을 뿐입니다. 그러나 바닥이 유리로 된 보트라는 성경공부는, 서두르지 않고 성경 말씀의 표면 아래로 당신을 데리고 가 단지 본문을 읽기만 하는 사람들은 대개 놓쳐 버리는 세부적인 것들을 명확하게 볼 수 있게 합니다. 제리 브릿지즈가 말했듯이, "읽기는 우리에게 폭을 더해 주고, 공부는 우리에게 깊이를 더해 줍니다."

성경에서 하나님의 말씀을 공부하는 데 열심을 보인 사람 세 명을 살펴보도록 합시다. 첫 번째는 구약의 인물인 에스라입니다. "에스라가 여호와의 율법을 연구하여 준행하며 율례와 규례를 이스라엘에게 가르치기로 결심하였었더라"(에스라 7:10). 이 구절에는 교훈적인 의미가 있습니다. 에스라는 (1) "율법을 연구하며," (2) "준행하며," (3) "율례와 규례를 이스라엘에게 가르치기로" (4) "결심했습니다." 그는 하나님의 말씀을 하나님의 백성들에게 가르치기에 앞서 자신이 배운 것을 실행했습니다. 그러나 에스라는 성경 말씀들을 연구하는 것을 통해 배웠습니다. 그러나 그는 공부(연구)하기에 앞서 먼저 그렇게 하기로 "결심했습니다." 다른 말로 하면, 에스라는 하나님의 말씀을 공부하기 위해 자신을 훈련했던 것입니다.

두 번째 예는 사도행전 17:11에서 찾아볼 수 있습니다. 선교사인 바울과 실라는 데살로니가에서 성공적인 사역을 함으로 유대인의 시기심을 유발하게 되어, 겨우 목숨을 부지하여 그곳으로부터 도망 나와 베뢰아로 갔습니다. 그들은 베뢰아에서도 복음을 전했는데, 그곳 사람들은 다른 반응을 보였습니다. "베뢰아 사람은 데살로니가에 있는 사람보다 더 신사적이어서 간절한 마음으로 말씀을 받고, 이것이 그러한가 하여 날마다 성경을 상고하므로." 다음 구절에 의하면, 그 결과 많은 이들이 믿게 되었습니다. 기꺼이 성경을 상고(詳考)하는 것은 여기서 신사적인 것으로 여겨지고 있습니다.

하나님의 진리를 연구하는 열심에 관한 좋은 예가 디모데후서 4:13에 나옵니다. 나는 이 예를 좋아합니다. 사도 바울은 옥중에서 자기의 영적 아들이요 동역자인 디모데에게 편지를 쓰고 있었습니다. 이 구절은 편지의 마지막 부분에 나옵니다. 바울은 디모데가 올 것을 기대하며, "네가 올 때에 내가 드로아 가보의 집에 둔 겉옷을 가지고 오고, 또 책은 특별히 가죽 종이에 쓴 것을 가져오라"고 했습니다. 바울이 가져오도록 부탁한 그 가죽 종이에 쓴 책은 아마도 틀림없이 성경이었을 것입니다. 춥고 비참한 환경인 옥중에서 경건한 사도는 두 가지를 가져오도록 부탁했습니다. 그것은 입어서 몸을 따뜻하게 할 겉옷과 공부하여 마음을 따뜻하게 할 하나님의 말씀이었습니다. 바울은 천국을 보았고(고린도후서 12:1-6), 부활하신 그리스도도 보았으며(사도행전 9:5), 기적을 일으키는 성령의 능력을 경험했으며(사도행전 14:10), 심지어 거룩한 성경 말씀을 기록하기 위한 성령의 능력도 경험했습니다(베드로후서 3:16). 그럼에도 그는 죽을 때까지 하나님의 말씀을 계속 공부했습니다. 만약 바울이 그렇게 할 필요가 있었다면, 당신과 내가 그것을 필요로 하고 이를 행하기 위해 자신을 훈련해야 한다는 것은 너무도 분명한 사실입니다.

그러면 왜 우리는 그런 훈련을 하지 않습니까? 왜 그토록 많은 그리스도인들이 성경공부를 등한히 하고 있습니까? R. C. 스프라울은 다음과 같이 말했습니다. "진정한 문제는 우리의 게으름입니다. 우리가 하나님의 말씀을 공부해야 하는 책무를 이행하지 못하는 것은, 성경이 이해하기 어려워서도 아니요, 성경공부가 따분하거나 재미가 없어서도 아니요, 그것이 일이기 때문입니다. 우리의 문제는 지적 능력의 부족이나 열정의 부족이 아닙니다. 문제는 우리가 게으르다는 것입니다."

게으름뿐만 아니라, 어떤 사람들에게 있어서의 문제는 성경을 어떻게 공부하며 어디서 시작해야 하느냐에 대해 자신이 없다는 것입니다. 실제로, 시작하는 것은 그렇게 어렵지 않습니다. 성경 읽기와 성경공부의 기본적인 차이는 단지 필기 도구의 사용 여부입니다. 본문을 읽어 나가면서 관찰한 것을 적고 또 마음에 떠오르는 질문들을 기록하십시오. 관주 성경을 가지고 있다면, 질문이 생기는 구절과 관련된 구절들을 찾아보고 깨달은 것을 기록하십시오. (만약 관주가 무엇인지, 혹은 그것을 어떻게 사용하는지 잘 모르고 있다면, 영적 지도자나 다른 성숙한 그리스도인에게 물어 보십시오.) 당신이 읽은 부분에서 핵심이 되는 단어를 찾아서 성구 사전을 사용하여 그 구절이 사용되고 있는 다른 구절을 찾아서 연구해 보고 깨달은 것들을 기록하십시오. 시작하는 또 다른 방법은 한 장의 개요를 작성하되, 한 번에 한 문단씩 하는 것입니다. 한 장이 끝나면 다음 장으로 넘어가서 책 전체의 개요를 작성할 때까지 계속하십시오. 얼마 있지 않아 당신은 단지 읽을 때보다 훨씬 더 성경을 잘 파악하게 될 것입니다.

하나님의 책을 공부하는 데서 진보해 나감에 따라 당신은 구절 성경공부, 인물 성경공부, 주제별 성경공부, 책별 성경공부의 가치도 배우게 될 것입니다. 본문과 관련된 역사, 문화, 그리고 지리적 배경 등을 더 알아 가면서 성경 말씀을 더 깊이 깨닫게 되고, 풍성한 축복들을 새롭게 누리게 될 것입니다.

자신은 성경을 공부하기에 부족하다는 느낌을 가짐으로 인해, 스스로 성경을 공부하는 기쁨을 맛보지 못할 수가 있습니다. 시중에 성경공부 방법에 관한 책들이 많이 나와 있습니다. 그런 책들은 이 장에서 소개할 수 있는 것보다 더 많은 방법들과 도구들에 대해 설명하고 있습니다. 그러나 다른 사람들에 의해 "미리 소화된" 영적 음식들로만 만족하지 마십시오. 당신 스스로 하는 성경공부를 통해 직접 하나님의 말씀을 깨닫는 축복을 누리십시오!

추가 적용

만약 경건에서의 성장 정도가 말씀 섭취의 질적 수준에 의해 측정된다면, 당신은 그 결과가 어떠하겠습니까? 이것은 중요한 질문입니다. 왜냐하면 실제로, 경건에서의 성장은 당신의 말씀 섭취의 질에 의해 대단히 영향을 받기 때문입니다. 요한복음 17장에 나오는 대제사장의 기도에서, 예수님께서는 우리를 위해 이것을 아버지께 구하셨습니다. "저희를 진리로 거룩하게 하옵소서. 아버지의 말씀은 진리니이다"(17절). 우리를 거룩하게 하고 경건하게 만들고자 하는 하나님의 계획은 "진리" 즉 그분의 말씀에 의해 성취됩니다. 하나님의 말씀을 듣고, 읽고, 공부하는 일에서 빈약한 수준에 계속 머물러 있다면, 하나님의 거룩케 하시는 은혜의 주된 물줄기를 심각하게 제한하게 됩니다.

나는 하나님의 말씀을 섭취하는 것과 관련한 지난날의 실패들이 우리 모두에게 죄책감을 불러일으키기 쉽다는 것을 알고 있습니다. 과거의 실패로 인해 죄책감에 빠지지 마십시오. 무엇보다도, 천국문이 우리에게 열린 것은, 말씀 섭취와 같은 우리의 행위에 의한 것이 아니라, 예수 그리스도 안에서 하나님께서 하신 일로 말미암은 것임을 기억하도록 하십시오. 이에서 더 나아가, 성경 말씀 섭취에 있어서 지난날의 우리의 부족함에 대해서는 빌립보서 3:13 말씀을 따라 "뒤에 있는 것은 잊어버리고 앞에 있는 것을 잡으려고" 달려 나가도록 합시다.

이제 마지막으로 적용을 위한 질문을 해보겠습니다.

하나님의 말씀을 더 잘 섭취하기 위해 당신이 행할 수 있는 것은 무엇입니까? 말씀이 선포되는 곳으로 적어도 매주 한 번은 가서 하나님의 말씀을 듣겠다고 적용할 수도 있습니다. 많은 교회에서는 하나님의 말씀을 들을 수 있는 기회를 매주 한 번 이상 제공하고 있습니다. 하나님의 말씀을 더 많이 듣기 위해 성경 테이프나 설교 테이프, 혹은 말씀을 선포하는 방송을 듣는 것을 고려해 볼 수도 있습니다. 매일 성경을 읽어 성경 전체를 다 읽기 위한 목표를 세워 보십시오. 또한 성경의 각 책과 수많은 주제들에 대한 성경공부 교재와 안내서들을 기독교 서점에서 구입할 수도 있습니다. 가격은 비싸지 않습니다. 또, 개인적으로 공부할 뿐만 아니라, 교회나 기독교 기관의 성경공부 그룹에 참여하거나, 성경공부 그룹을 만들 수도 있습니다.

어떤 방법을 선택하든, 하나님의 거룩한 말씀을 섭취하는 일에서 발전하기 위해 최소한 한 가지 방법이라도 열심히 실행함으로, 경건에 이르기 위해 자신을 훈련하도록 하십시오. 성경을 사용하지 않는 사람은 아예 가지고 있지 않은 사람보다 나을 게 없습니다.

격려가 되는 말을 소개함으로 이 장을 마무리하고자 합니다. 그것은 제프리 토머스라는 웨일즈의 목사가 쓴 성경 읽기에 관한 소책자에 있는 말입니다. 이것은 읽기뿐 아니라 듣기와 공부에도 동일하게 해당됩니다.

하루나 한 달이나 혹은 한 해 동안에 성경을 통달할 수 있을 것으로 기대하지 마십시오. 오히려 종종 그 내용 때문에 혼란에 빠질 수도 있다는 것을 예상하십시오. 모든 성경 말씀이 명쾌하게 이해되지는 않을 수도 있습니다. 위대한 하나님의 사람들도 말씀을 읽을 때 완전히 초신자 같은 느낌을 종종 받았습니다. 사도 베드로는 바울의 서신에는 이해하기 어려운 부분들이 더러 있다고 했습니다(베드로후서 3:16). 나도 종종 그렇게 느꼈기 때문에 그가 그런 말을 한 것이 기쁩니다. 그러므로 성경을 읽을 때 감정적인 만족이나 고요한 평화의 느낌을 언제나 얻을 것으로 기대하지는 마십시오. 하나님의 은혜로 말미암아 그러한 것을 자주 경험할 것으로 기대할 수는 있으나, 종종 당신은 전혀 감정적인 만족은 얻지 못할 것입니다. 해가 감에 따라 말씀이 거듭거듭 당신의 마음과 생각을 깨뜨리게 하십시오. 그러면 당신도 모르는 사이에 당신의 태도와 생각과 행동에 커다란 변화가 있게 될 것입니다. 아마도 당신은 이러한 변화들을 인식하지 못할 것입니다. 흔히 당신은 자신이 부족한 존재라고 느끼게 될 것입니다. 이는 점점 더 놀라울 정도로 성경의 하나님이 당신에게 위대하신 분이 되어 갈 것이기 때문입니다. 그러므로, 당신이 임종시에 마지막으로 눈을 감음으로 더 이상 성경을 읽을 수 없게 될 때까지, 곧 당신이 그토록 오랫동안 알아 온, 성경에 있는 것과 똑같은 예수님, 성육신한 하나님의 말씀이신 예수님이 당신을 자기의 영원한 집으로 데려가기 위해 당신 앞에 서 계신 모습을 보게 되어 더 이상 성경을 필요로 하지 않을 때까지, 성경 읽기를 계속하십시오.

제 3 장

성경 말씀 섭취(2)

그리스도인의 성장에는 훈련이 수반된다.
영적으로 성장하는 속도와 분량은 훈련에 달려 있다.
즉 성장의 수단들을 사용하는 훈련이다.

리처드 할버슨

두 형제가 넓고 나무가 무성한 아버지의 토지를 거닐다가 열매가 주렁주렁 달린 과일 나무 곁을 지나가게 되었습니다. 두 사람은 그 맛있는 과일을 실컷 따먹었습니다. 돌아올 때 형은 남아 있는 과일을 모두 따서 집으로 가져 왔고, 동생은 그 나무를 뽑아 자기 집으로 가지고 와서 심었습니다. 그 나무는 더욱 무성해지고 해마다 풍성한 열매를 맺어 동생이 먹을 수 있었으나, 형은 단 하나의 과일도 없었습니다.

성경은 이 이야기에 나오는 과일 나무와 같습니다. 단지 하나님의 말씀을 듣기만 하는 것은 형의 경우와 비슷합니다. 당신은 많은 열매를 따 모을 수도 있고, 심지어 그것을 집으로 가져가 며칠 동안 먹을 수도 있으나, 긴 안목으로 보면, 그것은 당신 자신의 나무를 갖는 것과는 비교가 되지 않습니다. 읽기와 공부라는 훈련을 통해 우리는 그 나무를 우리 자신의 것으로 만들며 그 열매들을 즐깁니다. 영적 훈련들 가운데는 또한 암송, 묵상, 그리고 적용이라는 도구도 있으며, 이것들은 그 나무로부터 더 많은 열매를 수확하도록 해줍니다.

말씀 암송 - 유익과 방법

많은 그리스도인들이 하나님의 말씀을 암송하는 영적 훈련을 순교처럼 어려운 것으로 여기고 있습니다. 그들에게 성경 구절들을 암송하라고 해보십시오. 그러면 아마 네로의 사자와 싸우라고 하는 것처럼 받아들일 것입니다.

왜 그렇습니까? 아마도 이는 많은 사람들이 암송을 학교에서 지겹게 여겼던 암기 노력들과 결부시키기 때문일 것입니다. 학교 시절 암기하는 것은 일이었으며, 대부분은 흥미 없고 별로 가치도 없는 것이었습니다.

또한, 기억력이 나쁘다는 평계를 대는 사람들을 종종 만납니다. 그러나 만약 앞으로 7일 이내에 한 구절을 외면 1천 달러를 준다면 어떻게 되겠습니까? 성경 암송에 대한 태도가 바뀌며 암송 능력이 향상되지 않겠습니까? 당신의 마음에 하나님의 말씀이라는 보배를 쌓아 가는 것의 가치에 비하면 금전적인 보상이라는 것은 보잘것없는 것입니다.

암송은 영적인 전쟁을 위한 능력을 강화시킨다

성경 말씀을 마음속에 간직해 두면, 당신이 그 말씀을 필요로 할 때 성령께서 그 말씀을 생각나게 하실 수 있습니다. 그래서 시편 119편의 기자는 "내가 주께 범죄치 아니하려 하여 주의 말씀을 내 마음에 두었나이다"(11절)라고 쓴 것입니다. 예를 들면, 세상적인 어떤 것을 생각하고자 하는 유혹이 올 때, "위엣 것을 생각하고 땅엣 것을 생각지 말라"(골로새서 3:2)와 같은 구체적인 구절을 상기할 수 있다면, 더 큰 능력으로 그 유혹에 대항할 수 있게 될 것입니다.

명확한 구절을 성령께서 그처럼 마음에 떠오르게 하실 때, 그 말씀은 에베소서 6:17에서 말하는 바와 같은 무기가 될 것입니다. "성령의 검, 곧 하나님의 말씀을 가지라." 꼭 필요할 때에 성령께서 생각나게 해주시는 시기 적절한 성경 말씀은 영적 전쟁에서 승리를 가져오는 무기가 됩니다.

황량한 유대 광야에서 예수님께서 사탄과 대결하신 것이 가장 좋은 예입니다(마태복음 4:1-11). 매번 사탄은 예수님을 유혹했지만, 예수님께서는 성령의 검인 하나님의 말씀으로 그것을 물리치셨습니다. 성령께서 생각나게 해주신 구체적인 성경 구절을 사용하심으로 사탄을 이기신 것입니다. 우리는 바로 예수님처럼 함으로써 영적 승리를 더 많이 경험할 수 있습니다. 즉 성경 말씀을 암송함으로, 필요할 때 성령께서 그것을 취하여 사용하실 수 있게 하는 것입니다.

암송은 믿음을 강화시킨다

믿음을 키우기 원하십니까? 그것을 원하지 않는 그리스도인이 있겠습니까? 믿음을 강화시키기 위해 당신이 할 수 있는 것 중 한 가지는 성경 암송을 훈련하는 것입니다. 잠언 22:17-19을 살펴봅시다. "너는 귀를 기울여 지혜 있는 자의 말씀을 들으며, 내 지식에 마음을 둘지어다. 이것을 네 속에 보존하며 네 입술에 있게 함이 아름다우니라. 내가 너로 여호와를 의뢰하게 하려 하여 이것을 오늘 특별히 네게 알게 하였노니." 여기서 말하고 있는 "내 지식에 마음을 두는 것"과 "이것을 네 속에 보존하는 것"은 분명 성경 암송과 관련이 있습니다. 성경 말씀이라는 지혜의 말씀을 당신 속에 보존하며, 당신 입술에 있게 하는 이유로 여기에서 보여 주는 것을 주목해 보십시오. 그것은 "여호와를 의뢰하기" 위함입니다. 성경 말씀을 암송하는 것은 당신의 믿음을 강화시킵니다. 어떤 구절을 암송해 두면 반복적으로 그 진리가 생각나기 때문입니다.

우리 교회는 예배당을 새로 건축하기 위해 노력해 왔습니다. 우리는 빚을 지지 않고 그 건물을 짓는 것이 하나님께 영광이 될 것으로 생각했습니다. 주님의 공급에 대한 나의 믿음이 떨어지기 시작할 때가 더러 있었습니다. 그럴 때 나의 믿음을 새롭게 해준 것은 사무엘상 2:30에 있는 하나님의 약속을 상기하는 것이었습니다. "나를 존중히 여기는 자를 내가 존중히 여기고…." 성경 암송은 무너지는 믿음에 버팀목과 같은 역할을 합니다.

암송은 전도와 상담에 유익하다

오순절날 사도 베드로는 갑자기 하나님의 영감을 받아 군중들을 향해 예수님에 대해 설교했습니다. 그가 말한 것의 많은 부분이 구약성경에서 인용한 것이었습니다(사도행전 2:14-40 참조). 비록 성령의 감동하심을 입어 한 베드로의 설교와 성령의 인도를 따른 우리의 대화 사이에는 약간의 차이가 있을 수는 있지만, 그의 경험은 성경 암송이 우리가 살아가다가 예기치 않게 만나게 되는 전도나 상담의 기회를 위해 어떻게 우리를 준비시켜 줄 수 있는지를 보여 줍니다.

최근에, 어떤 사람에게 그리스도를 전할 때, 그가 말한 어떤 일이 내가 암송했던 한 구절을 생각나게 했습니다. 나는 그 구절을 소개했고, 그것이 실마리가 되어 그는 마침내 예수님을 믿게 되었습니다. 상담을 해줄 때도 종종 그런 일이 있습니다. 암송을 통해 그 구절을 마음에 둘 때라야 입을 통해 그것을 사용할 수 있습니다.

하나님의 인도의 수단이 된다

시편 기자는 "주의 증거는 나의 즐거움이요, 나의 모사니이다"(시편 119:24)라고 썼습니다. 다른 사람들을 상담할 때 성령께서 우리의 기억 창고에서 성경의 진리를 꺼내어 사용하시는 것처럼, 그때 그때 우리를 인도하시기 위해서도 그렇게 하십니다.

어떤 상황에서 내가 생각하고 있는 바를 말해야 할지를 결정해야 할 경우가 많은데, 그럴 때 주님께서는 에베소서 4:29 말씀을 생각나게 해주십니다. "무릇 더러운 말은 너희 입밖에도 내지 말고, 오직 덕을 세우는 데 소용되는 대로 선한 말을 하여 듣는 자들에게 은혜를 끼치게 하라." 때때로 나는 성령의 음성을 잘못 알아들을 수가 있으나, 이처럼 성령께서 성경 말씀을 마음속에 떠오르게 하실 때보다 그분의 인도하심이 더 명확한 경우는 없습니다. 그것은 훈련된 성경 암송의 결과입니다.

암송은 묵상을 자극한다

성경 암송의 유익들 가운데 가장 과소 평가되고 있는 것은 그것이 묵상을 자극한다는 것입니다. 성경 구절을 암송해 두면, 그 말씀을 낮이건 밤이건 언제 어디서든 묵상할 수 있습니다. 당신이 하나님의 말씀을 너무나 사랑하여 그것을 암송했다면, 시편 119편의 기자처럼 될 수 있습니다. "내가 주의 법을 어찌 그리 사랑하는지요! 내가 그것을 종일 묵상하나이다"(시편 119:97). 차를 운전할 때, 기차를 타고 갈 때, 공항에서 비행기를 기다릴 때, 줄을 서서 기다릴 때, 아기를 재울 때, 또는 식사를 할 때도, 당신이 암송으로 비축해 둔 말씀이 있으면 묵상이라는 영적 훈련을 통해 유익을 얻을 수 있습니다.

하나님의 말씀은 "성령의 검"이지만, 성령께서는 당신 마음속의 무기고에 저장되어 있지 않은 무기를 당신에게 제공하실 수는 없습니다. 당신이 무슨 결정을 해야 하거나, 인도받기를 원하고 있거나, 강한 유혹과 씨름하고 있다고 가정해 보십시오. 그래서 성령께서 당신의 마음속의 무기고로 달려가 문을 급히 열어 보니 거기엔 요한복음 3:16과 창세기 1:1, 그리고 지상사명에 관한 구절밖에 없었다고 합시다. 그런 구절들은 좋은 검들이긴 하지만, 모든 전투에 다

소용되는 것은 아닙니다.
　그러면, 성령께서 사용하실 수 있도록 우리 마음속의 무기고에 어떻게 검들을 비축합니까?

당신은 성경을 암송할 수 있다
많은 사람들이 자기는 기억력이 나쁘다고 생각하지만 그건 사실이 아닙니다. 우리가 이미 살펴보았듯이, 암송을 못하는 것은 대부분의 경우 동기의 문제입니다. 자신의 생일, 전화 번호, 주소를 알고 있고, 그리고 친구들의 이름들을 기억할 수 있다면, 성경도 암송할 수 있습니다. 기꺼이 암송을 위해 자신을 훈련할 것인가가 문제입니다.
　네비게이토 선교회의 창시자 도슨 트로트맨은 1926년에 주님께로 돌아온 후, 그는 매일 한 구절씩 성경을 암송하기 시작했습니다. 그는 당시에 로스앤젤레스에 있는 목재 하치장에서 트럭을 운전하고 있었습니다. 그는 운전을 하면서 그날을 위한 성경 구절을 암송하곤 했습니다. 예수님을 믿게 된 후 처음 3년간 그는 1,000구절을 암송했습니다. 그가 운전을 하면서 1년에 300구절이 넘게 암송했다면, 우리도 1주일에 몇 구절 정도는 암송할 수 있습니다.

계획을 가지라
기독교 서점에 가보면 잘 짜여진 성경 암송 계획들이 나와 있습니다. 그러나 지금 당신의 삶에서 특히 필요한 어떤 주제에 관한 구절들을 골라서 암송하고 싶어할 수도 있습니다. 믿음이 연약하다면 믿음에 관한 구절들을 암송하십시오. 당신이 나쁜 습관과 씨름을 하고 있다면, 그것을 이기는 데 도움이 되는 구절들을 찾으십시오. 어떤 사람이 도슨 트로트맨에게 자기는 성경 암송을 많이 하게 되면 교만해질 것 같다고 하자, 도슨은 "그럼 먼저 겸손에 관한 구절을 10개 암송하도록 하십시오!"라고 대답했다고 합니다. 낱개의 구절이 아니라 성경의 한 부분을 암송할 수도 있습니다. 예를 들면, 시편 한 편을 암송할 수도 있는 것입니다.

성경 구절을 기록하라
암송할 구절들의 목록을 만들거나, 암송 카드에 각각의 구절을 기록하십시오.

기억을 돕는 그림을 그려 보라
꼼꼼하게 그릴 필요는 없고, 각 구절의 옆에 간단하게 그리면 됩니다. 간단한 그림이지만 그것은 그 구절을 "눈으로 볼 수 있게" 해줍니다. "그림은 천 마디의 말과 같은 가치가 있다"는 말을 기억하십시오. 그 그림이 그 구절에 나와 있는 어떤 행동을 나타낼 때 특히 그러합니다. 예를 들면, 시편 119:11이라면, 심장 속에 성경이 있는 그림을 그려 둠으로 당신의 마음속에 하나님의 말씀을 간직하는 것을 상기할 수도 있습니다. 에베소서 6:17에 대해서는, 검을 스케치해 두면 명확하게 기억하는 데 도움이 될 것입니다. 이 방법은 특히 연속된 구절들을 암송할 때 도움이 됩니다. 당신이 나와 마찬가지로 그림에 소질이 없을지라도 그 그림들은 누구에게 보여 주기 위한 것이 아니므로 상관이 없습니다. 그림으로 그려 보면 성경 암송이 더 쉬워집니다.

완벽하게 암송하라
특히 처음으로 어떤 구절을 암송할 때는 그 수준을 낮추고자 하는 유혹을 많이 받습니다. 단지 대충 왼 것으로, 또는 "주된 요점"을 기억하는 것으로 만족하지 마십시오. 한 단어 한 단어를 정확하게 암송하며, 어순과 토씨까지도 그렇게 하고, 장절도 암송하십시오. 객관적인 표준이 없으면, 목표가 불분명하여 수준을 계속 낮추고자 하는 유혹을 받게 될 것이며, 마침내는 완전히 그만두는 데까지 이를 것입니다. 더구나, 어떤 구절을 정확하게 암송하고 있지 않으면, 대화 중에나 전도를 할 때 그 구절을 사용하는 데 자신이 없을 것입니다. 그러므로 토씨까지 정확하게 암송하는 것이 처음에는 어려울 수 있어도, 긴 안목에서 보면 더 쉽고 더 생산적입니다. 또한 완벽하게 암송한 구절은 어렴풋이 알고 있는 구절보다 복습하기가 더 쉽습니다.

점검 파트너를 정하라
다른 어떤 영적 훈련보다 이 성경 암송에서 서로 서로 점검해 주어야 합니다. 쉽게 나태해지기 때문입니다. 그리고 바빠지면 바빠질수록 우리는 이 영역에서 자신을 변명하는 경향이 있습니다. 도슨 트로트맨과 같은 이들은 이 영적 훈련을 성실하게 하도록 해주는 개인적인 방법을 개발했습니다. 그러나 대부분의 그리스도인들은 다른 누군가를 정기적으로 만나(반드시 그리스도인이어야 하는 것은 아님) 잘 암송했는지 점검을 받는 것이 꾸준히 암송을 하는 데 도움이 되는 것을 경험하고 있습니다.

매일 복습하고 묵상하라
암송에서 복습보다 중요한 것은 없습니다. 충분한 복습을 하지 않으면 결국은 암송한 것의 대부분을 잊어버리게 될 것입니다. 그러나 일단 어떤 구절을 제대로 암송하고 나면, 그 구절을 읽는 정도의 짧은 시간에도 마음속으로 복습할 수 있습니다. 그리고 어떤 구절을 이처럼 잘 암송해 두면, 일주일에 한 번, 한 달에 한 번, 혹은 6개월에 한 번만 복습해도 그 구절을 정확하게 기억할 수 있습니다. 흔히 암송에 들이는 시간의 80% 정도를 복습에 들입니다. 당신의 검에 광을 내는 데 그렇게 많은 시간을 들이는 것을 괴로워하지 마십시오. 오히려 그렇게 많은 검을 가지고 있는 데 대해 기뻐하십시오!

당신이 비교적 잘 알고 있는 구절을 복습하는 데 가장 좋은 시간은 잠자리에 들 때입니다. 복습시에는 구절을 기록한 것을 반드시 가지고 있을 필요는 없기 때문에, 당신은 잠을 청하면서, 또는 잠이 오지 않아 어려움을 겪을 때도 그런 구절들을 반복해서 복습하면서 묵상할 수 있습니다. 그리고 깨어 있을 수 없다면 그것도 좋은 일입니다. 어쨌든 당신은 자기로 되어 있었기 때문입니다. 잠이 오지 않을 때는, 그 시간을 가장 잘 활용할 뿐 아니라, 가장 유익하고 평안을 주는 정보들을 당신의 마음속에 입력시킬 수 있습니다.

성경 암송이라는 훈련에 대한 이 단락을 마무리하면서, 우리가 기억해야 할 것은 성경 구절들을 암송하는 것 그 자체가 목적은 아니라는 사실입니다. 우리의 목적은 얼마나 많은 구절을 암송할 수 있는지를 알아보는 것이 아니라 경건에 이르는 것입니다. 목표는 우리의 마음과 삶을 변화시킬 수 있도록 하나님의 말씀을 암송하는 것입니다.

댈러스 윌러드는 이에 관해 다음과 같이 말했습니다. "목사와 교사와 상담자로서 나는 단지 성경 말씀을 암송하고 묵상하는 것만으로도 내적 및 외적으로 삶이 변화하는 것은 거듭거듭 보아 왔습니다. 개인적으로, 나는 암송 프로그램이 없는 교회를 맡아서 목회하거나 그런 기독교 교육 프로그램을 이끄는 일을 결코 하지 않겠습니다. 교회에는 모든 연령층의 사람들을 위해 심사숙고해서 선택한 성경 말씀들을 지속적으로 암송하는 프로그램이 있어야 합니다."

말씀 묵상 - 유익과 방법

현대 문화의 특징 가운데 안타까운 것 하나는, 묵상이 성경에서 가르치는 기독교적 관행이 아니라 불신자들의 관행으로 간주되어 왔다는 것입니다. 심지어 그리스도인들 사이에도, 묵상은 종종 요가, 초월 명상, 이완 요법, 뉴에이지 운동 등과 밀접한 관련이 있는 것으로 여겨져 왔습니다. 묵상이 여러 사이비 집단들이나 운동들에서 너무나 유명해서 어떤 그리스도인들은 그 주제 자체에 대해 거부감을 느끼며, 그것을 행하는 사람들을 의심의 눈초리로 바라보기도 합니다. 그러나 우리는 묵상이 하나님께서 명령하신 것이요 성경에 나오는 경건한 사람들이 본을 보인 것이라는 사실을 기억해야 합니다. 어떤 이교 집단에서 십자가를 자기들의 상징으로 삼았다고 교회가 그것을 사용하지 말아야 하는 것은 아닙니다. 마찬가지로, 단지 세상이 자기 목적을 위해 묵상을 사용한다고 해서 우리가 성경적인 묵상을 도외시하거나 두려워해서는 안 됩니다.

성경에서 권면하고 있는 묵상은 이교적인 명상과는 몇 가지 점에서 다릅니다. 명상은 마음을 비우기 위해 최선을 다하나, 성경적인 묵상은 마음을 하나님과 진리로 가득 채웁니다. 명상은 완전한 수동적 정신 상태에 이르려는 시도이나, 성경적인 묵상은 적극적이고 건설적인 정신 활동을 하는 것입니다. 명상은 "자신의 실체를 창조하기 위한" 영상화 기술들을 이용합니다. 기독교사를 살펴보면, 믿음의 선배들은 항상 하나님께서 주신 상상력을 묵상에 올바로 사용해 온 것을 알 수 있습니다. 상상은 참된 것들을 묵상하도록 도와주는 우리의 종입니다(빌립보서 4:8). 더욱이, 우리가 묵상을 하는 것은 영상화를 통한 "자신의 실체 창조"에 목적이 있는 것이 아닙니다. 성경적인 묵상은 하나님께 드리는 기도로 이어지며, 나아가 우리 자신의 변화를 위한, 책임 있고 성령 충만한 행동으로 발전되어, 궁극적으로 우리로 하여금 더욱더 경건에 이르도록 도와줍니다. 이것이 바로 성경적인 묵상의 목적입니다.

이러한 뚜렷한 차이들을 염두에 두고서, 묵상을 내 나름대로 정의해 본다면 이렇습니다. 묵상이란 하나님의 말씀을 올바로 이해하고 적용하며 하나님께 기도하기 위해 하나님의 말씀을 곰곰이 깊이 생각하는 것이다. 묵상은 하나님의 말씀을 섭취하는 수단으로서, 듣기, 읽기, 공부, 그리고 암송보다 더 우월합니다. 한 컵의 차를 비유로 들 수 있겠습니다. 당신은 컵에 담겨 있는 뜨거운 물이고 말씀은 차 봉지라고 합시다. 하나님의 말씀을 듣는 것은 차 봉지를 물속에 한 번 담갔다가 꺼내는 것과 같습니다. 차의 향기가 어느 정도는 물에 흡수되겠지만, 그 봉지를 한참 동안 담가 둘 때만큼 흡수되지는 않습니다. 이 비유에서, 읽기, 공부, 그리고 암송은 차 봉지를 점점 더 여러 번 담갔다가 꺼내는 것으로 생각할 수 있습니다. 차 봉지를 여러 번 담그면 담글수록 그 영향은 더 커집니다. 그러나, 묵상은 그 봉지를 완전히 담그고 차의 모든 향기와 맛이 우러나고 뜨거운 물이 완전히 적갈색으로 변할 때까지 두는 것과 같습니다.

여호수아 1: 8과 형통에 대한 약속
여호수아 1:8에 보면, 형통과 말씀 묵상은 특별한 연관이 있음을 알 수 있습니다. 하나님께서는 여호수아가 모세의 뒤를 이어 자기 백성의 지도자가 되게 하시면서 그에게 이렇게 말씀하셨습니다. "이 율법책을 네 입에서 떠나지 말게 하며, 주야로 그것을 묵상하여 그 가운데 기록한 대로 다 지켜 행하라. 그리하면 네 길이 평탄하게 될 것이라. 네가 형통하리라."

 우리는 하나님께서 여기서 말씀하고 계신 형통함과 평탄함은, 그 분의 관점에서의 형통함과 평탄함이지 반드시 세상적 관점에서의 형통함은 아님을 기억해야 합니다. 신약성경의 관점에서 우리는 이 약속이 영혼의 평탄함과 영적인 성공 내지 형통에 주로 적용됨을 알고 있습니다. (물론 하나님의 지혜를 따라 살면 일반적인 일들에서도 성공을 거둘 수도 있습니다.) 묵상이 반드시 세상일에서 형통하고 성공하도록 보장하지는 않을지라도, 우리는 하나님의 말씀을 묵상하는 것과 형통 내지 성공과의 관계에 대한 시야를 잃지는 말도록 합시다.

 진정한 형통함은 하나님의 말씀을 묵상하는 사람들, 즉 성경 말씀을 깊이 생각하되 매일 한 번이 아니라 밤낮 순간 순간 깊이 생각하는 사람들에게 약속되어 있습니다. 그들은 너무나 많이 묵상을 하기 때문에 그들의 대화는 성경 말씀으로 흠뻑 젖을 정도가 됩니다. 그들의 묵상의 열매는 행동으로 나타납니다. 그들은 기록된 하나님의 말씀에서 발견한 것을 행하며, 그 결과 하나님께서는 그들의 길을 평탄하게 하시고 형통함을 주십니다.

어떻게 묵상이라는 훈련이 우리를 변화시키며, 우리로 하나님의 축복을 받게 합니까? 다윗은 시편 39:3에서 "내 마음이 내 속에 뜨거워서 묵상할 때에 화가 발하니…"라고 했습니다. 여기서 "묵상하다"로 번역된 히브리어는 여호수아 1:8에서 "묵상하다"로 번역된 단어와 밀접한 관련을 가지고 있습니다. 우리가 하나님의 말씀을 듣고, 읽고, 공부하고, 암송할 때에 묵상을 첨가하는 것은, 마치 우리가 섭취한 말씀의 불(예레미야 23:29)에 풀무질을 하는 것과도 같습니다. 불이 밝게 타오를수록, 그것은 더 많은 빛(통찰과 이해)과 열(순종의 행동을 하고자 하는 열정)을 냅니다. "그리하면, 네 길이 평탄하게 될 것이라. 네가 형통하리라"고 하나님께서 말씀하십니다.

왜 하나님의 말씀을 섭취해도 종종 그토록 마음이 냉랭하며, 영적인 삶에서 더 형통해지지 않습니까? 청교도 목사인 토머스 왓슨이 이에 대해 답변합니다. "우리가 말씀을 읽어도 그토록 냉랭한 이유는 묵상이라는 불에 우리 자신을 쬐어 따뜻하게 하지 않기 때문입니다."

시편 1:1-3 – 약속들

시편 1:1-3에 있는, 묵상에 관한 하나님의 약속들은 여호수아 1:8에 있는 약속들만큼이나 풍성합니다.

> 복 있는 사람은
> 악인의 꾀를 좇지 아니하며
> 죄인의 길에 서지 아니하며

오만한 자의 자리에 앉지 아니하고,
오직 여호와의 율법을 즐거워하여
그 율법을 주야로 묵상하는 자로다.
저는 시냇가에 심은 나무가
시절을 좇아 과실을 맺으며
그 잎사귀가 마르지 아니함 같으니
그 행사가 다 형통하리로다.

우리는 자신이 즐거워하는 것에 대해 생각하는 법입니다. 서로를 즐거워하는 신혼 부부는 하루 종일 서로를 생각할 것입니다. 하나님의 말씀을 즐거워할 때 우리는 말씀을 생각하되 주야로 그것을 묵상하게 됩니다. 그러한 묵상의 결과 우리의 영적 삶은 안정되고, 열매를 맺으며, 어려움을 잘 이기고, 형통하게 됩니다. 어떤 작가가 잘 표현했습니다. "가장 많이 묵상하는 자가 가장 잘 성장하게 마련이다."

영적 삶이라는 나무는 묵상을 할 때 무럭무럭 성장합니다. 이는 묵상은 하나님의 말씀이라는 물을 흡수하도록 돕기 때문입니다. 예를 들어, 단지 말씀을 듣거나 읽기만 하는 것은 단단한 대지 위에 잠시 내리는 비와 같을 수가 있습니다. 그 비의 양과 세기에 상관없이, 대부분의 빗물은 흘러가 버리고 땅 속으로 스며드는 것은 얼마 되지 않습니다. 묵상은 영혼의 토양을 갈아 하나님의 말씀이라는 물이 깊이 침투하게 합니다. 그 결과 예사롭지 않게 많은 열매를 맺으며 영적으로 형통하게 됩니다.

시편 119편의 기자는 자신이 모든 원수들보다 더 지혜롭다고 확신했습니다(98절). 더 나아가, 그는 "나의 명철함이 나의 모든 스승보다 승하다"(99절)고 했습니다. 그것은 그가 자기의 원수들이나 스승들보다 하나님의 말씀을 더 많이 듣거나 읽거나 공부하거나 암송했기 때문이었을까요? 아마 그렇지는 않을 것입니다. 그 시편 기자가 더 지혜롭고 명철하였던 것은, 반드시 그들보다 말씀을 더 많이 섭취했기 때문이 아니라 그들보다 깨달음이 더 많았기 때문이었습니다. 그러면, 그는 어떻게 다른 사람들보다 더 많은 지혜와 명철을 얻게 되었습니까? 그는 다음과 같이 설명했습니다.

> 주의 계명이 항상 나와 함께하므로
> 그것이 나로 원수보다 지혜롭게 하나이다.
> 내가 주의 증거를 묵상하므로
> 나의 명철함이 나의 모든 스승보다 승하며.
> (시편 119:98-99)

엄청난 양의 하나님의 진리에 접할 수는 있으나, 흡수하지 않으면 실제로는 별로 나아지지 않을 것입니다. 묵상을 통해 흡수가 이루어집니다.

나는 영적으로 열매 맺는 삶과 형통함을 위해 묵상이 고대 이스라엘 당시보다 현대에 더욱 중요하다고 믿습니다. 하나님의 말씀을 섭취한 총량은 동일하다 할지라도, 그 시편 기자가 상상조차 할 수 없었을 정도의 정보의 홍수 속에 우리는 살고 있습니다. 이뿐 아니라 우리는 더 많은 책임들을 맡고 있기 때문에 정신적으로 더 분산되어 있고, 이로 인해 성경 말씀을 흡수하는 데 더 방해를 받습니다. 정보의 홍수로 인해 인간의 지식의 총량은 몇 년마다 배로 증가하고 있으며, 뉴욕타임즈지의 주말 판에는 19세기의 조나단 에드워즈가 평생 동안 접했던 정보보다 더 많은 정보를 담고 있다는 말을 들은 적이 있습니다. 그에게는 우리는 신경쓰지 않아도 되는, 시간이 많이 드는 일들이 있긴 했습니다. 예를 들면, 말을 돌보는 것이 있습니다. 그러나, 그는 일생 동안 전화를 한 번도 받지 않아도 되었습니다! 삶이 좀 불편하기는 했겠지만, 시편 기자처럼 그의 마음도 세계의 뉴스들, 텔레비전과 라디오, 휴대폰과 카폰, 스테레오 전축, 빠른 교통 기관, 광고 우편물, 기타 등등으로 인해 분산되지는 않았습니다. 이러한 것들로 말미암아 오늘날 우리는 과거 어느 때보다 생각을 집중하기가 더 어려우며, 특히 하나님과 그분의 말씀에 집중하기가 어렵습니다.

나에게 있어서는 오랫동안 신비에 싸여 있다가 점차 규명되기 시작한 것이 있습니다. 나는 어떻게 타자기와 컴퓨터를 가지고 일하는 현대인보다 펜으로 기록해야 했던 수백 년 전의 사람들이 종종 더 많은 저술을 할 수 있었는지 이해가 되지 않았습니다. 나는 최근에 리처드 백스터가 쓴 책을 한 권 입수했는데, 이것은 그리스도인의 삶의 거의 모든 측면에 관한 실제적인 안내서입니다. 이 놀라운 책은 깨알 같은 활자로 가득한 1천 쪽 가까운 지면에 125만 단어로 이루어져 있었습니다. 이러한 사실이 별로 대수롭지 않게 여겨진다면, 백스터는 이 책의 대부분을 2년이 채 못되는 기간(1664-1665)에 조사 연구하고 그것을 손으로 기록했다는 사실을 생각해 보십시오. 그리고 그는 전동 타자기나 워드프로세서는 고사하고 전깃불도 없었다는 점도 고려해 보십시오. 그는 그 기간 동안 가족들을 돌보는 것 외에 다른 책임은 없었지만, 그럼에도 이것은 대단한 성취입니다. 나는 2년 동안 조사 연구하고 글 쓰는 것 외에는 다른 아무 책임도 맡지 않는다고 해도 백스터의 업적의 근처에라도 갈 수 있을 것 같지 않습니다. 나아가, 내가 알고 있는 사람 중에 그렇게 할 수 있는 사람도 없습니다. 그는 어떻게 그렇게 했습니까? 그 당시 사람들은 그 이후의 사람들보다 더 큰 지적 능력을 타고났을까요? 나는 그렇게 생각지 않습니다.

백스터와 같은 사람들은 그 당시에도 예외적인 사람들이었으리라 생각합니다. 그리고 마치 헨델이 메시야를 한 달이 못 걸려 작곡할 때처럼 이 불후의 저서를 저술할 때 주님의 특별한 도우심이 있었다고 생각합니다. 그러나 또한 백스터와 같은 사람들과 우리는 실제적인 차이가 있다고 생각합니다. 그의 마음은 우리처럼 분산되어 있지 않고, 그의 사고를 산란하게 하는 일반적인 정보와 사실들을 적게 접하고 있었습니다.

그러면 우리는 어떻게 해야 합니까? 파푸아뉴기니의 정글 속으로 이사를 가지 않는 한 리처드 백스터의 시대로 되돌아갈 수는 없습니다. 혹시 그런 곳으로 이사를 간다고 해도 우리는 이미 이러한 정보화 사회에서 너무나 오랫동안 살아 왔기 때문에 그 영향에서 완전히 벗어날 수가 없습니다. 그러나 성경적인 묵상을 통하여 우리는 사고에 질서를 회복하며 생각을 집중할 수 있는, 특히 영적 진리에 집중할 수 있는 능력을 얼마간 되찾을 수 있습니다.

사실, 이것이 바로 백스터와 에드워즈와 같은 사람들이 자신들을 훈련시켰던 방법입니다. 사라 에드워즈의 전기에서 엘리자베스 도즈는 조나단 에드워즈에 대해 다음과 같이 소개하고 있습니다.

> 젊었을 때, 에드워즈는 여행시에 소모되는 시간을 어떻게 활용할 수 있을까 골똘히 생각했습니다. 노스앰프턴으로 이사한 후 그는 조그만 종이 조각을 자신의 코트의 특정한 부분에 핀으로 고정시키고, 각 종이 조각에는 번호를 붙이고, 하나씩의 주제를 부여했습니다. 말을 타고 보스턴에서 돌아오는 3일간의 여행이 끝나면 그는 종이 조각들로 인해 털을 곤두세운 동물과 같은 모습이 되곤 했습니다. 그의 서재에 들어가서는 묵상 내용이 간단히 기록된 그 종이 조각들을 조심스럽게 떼어 내어서, 각 조각들이 떠오르게 해주는 일련의 생각들을 기록했습니다.

우리는 종이 조각을 주렁주렁 매달고 돌아다닐 필요는 없으나, 성경 말씀에 대한 훈련된 묵상을 통해 우리의 마음을 새롭게 함으로(로마서 12:2) 변화를 받을 수 있습니다. 우리는 리처드 백스터만큼 많은 저술을 하거나 조나단 에드워즈만큼 영적으로 성공적인 삶을 살지 못할 수도 있습니다. 그러나 성경적으로 묵상하면, 원수보다 더 지혜로워질 수 있고, 스승보다 더 명철하여질 수 있으며, 여호수아 1:8과 시편 1편의 모든 약속을 경험하고, 그리고 보다 더 경건해질 수 있습니다.

그러면 어떻게 묵상을 합니까?

적절한 구절이나 단락을 선택하라

무엇을 묵상할지를 결정하는 가장 손쉬운 방법은 성경 말씀을 접할 때 자신에게 가장 감명을 주거나 인상 깊은 구절이나 단락, 혹은 단어를 선택하는 것입니다. 분명 이것은 주관적인 접근법이지만, 어떤 접근법이든 어느 정도는 주관적인 것입니다. 뿐만 아니라 묵상은 근본적으로 주관적인 것이며, 이 때문에 완전히 객관적인 자원인 성경 말씀을 토대로 하는 것이 더욱 중요해집니다. 성경에서 묵상의 주제로 분명하게 언급한 것을 몇 가지만 예로 들면 다음과 같습니다 - 하나님의 말씀(여호수아 1:8, 시편 1:2, 시편 119:15,23,48, 78,97,99,148), 하나님의 창조(시편 143:5), 하나님의 역사와 섭리(시편 77:12, 시편 119:27, 시편 143:5, 시편 145:5), 하나님의 성품(시편 63:6, 시편 145:5) 등.

성경의 저자이신 성령께서는 어떤 특정한 성경 말씀을 우리 마음에 얹어 주시는 경우가 많습니다. 이런 때는 그 구절이 바로 성령께서 우리가 그날 묵상하기를 원하시는 구절이라 믿을 수 있습니다. 물론 이러한 접근법은 어느 정도 잘못 사용될 수 있고, 극단에 치우칠 수도 있기는 합니다. 우리는 지혜를 다하여, 예수 그리스도의 인격과 사역 및 성경의 위대한 주제들을 묵상하기를 게을리하지 말아야 합니다.

대개 우리의 관심사나 개인적인 필요들과 관계가 깊은 구절들이 묵상 대상이 됩니다. 우리는 성경을 단지 현명한 충고를 요약해 놓은 것이나, 약속들을 모아 놓은 것이나, "해결책 모음" 정도로 여겨서는 안 됩니다. 그러나, 하나님께서 기록해 두신 것들 가운데 우리 상황에 직접적으로 관련이 있는 것들에 우리가 관심을 기울이는 것은 하나님의 뜻입니다. 만약 당신이 생각을 다스리는 문제로 씨름하고 있다가, 빌립보서를 읽게 되었다면, 아마 4:8을 묵상할 필요가 있을 것입니다. "종말로 형제들아, 무엇에든지 참되며, 무엇에든지 경건하며, 무엇에든지 옳으며, 무엇에든지 정결하며, 무엇에든지 사랑할 만하며, 무엇에든지 칭찬할 만하며, 무슨 덕이 있든지, 무슨 기림이 있든지 이것들을 생각하라." 친구나 가족의 구원에 관심을 기울이고 있었습니까? 당신이 요한복음 4장을 읽게 되었다면, 해야 할 일은 그곳에서 예수님께서 전도를 하시는 방법을 묵상하여 그것을 당신의 상황에 적용하는 것입니다. 하나님으로부터 멀리 떨어져 있는 것 같고 영적으로 메마르다는 느낌이 듭니까? 하나님의 성품에 관한 구절들을 묵상하며 그분의 성품들에 의지하는 것은 좋은 선택입니다.

 묵상할 말씀을 선택하는 좋은 방법 가운데 하나는, 성경 말씀을 접할 때 단락(혹은 단락 가운데 하나)의 중심 메시지를 담고 있는 구절을 택하여 그것의 의미와 적용 방안을 묵상하는 것입니다. 예를 들면, 최근에 나는 누가복음 11장을 읽었습니다. 내가 사용하고 있는 성경에는 그 장이 열 단락으로 되어 있습니다. 나는 한 단락인 5-13절을 선택했습니다. 이 단락의 중심 주제는 기도를 할 때 꾸준히 해야 한다는 것이었습니다. 나는 그러한 내용을 곰곰 생각하되, 특히 구하고, 찾고, 두드리는 것에 대해 말하고 있는 9-10절에 초점을 맞추었습니다. 이러한 방법은 개개의 구절이 한 단락의 일부가 아니라 독립된 개념을 담고 있는 잠언과 같은 경우에는 사용하기가 곤란합니다. 그러한 부분에서는 묵상할 말씀을 선택하기 위해 앞에서 언급한 방법들 가운데 하나에 의존해야 합니다.

각 단어를 강조하여 반복 묵상해 보라

이 방법은 성경 말씀을 한 구절 또는 그 구절의 일부를 취하여, 다이아몬드를 돌려가며 관찰하듯, 여러 측면을 살펴보며 묵상하는 것입니다.

요한복음 11:25에 있는 예수님의 말씀의 첫 부분 중 다음 단어를 강조해서 묵상해 보십시오.

"**나는** 부활이요, 생명이니"
"나는 **부활**이요, 생명이니"
"나는 부활**이요**, 생명이니"
"나는 부활이요, **생명**이니"
"나는 부활이요, 생명**이니**"

물론 단어 하나 하나를 단지 공허하게 강조하는 것이 중요한 것은 아닙니다. 목적은 그 구절의 모든 단어를 돌려 가며 관찰할 때 그때마다 당신의 마음에 비치는 빛(진리)에 대해 깊이 생각하는 것입니다. 그것은 단순하지만 효과적인 방법입니다. 이 방법은 특히 어떤 구절에 집중하는 데 어려움을 겪고 있거나 깨달음을 얻기가 쉽지 않을 때 도움이 됩니다.

당신 자신의 말로 다시 써보라

조나단 에드워즈가 가정에서 배우던 초기부터 그의 아버지는 그에게 손에 펜을 들고 생각을 하도록 가르쳤고, 이것은 평생 동안 그의 습관이 되었습니다. 이것은 당신의 현안에 관심을 집중하도록 도와주며, 생각의 흐름을 자극하기도 합니다. 당신이 깊이 생각하고 있는 구절을 풀어쓰는 것 또한 그 의미를 이해하는 데 도움이 되는 확실한 방법입니다. 동의어들을 생각해 보는 것과 말씀의 어떤 부분의 의미를 다시 기술해 보는 것은 그 자체가 묵상의 방법입니다.

본문에 대한 적용들을 찾으라

스스로 "나는 이 본문에 대해 어떻게 해야 하는가? 주님께서는 이 말씀에 따라 내가 무엇을 하기를 원하실까?"라고 물어 보십시오.

묵상의 결과는 적용이어야 합니다. 씹기만 하고 삼키지 않는 것처럼, 묵상만 하고 적용을 하지 않으면, 이는 불완전한 것입니다. 이것은 너무나 중요하기 때문에 하나님의 말씀을 적용하는 것에 대해서는 따로 자세히 다루도록 하겠습니다.

본문을 가지고 기도하라

이것이 시편 119:18의 핵심입니다. "내 눈을 열어서 주의 법의 기이한 것을 보게 하소서." 성령께서는 우리를 진리로 인도하시는 분입니다(요한복음 14:26). 묵상은 단순히 인간적인 정신 집중이 아닙니다. 묵상하고 있는 구절을 가지고 기도를 할 때 당신의 마음은 성령께서 그 구절을 통해 깨닫게 하여 주시는 것에 겸손히 귀를 기울이게 되며, 그 결과 그 구절의 의미를 더욱 잘 깨닫게 되고 순종하게 됩니다. 성경은 성령의 감동으로 기록되었으므로, 말씀을 묵상할 때는 성령께서 깨닫게 하여 주시도록 기도하십시오.

최근에 나는 시편 119:50을 묵상했습니다. "이 말씀은 나의 곤란 중에 위로라. 주의 말씀이 나를 살리셨음이니이다." 나는 이 말씀을 가지고 다음과 같이 기도했습니다.

> 주님, 주님께서는 제가 지금 겪고 있는 고통을 아십니다. 주님의 말씀은 저의 곤란 중에 위로가 되신다고 약속하십니다. 주님의 말씀은 저의 곤란 중에서 저를 살리실 수가 있습니다. 저는 이것이 사실임을 진정으로 믿습니다. 주님의 말씀은 과거에도 곤란 중에 저를 살리셨으며, 이번에도 저를 살리실 것을 믿습니다. 지금 주님의 말씀의 위로로 저를 살려 주옵소서.

이 구절을 가지고 기도할 때, 성령께서는 성경 말씀을 통해 자녀들에 대한 하나님의 절대 주권, 나의 삶에 닥치는 모든 환경들에 대한 하나님의 섭리, 하나님의 권세, 하나님의 변함없는 임재와 사랑 등등에 관한 진리를 내 마음속에 떠오르게 해주셨습니다. 이렇게 묵상하고 기도하는 동안, 나의 영혼은 소성되었으며, 나는 보혜사 성령의 위로를 경험했습니다.

묵상은 언제나 성령의 도우심 가운데 해야 합니다. 어떤 본문을 가지고 기도하는 것은, 성령이 없이는 볼 수 없는 것을 당신이 볼 수 있게 성경 말씀 위에 거룩한 빛을 비춰 주시도록 성령을 초대하는 것입니다.

서두르지 말라 - 시간을 정하라!

성경을 한 장, 두 장, 혹은 석 장을 읽었지만 책을 덮은 후에 자신이 읽은 것을 한 가지도 생각해 낼 수 없다면 그 읽었다는 것이 무슨 가치가 있을까요? 묵상은 없이 방대한 분량을 읽는 것보다는 소량을 읽더라도 묵상을 곁들인 것이 더 낫습니다.

모리스 로버트는 1990년 스코틀랜드에서 다음과 같이 썼습니다.

> 우리 시대는 애석하게도 영적 위대성이라고 부를 수 있는 것이 없습니다. 이 문제의 근저에는 천박함이라는 현대병(現代病)이 자리잡고 있습니다. 우리는 모두 너무나 조급하여 자신이 고백하고 있는 믿음에 대해 차분히 묵상하지 못합니다.… 영적 위대성은 온갖 경건 서적들을 열심히 두루 섭렵한다거나, 신앙을 견고케 해주는 영적 활동과 의무에 정신없이 바쁘다거나 하는 데 있지 않습니다. 오히려, 그것은 복음의 진리들을 찬찬히 서두르지 않고 묵상하며, 거룩한 성품이라는 열매를 낳는 이러한 진리들에 우리 마음을 노출시키는 것입니다.

좀더 묵상하기 위해서는 (필요하다면) 적게 읽으십시오. 비록 많은 그리스도인들이 성경 읽기를 늘리기 위해 시간을 내야 할 필요가 있지만, 낼 수 있는 모든 시간을 성경 읽기에만 들이는 사람들이 있을 것입니다. 만약 당신이 읽은 것을 묵상하기 위해 시간을 더 내는 것이 불가능하다면, 서두르지 않고 묵상하는 시간을 갖기 위해 보다 적게 읽도록 하십시오. 비록 하루를 살아가면서 순간 순간 하나님의 말씀을 묵상하는 것도 좋지만(시편 119:97), 더 좋은 것은 일반적으로 매일 말씀을 접하는 주된 시간의 일부를 묵상에 할애할 때 좋은 묵상을 할 수 있습니다.

우리의 말씀 묵상도 조나단 에드워즈의 경우처럼 즐겁고 열매가 풍성했으면 합니다. 그는 회심 직후의 일기에서 다음과 같이 기록하고 있습니다. "구절마다 강렬한 빛을 발하고 있었고, 나는 그 빛을 보는 듯하였다. 그래서 나는 줄줄 읽어 나갈 수가 없었다. 각 구절은 나의 마음을 신선하게 하는 음식이었다. 종종 한 구절을 오랫동안 곰곰 생각하며 그 속에 담겨 있는 경이로운 것들을 보았다. 그런데 거의 모든 구절이 경이로운 것들로 가득 차 있는 것 같았다."

말씀 적용 - 유익과 방법

한 연구에서, 성인(成人)들에게 성경을 읽을 때 주로 느끼는 어려움이 무엇인지 물어 보았습니다. 그들은 "성경 말씀을 구체적인 상황에 적용하는 것"이라고 했습니다. 우리는 때때로 성경 말씀의 어떤 부분을 이해하기 위해서 애쓰곤 하지만, 이해하는 것이 우리의 주된 문제는 아닙니다. 대부분의 성경 말씀은 선명합니다. 많은 경우, 우리의 어려움은 하나님의 말씀을 명쾌하게 이해한 후 그 말씀을 일상 생활에 적용하는 법을 아는 것입니다. 성경은 아이들을 키우는 것에 대해서는 무엇을 말하고 있습니까? 성경 말씀은 직장에서의 나의 여러 결정과 대인 관계에는 어떻게 영향을 미쳐야 합니까?

어떻게 나는 하나님을 더 잘 알 수 있습니까? 이러한 것들이 성경을 읽는 사람들이 자주 물어 오는 질문들이며, 이는 하나님의 말씀을 적용하는 훈련이 긴급함을 입증하고 있습니다.

하나님의 말씀을 적용하는 것의 가치
성경은 하나님의 말씀을 삶에 적용하는 자들에게 하나님의 축복을 약속하고 있습니다. 영적인 진리와 구체적인 삶을 일치시키는 것의 가치를 가르쳐 주는 신약성경의 대표적인 구절은 야고보서 1:22-25입니다. "너희는 도를 행하는 자가 되고, 듣기만 하여 자신을 속이는 자가 되지 말라. 누구든지 도를 듣고 행하지 아니하면 그는 거울로 자기의 생긴 얼굴을 보는 사람과 같으니, 제 자신을 보고 가서 그 모양이 어떠한 것을 곧 잊어버리거니와, 자유하게 하는 온전한 율법을 들여다보고 있는 자는 듣고 잊어버리는 자가 아니요 실행하는 자니, 이 사람이 그 행하는 일에 복을 받으리라." 이와 유사한 예수님의 말씀은 간결하고 힘이 있습니다. "너희가 이것을 알고 행하면 복이 있으리라"(요한복음 13:17).

이러한 구절들은 하나님의 말씀을 듣는다고 하면서 스스로 속을 수 있다는 것을 보여 줍니다. 말씀을 듣고 읽고 공부하고 암송하고 묵상하고 있다는 생각만으로 말씀이 우리 삶에 영향을 미치고 있는 줄로 착각하고 속는 경우가 많습니다. 그렇다고 우리가 성경 말씀의 충분성을 의심한다거나, 말씀을 잠시 접하는 것을 통해서도 역사하시는 성령의 능력을 가볍게 여기는 것은 아닙니다. 흔히 하나님의 진리는 매우 힘있게 마음에 와 닿습니다. 주님께서 우리가 행하기 원하시는 것은 아침에 거울을 통해 보는 우리 얼굴만큼이나 선명합니다. 그러나 아무리 위대한 진리를 발견해도 삶에 적용은 하지 않고 실제적인 유익을 얻었다고 생각하는 것은 자신을 속이는 것입니다. 이것은 그 진리를 발견할 때 얼마나 놀라웠는지와 무관합니다. "그 행하는 일에 복을 받는" 사람은 성경에서 말하는 바를 행하는 사람입니다.

"그 행하는 일에 복을 받는다"라는 것은, 하나님의 말씀을 묵상하는 사람이 평탄함과 형통함을 경험한다는 여호수아 1:8과 시편 1:1-3의 약속과 같습니다. 이는 묵상은 마땅히 궁극적으로는 적용을 낳아야 하기 때문입니다. 하나님께서 여호수아에게 그분의 말씀을 묵상하라고 지시하실 때 묵상의 목적은 "그 가운데 기록한 대로 다 지켜 행하는 것"이라고 말씀하셨습니다. "그리하면 네 길이 평탄하게 될 것이라. 네가 형통하리라"는 약속은 단지 묵상만 할 때가 아니라 묵상하여 적용할 때 성취됩니다.

적용할 사항을 발견하기를 기대하라

하나님께서는 당신이 말씀대로 행하는 자가 되기를 원하십니다. 그러므로 당신은 말씀으로 나아올 때마다, 하나님께서 당신이 적용 사항을 찾기를 원하신다고 생각하십시오. 같은 이유에서, 성령께서는 당신이 깨달은 것을 실생활에 옮기는 법을 알도록 기꺼이 돕고자 하십니다. 그러므로, 기대감을 가지고 성경을 펼치도록 하십시오. 하나님의 진리를 실제 삶에 적용할 수 있는 것을 찾게 될 것으로 기대하십시오. 성경을 펼칠 때, 적용할 거리를 찾게 될 것이라는 믿음이 있는 것과 없는 것은 큰 차이를 낳습니다.

청교도 목사요 작가였으며, 수많은 이들에게 크나큰 영향을 미친 토머스 왓슨은 적용에 대한 기대감을 갖도록 다음과 같이 격려하고 있습니다.

> 말씀 한 마디 한 마디를 다 당신 자신에게 하신 말씀으로 받아들이십시오. 말씀이 죄에 대해 엄하게 말하면 "하나님께서 내 죄들에 대해 그러시는구나"라고 생각하고, 어떤 의무에 대해 강조하면 "하나님께서는 이를 내가 행하기를 원하신다"라고 생각하십시오. 많은 사람들은 성경 말씀이 마치 그것이 기록

될 당시의 사람들에게만 관계가 있는 양 자신과는 무관하게 여기고 있습니다. 그러나 말씀을 통해 유익을 얻기를 원한다면 그것이 자신에게 말씀하신 것이라는 것을 명확히 깨닫도록 하십시오. 아무리 좋은 약도 바르지 않으면 아무 효과가 없습니다.

하나님의 영감으로 기록된 성경 말씀은 그 메시지를 처음으로 받은 사람들에게 원했던 것과 동일한 것을 당신에게도 원한다는 것을 믿으십시오. 그렇지 않으면 성경 말씀이 당신의 개인적인 상황에 적용되는 바를 거의 알아차리지 못할 것입니다.

본문을 이해하라

어떤 구절의 의미를 잘못 이해하게 되면 잘못된 적용을 낳습니다. 예를 들어, 누가 골로새서 2:21에 있는 "붙잡지도 말고, 맛보지도 말고, 만지지도 말라"라는 금지령을 적용하여 자기가 생각할 수 있는 모든 것을 금지했다고 합시다. 그것들 가운데는 금지할 만한 충분한 이유가 있는 것이 있을지라도, 본문의 의미를 잘못 이해했기 때문에 그런 식으로 적용한 것은 본문을 잘못 적용한 것입니다. 문맥 가운데서 볼 때, 이 말은 사도 바울이 복음의 적으로 규정한 금욕주의자들이 주장하는 내용이었음이 분명합니다. 그러므로 당신이 이 구절을 읽다가 이 말씀이 체중 조절을 해야 하는 당신의 필요에 대해 적용할 수 있겠다고 생각한다면, 그것은 잘못된 해석에 의한 잘못된 적용이라는 것을 아시기 바랍니다. (그러나, 성령께서는 고린도전서 9:27의 적용으로 당신이 체중 조절을 하도록 이끄실 수는 있습니다.)

왓슨이 "말씀 한 마디 한 마디를 다 당신 자신에게 하신 말씀으로 받아들이십시오"라고 한 것은 참으로 옳은 말입니다. 그러나 그 말씀이 그것을 처음 들었던 사람들에게 의도했던 바가 무엇인지를 이해한 연후에 그렇게 해야 합니다. 만약 창세기 12:1-7에서 하나님께서 아브람을 부르신 말씀 한 마디 한 마디 모두를 당신에게 말씀하신 것으로 여기게 되면, 당신은 곧 이스라엘로 이사를 가야 할 것입니다. 그러나 그 특정한 부르심의 상황은 아브람에게 독특한 것으로 이해한다면, 그 속에서 영원한 진리들을 발견할 수 있고, 그것들을 당신에게 적용할 수 있습니다. 그리스도께로 나아오라는 하나님의 부르심에 따랐습니까? 하나님께서 당신을 어디로 - 새로운 직장이나 직업으로, 새로운 거주지로, 선교지로, 혹은 기타 다른 곳으로 - 부르시든 기꺼이 그분의 말씀에 순종하시겠습니까?

어떤 말씀이 오늘날 어떻게 적용되는지 이해하기 위해서는 먼저 그 말씀이 처음으로 주어졌을 때 어떻게 적용되었는지를 이해해야 합니다. 예수님께서 "오늘 네가 나와 함께 낙원에 있으리라"(누가복음 23:43)고 하셨을 때, 이 말씀은 십자가에 달린 그 강도에게 적용되는 것이었습니다. 그러나 이 말씀은 성경의 일부요, "모든 성경은 하나님의 감동으로 되었고, 또 유익하기" 때문에, 주님께서는 모든 믿는 자들에게 이 말씀에 대한 적용이 있도록 하셨습니다. 각 그리스도인들이 모두 오늘 죽게 되어 예수님과 함께 낙원에 있는 것이 아님은 분명합니다. 이 말씀을 적용하는 한 가지 방법은 죽음에 대비하는 것입니다. 오늘 죽을 수도 있는데 이에 대해 대비가 되어 있는지 자신을 돌아보는 것입니다. 이 말씀을 또한 그리스도의 임재와 관련해서도 적용할 수 있습니다. 그리스도께서는 언제나 우리 안에 임재해 계시며, 그러므로 우리가 비록 지금 낙원에 있지는 않으나 우리와 함께하고 계시는 것입니다. 그리스도께서 임재해 계신다는 사실에 대한 새로운 깨달음이 오늘 남은 시간 동안 당신의 기도 생활과 당신의 생각에 어떤 영향을 미치겠습니까?

그 강도에게 주신 예수님의 약속은 모든 약속이 당시에 주어졌을 때와 정확하게 똑같이 오늘날에도 적용되는 것은 아님을 보여주는 하나의 본보기입니다. 그럼에도 다른 많은 약속들은 그 적용에 있어서 일반적이고, 보편적이며, 영속적입니다. 그 좋은 예가 요한복음 3:16입니다. 또 하나는 요한일서 1:9입니다. "만일 우리가 우리 죄를 자백하면 저는 미쁘시고 의로우사 우리 죄를 사하시며 모든 불의에서 우리를 깨끗케 하실 것이요."

그러면 처음 주어졌을 때와 다소 다르게 적용되어야 하는 구절이 어떤 구절인지 어떻게 알 수 있습니까? 듣기, 읽기, 특히 공부를 통해 말씀에 대한 지식을 늘려 가는 것이 도움이 됩니다. 성경을 더 잘 이해할수록 그것을 더 잘 적용할 수 있을 것입니다.

많은 이야기를 했지만, 대부분의 성경 말씀은 그 의미에 있어서 분명하고 쉽게 이해할 수 있습니다. 우리의 문제는 이해의 부족보다는 행동의 부족입니다. 성경 말씀을 적용하기 위해서는 이해해야 하며, 우리가 적용할 때라야 말씀을 제대로 이해하고 있다고 말할 수 있습니다.

적용 거리를 분별하기 위해 묵상하라
묵상 자체가 목적은 아니라는 점을 이미 살펴보았습니다. 성경의 진리들과 영적인 것들에 대해 깊이 생각하는 것은 그것들을 실행에 옮기는 열쇠입니다. 성경의 정보들은 묵상을 통해 실제적인 적용으로 구체화됩니다.

묵상이 없이 하나님의 말씀을 읽거나, 듣거나, 공부하면, "성경 말씀을 구체적인 상황에 적용하는 것"은 당연히 어려워집니다. 우리가 암송하고 있는 구절을 앵무새에게 암송시킬 수도 있을 것입니다. 그 말씀을 삶에 적용하지 않으면, 그것이 앵무새에게 아무런 가치가 없듯이 우리에게도 마찬가지일 것입니다. 어떻게 암송한 말씀이 적용으로 나타나게 됩니까? 묵상을 통해서입니다.

대부분의 정보들은, 그것이 성경의 정보들이라도, 물이 체를 통과하듯이 우리 마음을 통과해 흘러가 버립니다. 많은 정보들이 매일 들어오지만 빨리 흘러가 버리기 때문에 우리는 조금밖에 간직하지 못합니다. 그러나 묵상을 하면, 진리는 머무르며, 그리고 스며듭니다. 우리는 그것의 향기를 보다 충분히 맡으며, 맛을 더 잘 볼 수 있습니다. 그것이 우리의 머리 속에서 조리됨에 따라 통찰력을 얻습니다. 가슴은 묵상에 의해 뜨거워지며, 차가운 진리는 열정적인 행동으로 변화됩니다.

시편 119:15은 그것을 이렇게 표현합니다. "내가 주의 법도를 묵상하며, 주의 도에 주의하며." 하나님의 말씀을 묵상하는 것을 통해, 시편 기자는 삶을 위해 하나님의 방법들에 주의하는 법, 즉 그것들을 행하는 법을 알았습니다. 어떤 말씀이 삶의 구체적인 상황에 어떻게 적용되는지 알려면 묵상을 해야 합니다.

본문에 대해 적용을 위한 질문을 던져 보라
본문에 대해 질문을 던져 보는 것은 묵상을 위한 좋은 방법 가운데 하나입니다. 어떤 구절에 대해 더 많은 질문들을 던지고 답변할수록, 당신은 그 구절을 더 잘 이해하게 될 것이며, 그것을 적용하는 법을 더 분명하게 알게 될 것입니다.

당신이 하나님의 말씀을 행하는 자가 되도록 도와줄 수 있는, 적용을 위한 질문들의 예를 소개하겠습니다.

* 이 본문은 내가 하나님에 대하여 믿어야 할 어떤 것을 보여 주는가?
* 이 본문은 하나님을 찬양하거나 그분께 감사하거나 혹은 그분께 의뢰해야 할 어떤 것을 보여 주는가?
* 이 본문은 나 자신이나 다른 누구를 위해 기도해야 할 어떤 것을 보여 주는가?
* 이 본문은 내가 어떤 것에 대해 새로운 태도를 가져야 할 것을 보여 주는가?
* 이 본문은 내가 결정을 내려야 할 어떤 것을 보여 주는가?

* 이 본문은 내가 그리스도나, 다른 사람들, 혹 나 자신을 위해 행해야 할 어떤 것을 보여 주는가?

어떤 성경 구절이 당신의 삶에 너무나 명확하게 적용이 되어서 마치 그 구절이 성경책으로부터 튀어나와 그것이 말하는 바를 행하도록 당신에게 설득하는 것 같을 때도 있을 것입니다. 그러나 대개는 당신이 그 구절을 묵상하되, 당신이 보여야 할 반응이 분명해질 때까지 끈기 있게 그 구절에 대해 질문을 해보아야 합니다.

구체적으로 적용하라
말씀을 통하여 하나님을 만나면 적어도 한 가지의 구체적인 반응이 나타나야 합니다. 다른 말로 하면, 성경 말씀을 섭취하고 나면, 당신은 자신이 접했던 말씀에 대해 나타낼 명확한 반응을 적어도 하나는 댈 수 있어야 한다는 것입니다. 믿음의 행위, 예배, 찬양, 감사, 혹은 기도 등이 될 수도 있습니다. 어떤 사람에게 용서를 구하거나 격려의 말을 하는 것일 수도 있습니다. 어떤 죄를 버리는 것이나 사랑의 행동을 하는 것일 수도 있습니다. 이처럼, 하나님의 말씀을 섭취한 연후에는 적어도 한 가지를 적용하여 행동에 옮기기 위해 계속 노력하도록 하십시오.

이것이 얼마나 중요합니까? 성경을 덮고 나니 자신이 읽은 것을 하나도 기억해 낼 수 없었던 적이 얼마나 됩니까? 당신이 참여했던 얼마나 많은 성경공부와 당신이 들은 얼마나 많은 설교가 당신의 삶에 아무런 영향도 미치지 않고 잊혀졌습니까? 일주일에 여섯 번이나 성경공부에 참석하면서도 지식만 증가할 뿐, 자신이 배우고 있는 것을 적용하지 않기 때문에 그리스도를 닮아 가는 면에서는 조금도 발전이 없는 사람들을 나는 알고 있습니다. 그들의 기도 생활은 형편없고, 주님을 모르는 사람들에게 복음으로 영향을 끼치고 있지도 않으며, 그들의 가정 생활에는 문제가 있습니다. 만약 말씀 섭취를 하고 나서 자리에서 일어나기 전에 본문 말씀의 교훈을 한 가지라도 구체적인 행동으로 옮기기 위해 결정을 내리는 훈련을 한다면, 훨씬 더 빨리 은혜 안에서 자라 갈 것입니다. 이러한 적용이 없으면, 하나님의 말씀을 행하는 자들이 아닙니다.

추가 적용

하나님의 말씀을 암송하기 시작하겠습니까? 그리스도인이 된 지 오래 되었다면 당신은 아마도 스스로 생각하고 있는 것보다 더 많은 성경 말씀을 이미 암송했을 것입니다. 당신이 알고 있을 구절 가운데 하나는 빌립보서 4:13입니다. "내게 능력 주시는 자 안에서 내가 모든 것을 할 수 있느니라." 이 말씀이 사실이라고 믿습니까? 이 말씀에 나오는 "모든 것"에는 성경 암송도 포함된다고 믿습니까? 당신은 할 수 있습니다. 그러면 당신은 하겠습니까? 언제 시작하겠습니까?

하나님의 말씀을 묵상하는 훈련을 하겠습니까? 가끔 하나님에 대한 생각을 하는 것이 묵상은 아닙니다. 윌리엄 브리지는 "사람은 하나님에 대해 매일 생각하면서도 하나님에 대해 하루도 묵상하지 않을지 모른다"고 하였습니다. 하나님께서는 성경 전체를 통하여, 하나님에 대해 곰곰이 생각하는 그런 습관을 계발하도록 요구하십니다.

지금쯤 당신은 묵상이라는 훈련은 시간을 들여야 함을 깨달았을 것입니다. 복음적인 작가인 브리지는 묵상을 위해 시간을 내는 이 문제에 대해 이야기했습니다.

어떤 사람이 "네, 나는 전심으로 하나님에 대해 생각하겠지만, 묵상하는 일은 시간과 관련 있는 일이요, 시간을 요하는데, 나는 시간이 없습니다. 나의 두 손은 용무로 가득 차 있고 일로 가득 차 있으며, 나는 묵상을 할 시간이 없습니다. 묵상은 그냥 잠시 생각해 보는 것이 아니며, 시간과 관계 있는 일이며, 그래서 시간이 필요할 것이며, 나는 시간이 없습니다"라고 말했습니다. 그러므로 시편 기자가 시편 119편에서 말한 바를 주의해 보십시오. "내 마음을 주의 증거로 향하게 하소서." 어떻게 그렇게 합니까? "내 눈을 돌이켜 허탄한 것을 보지 말게 하시고." 마음을 하나님의 증거로 향하게 하는 방법은 이러한 외부의 허탄한 것으로부터 눈을 돌리는 것입니다. 그러므로 당신은 하나님과 하나님의 것들에 대해 묵상하기 원한다면, 당신의 마음과 당신의 두 손이 세상과 세상의 용무로 꽉 차 있지 않은지 살펴보십시오.… 친구들이여, 하나님 외에는 아무도 가르칠 수 없는 기술, 묵상의 신성한 기술이 있습니다. 그것을 얻고 싶으면 하나님께 나아가 그것을 구하십시오.

이 시점에서 자연스럽게 떠오르는 질문이 있습니다. "묵상이라는 훈련은 이 정도로 시간을 쏟아 부을 만한 가치가 있을까?" 브리지가 이에 대해 아주 잘 대답해 주고 있습니다.

묵상은 지식을 얻는 데 도움이 됩니다. 그것에 의해 당신의 지식은 증가됩니다. 그것에 의해 당신의 암송은 강화됩니다. 그것에 의해 당신의 마음은 뜨거워집니다. 그것에 의해 당신은 죄악 된 생각으로부터 자유케 될 것입니다. 그것에 의해 당신의 마음은 모든 의무에 맞추어질 것입니다. 그것에 의해 당신은 은혜 안에서 자라 가게 될 것입니다. 그것에 의해 당신은 자신의 삶의 모든 갈라진 틈들과 파인 곳들을 메우게 될 것이며, 당신의 남는 시간을 활용하며, 그 시간을 하나님을 위해 사용하는 법을 알게 될 것입니다. 그것에 의해 당신은 악으로부터 선을 이끌어 낼 것입니다. 그리고 그것에 의해 당신은 하나님과 대화할 것이며, 하나님과 친교를 나누게 될 것이며, 그리고 하나님을 즐거워할 것입니다. 이만한 유익이면 묵상을 할 만하지 않습니까?

성경이 묵상에 대해 어떻게 말하고 있는지를 생각할 때, 그리고 역사상 경건한 사람들의 간증들을 살펴볼 때, 영적 성장에 있어서 묵상의 중요성과 가치는 결코 간과할 수가 없습니다.

이 주제에 대한 글을 하나 더 읽고 깊이 생각해 보십시오. 그것은 묵상에 대해 도전을 줍니다. 이 글은 청교도 작가 리처드 백스터의 글에서 발췌한 것입니다. 그는 묵상이라는 훈련에 관해 다음과 같은 도전을 하는데, 나도 같은 생각입니다.

> 만약, 이 방법에 의해, 그대가 은혜에서 자라 가는 것을 깨닫지 못한다면, 그리고 보통의 그리스도인들보다 더 성장하지 않는다면, 그리고 그대가 처한 곳에서 보다 더 잘 섬기게 되지 않는다면, 그리고 모든 분별력 있는 사람들의 눈에 더 귀해 보이지 않는다면, 그대의 영혼이 하나님과의 친교를 더 즐기게 되지 않는다면, 그리고 그대의 삶이 위로로 더 충만해지지 않는다면, 그리고 죽을 때에 보다 더 잘 준비되지 않는다면, 이러한 제안들을 다 팽개치며, 영원히 나를 사기꾼으로 몰도록 하십시오.

당신은 자신이 하나님의 말씀을 "적용하는 사람"임을 입증하겠습니까? 당신은 이 장에서 여러 구절의 하나님의 말씀을 읽었습니다. 이러한 말씀들에 대해 당신은 무엇을 하겠습니까?

우리 가운데 대부분은 자신을 하나님의 말씀을 행하는 자이지 단지 듣기만 하는 자라고 여기지는 않을 것입니다. 그러나 야고보서 1:22은 "당신 자신을 말씀을 행하는 자로 입증하십시오"(NASB)

라고 말합니다. 당신은 어떻게 하나님의 말씀을 행하는 자라는 것을 입증하겠습니까?

성경 말씀을 섭취하는 훈련, 특히 하나님의 말씀을 적용하는 훈련은 여러 가지 이유들로 인해 종종 어렵습니다. 마귀로 인한 영적 저항이 주요한 요인입니다. J. I. 패커는 다음과 같이 설명하고 있습니다.

> 만약에 내가 마귀라면 나의 첫 번째 목표는 사람들이 성경을 파고들지 못하게 하는 것이 될 것입니다. 성경은 하나님의 말씀이며 사람들에게 하나님을 알고 사랑하고 섬기라고 가르친다는 것을 알기에, 나는 사람들에게 겁을 주어 내쫓기 위해 최선을 다해 성경 주위에 영적인 구덩이, 가시 울타리, 그리고 함정으로 둘러싸야 합니다.… 어떤 대가를 치르더라도 나는 사람들이 성경의 메시지를 알기 위해 훈련된 방법으로 그들의 마음을 쏟지 못하게 해야 합니다.

어려움과 영적 저항이 있을 것입니다. 그럼에도 불구하고, "경건에 이르기 위하여" 하나님의 말씀을 섭취하고자 "훈련된 방법으로" 당신의 마음을 쏟기 시작하겠습니까? 이를 위해 기꺼이 어떤 대가라도 치르겠습니까?

제 4 장

기 도

> 우리는 훈련되지 않은 사람들이다.
> 많은 경우 영적인 통찰력과 도덕적인 힘이
> 심각하게 부족한 원인이 여기에 있다.
>
> 앨버트 에드워드 데이

지구상에서 가장 큰 전파 수신기는 미국의 뉴멕시코 주에 있는 VLA라는 거대한 전파망원경입니다. 조종사들은 흔히 그것을 "버섯 조각"이라고 부르곤 합니다. 이것은 38마일의 레일 위에 설치된 지름이 25m인 접시형 안테나 27개로 이루어져 있습니다. 각각의 안테나들은 합쳐서 워싱턴 시 크기만한 거대한 단일 전파망원경처럼 작동합니다. 세계 각처에서 온 천문학자들은 VLA가 우주로부터 받은 전파 신호를 가지고 합성한 천체들의 광학상(光學像)을 분석합니다. 왜 그토록 거대한 기계가 필요할까요? 이는 흔히 수백만 광년이나 떨어진 천체로부터 도달한 전파는 매우 약하기 때문입니다. 감지되는 모든 전파의 총 에너지는 땅에 부딪치는 눈 입자 하나의 에너지와 겨우 같은 정도입니다.

하나님께서 독생자 예수 그리스도와 성경을 통해 그토록 분명하게 말씀해 오셨는데 우주로부터 오는 희미한 메시지를 읽기 위해 사람들은 얼마나 애를 쓰고 있는지! 망원경의 눈들과 VLA의 전자 귀와 씨름하면서 그들은 한 마디라도 듣기 위해 우주의 끝없는 암흑 속을 뒤지고 있습니다. 그러나, "…우리에게 더 확실한 예언이 있어 어두운 데 비취는 등불과 같으니 날이 새어 샛별이 너희 마음에 떠오르기까지 너희가 이것을 주의하는 것이 가하니라"(베드로후서 1:19)라는 말씀에 유의할 때입니다.

하나님께서는 그리스도와 성경 말씀들을 통해 우리에게 강력하고 명확하게 말씀해 오셨을 뿐만 아니라, 또한 우리를 향해 열려 있는 매우 커다란 귀를 가지고 계십니다. 하나님께서는 자녀들의 모든 기도를 들으시되, 우리의 기도가 눈 입자 하나보다 더 약할 때도 들으십니다. 이 때문에 모든 영적 훈련들 가운데 기도가 하나님의 말씀 섭취 다음으로 중요성을 갖습니다.

기도와 말씀은 역동적인 관계가 있으며, 다른 영적 훈련들에 대해 이 두 가지는 상대적으로 우월성을 갖습니다. 이에 대해 카알 룬트퀴스트는 기독교 역사를 근거로 다음과 같이 설명합니다.

> 신약시대의 교회는 기도와 성경공부 위에 두 가지의 다른 훈련을 쌓았는데, 주님의 만찬과 소그룹 모임이 그것입니다. 요한 웨슬리는 이 네 가지에 금식을 추가하여 다섯 가지의 경건한 일을 강조했습니다. 중세의 경건한 사람들은 죄의 정화, 영의 계발, 하나님과의 연합과 같은 세 가지를 중심으로 한 아홉 가지의 훈련에 대해 썼습니다. 그리고 그 후 케스윅 회의에서는 거룩한 삶을 위한 다섯 가지의 영적 훈련을 제시했습니다. 리처드 포스터는 영적 훈련에 관한 책에서 열두 가지의 훈련을 열거하고 있는데, 이 모든 것들은 현대의 그리스도인들에게 적절합니다. 그러나 우리가 어떠한 훈련을 행하든, 엠마오 도상에서 있었던 기본적인 두 가지, 즉 기도와 성경 읽기가 없으면, 다른 것들은 공허하고 힘이 없습니다.

룬트퀴스트의 말이 옳다면 - 나는 그렇게 믿지만 - 경건한 삶을 살지 못하는 주요한 원인 가운데 하나가 기도의 부족입니다.

1980년대에 기도에 관한 한 세미나가 열렸는데, 이는 영적 각성을 위한 것이었습니다. 이때 주요한 복음적인 교파들에서 참석한 17,000명을 대상으로 기도 습관을 조사해 보았습니다. 이런 세미나에 참석한 것을 볼 때, 이 사람들은 기도에 대한 관심이 평균 수준 이상일 것으로 짐작할 수 있습니다. 그럼에도, 조사 결과 그들은 매일 평균 5분 미만의 기도 시간을 갖고 있다는 사실이 밝혀졌습니다. 이 세미나에는 목회자들과 사모들도 2,000명이나 참석하고 있었는데, 그들도 하루에 7분 미만의 기도 시간을 가지고 있다고 실토했습니다. 기도 생활에서 실패하고 있는 데 대해 가책을 느끼게 하는 것은 쉬운 일입니다. 그러나 그것이 이 장을 쓰는 목적은 아닙니다. 하지만 예수님처럼 되려면 마땅히 기도를 해야 한다는 사실은 명심해야 합니다.

하나님께서 우리가 기도하기를 원하심

기도를 해야 한다고 말하면 순종하기 싫어하고 권위에 반항적인 세대의 사람들은 약간 화를 낼지도 모릅니다. 그러나 그리스도와 성경의 권위 아래 있는 사람들은 기도하는 것이 하나님의 뜻이라는 것을 알고 있습니다. 우리는 또한 하나님의 뜻은 선하다는 것을 믿습니다.

예수님께서 우리가 기도하기를 원하심

주님께서는 당신이 기도하기를 원하십니다. 우리가 기도하기를 원하시는 분은 바로 모든 권위와 크나큰 사랑을 가지고 계시는, 인격적 존재이신 주 예수 그리스도시라는 것을 명심하십시오. 다음과 같은 말씀들은 예수님께서 우리가 기도하기를 원하신다는 것을 보여 줍니다.

* 마태복음 6:5, "또 너희가 기도할 때에…"
* 마태복음 6:6, "너는 기도할 때에…"
* 마태복음 6:7, "또 기도할 때에…"
* 마태복음 6:9, "그러므로 너희는 이렇게 기도하라…"
* 마태복음 21:22, "너희가 기도할 때에…"
* 누가복음 11:9, "내가 또 너희에게 이르노니, 구하라… 찾으라… 문을 두드리라…."
* 누가복음 18:1, "항상 기도하고 낙망치 말아야 될 것을…."

예수님께서 요한계시록 1장에서 밧모 섬의 사도 요한에게 나타나셨듯이 당신에게도 친히 나타나셔서, 당신이 기도하기를 원하신다고 말씀하시는 것을 생각해 보십시오. 예수님께서 원하신다는 것을 앎으로 당신의 기도 생활은 보다 더 충성스러워지겠습니까? 위에 인용된 예수님의 말씀들은 기도하는 것이 당신을 향한 그분의 뜻임을 알려 줍니다.

하나님의 말씀이 그것을 분명히 함
예수님의 말씀뿐만 아니라, 신약성경의 다른 구절들을 통해서도 우리가 기도하는 것이 하나님께서 원하시는 바라는 것을 분명히 알 수 있습니다.

골로새서 4:2, "기도를 항상 힘쓰고." 누구나 무언가를 힘쓰고 있습니다. 우리 가운데 대부분은 많은 것을 힘쓰고 있습니다. 당신이 어떤 것에 우선 순위를 부여하고 있을 때, 그리고 그것을 위해 다른 것을 희생할 때, 그것을 위해 시간을 들일 때, 당신은 그것에 힘쓰고 있다고 말할 수 있습니다. 하나님께서는 그리스도인들이 기도에 힘쓰기를 원하십니다.

데살로니가전서 5:17, "쉬지 말고 기도하라." "기도에 힘쓰고"라는 말씀이 기도를 하나의 활동으로서 강조하고 있는 반면, "쉬지 말고 기도하라"는 말씀은 기도가 하나의 관계라는 것을 상기시켜 줍니다. 기도는 어떤 의미에서는, 결코 뗄 수 없는, 그리스도인과 하나님 아버지 사이의 관계의 한 표현입니다.

이 구절은 우리가 아무것도 하지 말고 오직 기도만 해야 한다는 의미는 아닙니다. 성경에 보면, 우리는 기도 외에도 해야 할 것이 많습니다. 그 가운데는 휴식 시간을 갖는 것도 포함되어 있습니다. 그러나 이 구절은, 하나님과 대화하지 않거나 하나님을 생각하고 있지 않을 때라도 기도가 당신이 집중하고 있는 것 곁에 대기하고 있다가, 언제든 그것을 대체할 수 있어야 한다는 의미입니다. 쉬지 않고 기도하는 것을, 다른 사람과 전화 통화를 하는 동안 하나님과도 통화를 하는 것으로 생각할 수도 있습니다. 다른 사람과 통화를 하고 있는 동안에도 당신은 관심을 주님께로 돌이켜야 할 필요성을 결코 잊지 않습니다. 그러므로 쉬지 않고 기도하는 것은 결코 하나님과의 대화를 진정으로 중단하지는 않는 것을 의미합니다. 단지 종종 방해를 받을 뿐입니다.

신약성경에는 하나님께서 우리가 기도하기를 원하신다는 것을 보여 주는 구절들이 많이 있지만, 이 두 구절은 직접적인 명령이기 때문에 특히 중요합니다. 이것은 너무 시간이 없다는 것이나, 너무나 많은 책임을 맡고 있다는 것, 너무나 많은 자녀들을 돌보아야 한다는 것, 너무나 많은 일을 해야 한다는 것, 너무나 의욕이 없다는 것, 너무나 경험이 적다는 것 등등이 기도를 하지 않는 이유가 될 수 없다는 것을 의미합니다. 하나님께서는 모든 그리스도인들이 기도를 힘쓰며, 쉬지 않고 기도하기를 원하십니다.

종교 개혁자일 뿐 아니라 기도에 깊이 드려졌던 마르틴 루터는 기도에 대한 하나님의 기대를 다음과 같이 표현했습니다. "옷을 만드는 것이 재봉사의 일이고, 구두를 수선하는 것이 구두 수선공의 일인 것처럼, 기도하는 것이 그리스도인들의 일입니다."

그러나 우리는 기도를 하나님의 요구로만 볼 것이 아니라 왕의 초대로 여겨야 합니다. 히브리서 기자는 "그러므로 우리가 긍휼하심을 받고, 때를 따라 돕는 은혜를 얻기 위하여 은혜의 보좌 앞에 담대히 나아갈 것이니라"(4:16)고 기록했습니다. 우리는 기도를 단지 의무로 여길 수도 있고, 하나님의 긍휼과 은혜를 누릴 수 있는 기회로 여길 수도 있습니다.

아내는 내가 여행 중일 때 종종 자기에게 전화를 걸어 주기를 기대합니다. 그러한 기대는 사랑에 의한 기대입니다. 아내는 나의 소식을 듣고 싶어서 나의 전화를 원합니다. 하나님께서 우리가 기도하기를 원하시는 것도 그와 같습니다. 기도하라는 하나님의 명령은 사랑의 명령입니다. 우리를 사랑하시는 하나님께서는 우리와 의사소통을 하며 우리를 축복하시기를 원하십니다.

하나님께서는 또한 장군이 전장에 있는 병사들로부터 전황을 듣기를 원하듯이 우리가 기도하기를 원하십니다. 한 작가는 "기도는 전쟁을 위한 휴대용 무전기이지, 우리의 편리함을 위한 가정용 인터폰이 아니다"라고 했습니다. 하나님께서는 기도라는 무전기를 경건을 위해서만 아니라 하나님의 나라와 사탄의 나라 사이의 영적 전쟁을 위해서 마련하여 주셨기 때문에 우리가 그것을 사용하기를 원하십니다. 기도를 등한히 하고 있는 것은 우리의 자원들로 전투를 하고 있는 것이거나, 그렇지 않으면 그 전투에 흥미를 잃은 것입니다.

잘 알다시피 예수님께서는 기도하셨습니다. 누가복음에서는 우리에게 다음과 같이 말해 줍니다. "예수는 물러가사 한적한 곳에서 기도하시니라"(누가복음 5:16). 예수님께도 기도가 필요했다면, 하물며 우리야 어떻겠습니까? 기도는 우리에게 필요하기 때문에 해야 합니다. 기도하지 않으면 예수님처럼 될 수 없습니다.

그러면 왜 그토록 많은 그리스도인들이 기도 생활에서 부족함을 느낀다고 고백하고 있을까요? 때때로 그것은 훈련 부족 때문입니다. 즉 기도를 위한 계획을 세운 적이 없으며, 기도만을 위한 시간을 결코 내지 않고 있는 것입니다. 입술로는 기도의 중요성을 떠들어대지만 실제 삶에서는 더 긴급해 보이는 것들 때문에 기도가 언제나 밀려나고 있는 것 같습니다.

혼히 우리는 기도한들 무슨 일이 실제로 일어나겠는가 의심하기 때문에 기도하지 않습니다. 물론, 그런 생각을 가지고 있다는 것을 내색하지 않습니다. 그러나 기도할 때마다 1분 이내에 가시적인 응답이 온다면, 이 세상 모든 그리스도인들의 바지의 무릎 부분에는 구멍이 나 있을 것입니다. 비록 하나님께서는 기도 응답을 약속하셨으나, 반드시 가시적으로 응답하겠다고 약속하지는 않으셨습니다. 기도는 영적인 영역에서의 의사 소통을 수반합니다. 많은 기도들이 보이지 않는 방법으로 응답됩니다. 많은 기도들이 우리가 요청한 것과는 다른 방식으로 응답됩니다. 여러 가지 이유들로 말미암아, 기도하고 눈을 뜨자마자 기도 응답의 명확한 증거를 항상 보게 되는 것은 아닙니다. 정신 차리지 않으면, 이러한 사실은 기도의 능력을 의심하도록 유혹합니다.

하나님께서 가까이 계신다는 느낌이 없는 것도 기도를 맥빠지게 합니다. 하나님께서 너무나 가까이 계신 것 같아 하나님의 목소리를 들을 수 있을 것 같은 놀라운 순간들도 있습니다. 하나님과 친밀함을 느끼는 그런 때는 기도하도록 자극할 필요가 없습니다. 그러나, 대개 우리는 그렇게 느끼지 않습니다. 사실, 어떤 때는 하나님의 임재를 전혀 느낄 수 없습니다. 그리스도인의 삶의 다른 영역처럼, 우리의 기도 생활은 감정이 아니라 성경의 진리에 의해 좌우되어야 하나, 그럼에도 불구하고 연약한 우리의 감정은 종종 기도하고자 하는 열망을 앗아갑니다. 기도하고자 하는 열망이 약해질 때, 우리는 해야 할 다른 많은 것들을 찾고 그것들을 의지하게 됩니다.

진정으로 필요를 깨달아야 진정으로 기도하게 됩니다. 어떤 환경은 우리로 하여금 무릎을 꿇게 만듭니다. 그러나 그런 대로 스스로 삶을 꾸려 갈 만한 것처럼 보이는 때도 있습니다. 예수님께서는 "나를 떠나서는 너희가 아무것도 할 수 없다"(요한복음 15:5)라고 하셨지만, 이 진리는 어떤 때는 더 강력하게 어떤 때는 아주 약하게 마음에 와닿습니다. 교만과 자기 만족으로 말미암아 우리는 기도란 우리 자신의 힘으로는 감당할 수 없을 정도로 어려운 어떤 것을 만날 때만 필요한 것인 양 생각하며 며칠이고 기도 없이 지낼지도 모릅니다. 이러한 태도의 어리석음과 위험성을 깨달을 때까지는 하나님께서 우리가 기도하기를 원하신다는 것이 부당해 보일 것입니다.

하나님의 위대하심과 복음의 위대함을 잘 인식하지 못할 때 우리의 기도 생활은 형편없게 될 것입니다. 하나님의 속성과 성품을 생각할수록, 그리고 예수 그리스도께서 십자가에서 우리를 위해 행하신 것을 상기할수록, 우리는 기도하기를 더욱 원하게 됩니다. 나는 라디오 프로에서 한 천체 물리학자가 우주에 있는 수십 억 개의 성운(星雲)에 대해 이야기하는 것을 들은 적이 있습니다. 이 사실에 대해 잠시만 묵상해 보았는데도 나는 저절로 찬양과 기도를 하게 되었습니다. 왜 그렇습니까? 나는 하나님께서 진정으로 얼마나 크신 분인지를 새롭게 깨달았기 때문입니다. 그리고 그리스도께서 나를 무엇으로부터 구원해 주셨는지를 생각할 때, 그분이 나를 위해 기꺼이 어떠한 수치를 무릅썼는지를 상기할 때, 그리고 구원이 의미하는 모든 것을 기억해 볼 때는, 기도는 어려운 게 아닙니다. 이러한 생각을 별로 하지 않으면, 의미 심장한 기도 또한 별로 하지 않을 것입니다.

많은 그리스도인들의 기도 생활이 빈약한 이유 가운데 또 하나는 기도에 대해 배우지 않았기 때문입니다.

기도는 배워야 하는 것이다

만약 당신이 기도를 잘하는 법을 몰라서 기도하는 데 자신이 없다면, 기도는 배워야 하는 것이라는 사실은 희망을 줄 것입니다. 그것은 기도에 대한 지식이나 경험이 없이 그리스도인의 삶을 시작해도 괜찮다는 것을 의미합니다. 지금의 기도 생활이 얼마나 약하든, 배워 감으로 강해질 수 있습니다.

어린아이에게 우는 법을 가르칠 필요가 없는 것처럼 어떤 의미에서는 하나님의 자녀에게 기도를 가르칠 필요가 없다는 시각도 있습니다. 그러나 기본적인 필요를 위해 우는 것은 최소한의 의사 소통일 뿐이고, 우리는 곧 그러한 어린아이의 수준을 넘어 성장해야 합니다. 성경은 우리가 하나님의 영광을 위해, 하나님의 뜻 안에서, 믿음으로, 예수님의 이름으로, 끈기를 가지고 기도해야 한다는 것을 보여 줍니다. 하나님의 자녀는 자라는 아이가 말하는 것을 배워 가듯 기도하는 것을 점차로 배워 갑니다. 하나님께서 우리에게 기대하시는 대로 기도하기 위해, 성숙해 가는 그리스도인답게 기도하기 위해, 그리고 효과적으로 기도하기 위해, 우리는 누가복음 11:1에 나오는 제자들처럼 말해야 합니다. "주여, 요한이 자기 제자들에게 기도를 가르친 것과 같이 우리에게도 가르쳐 주옵소서."

기도함으로

외국어를 배워 본 적이 있다면, 실제로 그것을 말할 때 가장 잘 배운다는 것을 알고 있을 것입니다. 기도에 대해서도 마찬가지입니다. 기도하는 법을 배우는 데 도움이 되는 것들이 많이 있지만, 기도하는 법을 배우는 가장 좋은 길은 기도하는 것입니다.

남아프리카의 목사로서 기도에 관한 책을 쓰기도 했던 앤드루 머리는 이렇게 썼습니다. "기도에 관한 책을 읽는 것, 기도에 관한 강의들을 듣고 이에 대해 대화를 나누는 것은 좋은 일이나, 그것이 당신이 기도하도록 가르치지는 않을 것입니다. 훈련과 실행이 없이는 아무것도 얻지 못합니다. 나는 음악 교수가 아름다운 음악을 연주하는 것을 1년 동안 경청할 수 있으나, 그것이 나로 악기를 연주할 수 있도록 가르치지는 않을 것입니다."

성령께서는 기도하는 사람들에게 더 잘 기도하는 법을 가르쳐 주십니다. 그것은 예수님께서 말씀하신 요한복음 16:13이 의미하는 것 가운데 하나입니다. "그러나, 진리의 성령이 오시면, 그가 너희를 모든 진리 가운데로 인도하시리니…." 비행기는 엔진을 끄고 착륙해 있을 때보다는 공중에 떠 있을 때 인도하기가 더 쉽듯이, 성령께서는 우리가 기도하지 않을 때보다는 기도하고 있을 때 우리의 기도를 더 잘 인도하십니다.

성경 말씀을 묵상함으로

이것은 내가 지금까지 배웠던 기도에 대한 개념들 가운데 가장 주목할 만한 것입니다. 묵상은 말씀 섭취와 기도를 이어 주는 연결 고리입니다. 이 두 가지는 연합되어야 할 때 따로따로 떨어져 있는 경우가 많습니다. 우리는 성경을 읽고, 그것을 덮고, 그리고 기도를 시작합니다. 그러나 많은 경우에 그 둘 사이의 기어는 맞물려 있지 않은 것처럼 보입니다. 사실, 우리가 말씀에서 앞으로 나아가다가 기도로 기어를 바꾸는 것은 때때로 마치 갑자기 중립 기어나 후진 기어로 바꾸는 것과 같습니다. 그 대신, 우리가 그러한 순간들에 하나님께 보다 가까이 나아가도록 거의 감지할 수 없을 정도로 매끄러운 기어 변속이, 말씀 섭취라는 입력과 기도라는 출력 사이에 있어야 합니다. 그 두 사이에 묵상이라는 연결 고리가 있을 때 그렇게 됩니다.

적어도 두 개의 성경 구절이 이에 대해 분명히 가르쳐 주고 있습니다. 다윗은 시편 5:1에서 "여호와여, 나의 말에 귀를 기울이사 나의 심사를 통촉하소서"라고 기도했습니다. "심사"로 번역된 히브리어는 "묵상"으로도 번역될 수 있습니다. 사실, 또 다른 구절인 시편 19:14에서는 같은 단어가 이러한 의미로 사용되고 있습니다. "나의 반석이시요, 나의 구속자이신 여호와여, 내 입의 말과 마음의 묵상이 주의 앞에 열납되기를 원하나이다." 두 구절 다 기도이며, 둘 다 기도하면서 한 "말"에 대해 언급하고 있음을 주목하십시오. 그럼에도 각 경우에 묵상은 다윗을 하나님의 진리로부터 기도로 옮아가게 하는 촉매였습니다. 그는 계속 묵상을 해왔고, 이제 5:1에서는 주 여호와께 자기의 묵상에 귀를 기울이며 그것을 살펴보아 주시도록 요청합니다. 시편 19편에서는 성경 말씀에 대하여 아주 잘 묘사하고 있습니다. 이는 7절에 있는 다음과 같은 말로 시작됩니다. "여호와의 율법은 완전하여 영혼을 소성케 하고." 이러한 설명은 11절까지 계속되고, 그리고 나서 다윗은 이러한 말과 자신의 묵상의 결과로 14절에서 기도합니다 – "나의 반석이시요, 나의 구속자이신 여호와여, 내 입의 말과 마음의 묵상이 주의 앞에 열납되기를 원하나이다."

과정은 다음과 같이 진행됩니다. 성경 말씀을 섭취하면 묵상은 하나님께서 우리에게 말씀하신 바를 취하여 그것에 대해 깊이 생각하게 하며, 이를 소화하고, 그리고 나서 그것에 대해 의미 깊은 기도로 하나님께 아뢰게 합니다. 그 결과, 우리는 성경에서 접했던 것, 이제는 묵상을 통해 우리 개인의 것이 된 것에 대해 기도합니다. 그리고 우리는 기도로 하나님께 아뢸 구체적인 것을 가지게 되며, 아뢸 때는 하나님께 합당한 것을 아뢰고 있다는 확신을 가질 수 있습니다. 또한 기도하고 있는 것들에 대한 열망을 가지고 매끄럽게 기도로 옮아 갑니다. 그렇게 기도를 하면, 이미 얼마간의 영적인 힘을 얻었기 때문에 쉬 흐트러지지 않습니다.

아마도 이 비결을 가장 잘 알았던 사람들은 1550년경부터 1700년경까지 살았던 영국의 청교도들일 것입니다. 몇몇 청교도 작가들의 글을 인용하겠는데, 이는 지금은 보편적이지 않은 묵상과 기도 사이의 연결이 당시 그들에게는 얼마나 흔한 일이었는지를 보여 주며, 또한 그 진리가 당신의 기도 생활에 확고히 자리잡도록 하기 위함입니다. 잘 박힌 못과 같은 이러한 글에는 꼭 기억해 두어야 할 내용들이 많이 있습니다.

목사인 리처드 백스터는 다음과 같이 썼습니다.

> 이처럼 우리의 묵상 가운데서 혼잣말과 기도가 서로 혼합되는 것, 즉 때로는 우리 자신에게 이야기하고 때로는 하나님께 말씀드리는 것은, 이 영적인 일에서 우리가 나아갈 수 있는 가장 높은 단계라고 나는 이해하고 있습니다. 우리는 그것을 기도에만 열중하고 묵상은 제쳐두는 것으로 짐작해서는 안 됩니다. 그것들은 서로 구별된 의무이요, 두 가지 다 실행되어야 하기 때문입니다. 우리는 하나를 다른 하나만큼 필요로 하며, 따라서 어느 하나를 무시하면 우리 자신에게 해를 끼칩니다. 뿐만 아니라, 그 두 가지를 섞으면 음악처럼 보다 더 매력적이 됩니다. 하나는 다른 하나에게 생명을 더해 주는 것입니다. 그리고 묵상 가운데 우리 자신에게 이야기하는 것은 기도로 하나님께 이야기하는 것에 선행되어야 합니다.

올리버 크롬웰의 지도 목사요 위대한 청교도 신학자인 존 오웬은 이렇게 말했습니다. "생각하면서 기도하십시오. 당신의 마음에 와닿는 모든 빛줄기와 진리들을 의식적으로 받아들이십시오. 강하게 와닿는 모든 것에 대해 하나님께 감사하고 이에 대해 기도하십시오."

청교도 목사요 성경 주석가인 매튜 헨리는 시편 19:14에 대해 이렇게 말했습니다. "다윗의 기도는 말만이 아니라 묵상이기도 했습니다. 묵상이 기도를 위한 최선의 준비이듯이, 기도는 묵상의 최선의 결과입니다. 묵상과 기도는 붙어 다닙니다."

청교도 설교자이자 글을 많이 쓴 작가이기도 한 토머스 맨턴은 들에서 묵상을 한 이삭(창세기 24:63 참조)에 관한 글에서 성경 말씀 섭취와 기도 사이의 연결 고리로서 묵상을 지목했습니다. 그는 다음과 같이 썼습니다.

> 묵상은 말씀과 기도 사이의 중간에 위치합니다. 그리고 그것은 둘 다를 존중합니다. 말씀은 묵상에 영양을 공급하고, 묵상은 기도에 영양을 공급합니다. 이러한 것들은 언제나 함께 손을 잡고 다녀야 합니다. 묵상은 듣기의 뒤를 이어야 하고 기도에 앞서야 합니다. 듣고 묵상을 하지 않으면 무익합니다. 우리는 듣고 또 들을지 모르나 그것은 마치 밑 빠진 독에 물 붓기와 같습니다.… 기도는 하고 묵상은 하지 않는 것은 경솔한 것입니다. 말씀에 의해 섭취된 것은 묵상에 의해 소화되며 기도에 의해 사용됩니다. 이러한 세 가지는 하나가 다른 하나를 밀치지 않도록 순서가 있어야 합니다. 사람들은 거룩한 생각에서 자신들을 훈련하지 않아 기도에서 열매가 없고, 메마르고, 생기가 없습니다.

후기 청교도 설교자들 가운데 하나인 윌리엄 베이츠는 "약한 활시위를 떠난 화살처럼 우리의 열망이 과녁에 도달하지 못하는 이유가 무엇입니까? 그것은 오직 우리가 기도하기 전에 묵상을 하지 않기 때문입니다.… 우리 기도가 효과적이지 못한 큰 이유는 기도하기 전에 묵상하지 않기 때문입니다"라고 했습니다.

훌륭한 청교도적 저술들 가운데는 윌리엄 브리지의 것들이 있습니다. 묵상에 대해 그는 다음과 같이 힘주어 말했습니다.

> 그것은 읽기의 자매이면서, 기도의 어머니입니다. 어떤 사람이 기도에 대해서는 그렇게 마음이 내키지 않을지라도, 하나님과

하나님의 것들에 대한 묵상에 몰두할 수만 있다면, 그의 마음을 이내 기도로 향하게 될 것입니다.… 성경 읽기나 듣기로 시작하십시오. 묵상으로 나아가십시오. 기도로 끝내십시오.… 묵상이 없는 읽기는 무익하고, 읽기가 없는 묵상은 해로우며, 기도는 없이 묵상과 읽기를 하는 것은 아무 축복이 없습니다.

근대 영국의 작가인 피터 툰은 그의 저서에서 이러한 것들에 대한 청교도들의 가르침을 요약합니다.

성경을 읽으나 묵상이 없는 것은 무익한 것으로 여겨졌습니다. 한 장을 읽고 후에 묵상을 하는 것이 몇 장을 읽고 묵상은 하지 않는 것보다 낫습니다. 마찬가지로 묵상은 하고 기도는 하지 않는 것은 달리기 경주를 위해 준비는 하나 결코 출발선을 떠나지는 않는 것과 같습니다. 성경 말씀을 읽는 것, 묵상, 그리고 기도라는 세 가지 의무는 서로 서로에게 예속되며, 비록 각각이 때때로 따로따로 행해질 수도 있으나, 하나님께 대한 격식을 차린 의무로서 그것들을 함께 행할 때 가장 좋습니다.

청교도들이 살던 때보다 약 200년 후에 조지 뮐러가 살았습니다. 그는 세계에서 기도의 특권을 가장 잘 누린 사람 가운데 하나입니다. 지난 세기의 3분의 2에 걸쳐 그는 영국 브리스톨에서 고아원을 운영했습니다. 자신의 필요를 사람들에게 알리거나 빚을 지지 않고, 오직 기도와 믿음에 의해서 그는 한꺼번에 2,000명의 고아들을 돌보며 전세계적인 선교 사역을 지원했습니다. 사람들에게 간청하지 않고도 수백만 불이 모금되었으며, 수만 가지의 기도 응답 기록은 전설처럼 느껴집니다.

조지 뮐러의 이야기를 들은 사람은 누구나 그의 효과적인 기도의 비결이 무엇인지 궁금해합니다. 어떤 사람은 조지 뮐러의 비결로 이것을, 다른 사람들은 저것을 주장하지만, 나는 그의 성공적인 기도 생활은 결국 하나님의 절대주권에 기인한 것으로 여겨야 한다고 믿습니다. 그러나 우리가 그의 삶으로부터 본받을 수 있는 것을 찾는다면, 결코 "비결"이라고 부를 수 없는 어떤 것이 눈에 띕니다.

1841년 봄, 조지 뮐러는 묵상과 기도 사이의 관계에 관한 발견을 했는데, 이로 인해 그의 영적 삶은 변화되었습니다. 그는 자신이 새롭게 깨달은 것을 다음과 같이 설명했습니다.

> 이전의 나의 관행은, 적어도 이전 10년 동안 습관적으로 해온 것은, 아침에 옷을 다 입은 후에 기도에 자신을 드리는 것이었습니다. 이제 나는 가장 중요한 것은, 하나님의 말씀을 읽는 것과 그리고 그것에 대해 묵상하는 데 나 자신을 드려서 이로 인해 나의 마음이 위로를 얻으며, 격려를 얻고, 경계를 받으며, 책망을 받고, 교훈을 받으며, 그리하여 그것에 대해 묵상하는 동안, 하나님의 말씀에 의해 나의 마음이 주님과의 경험적인 친교 가운데로 들어가게 하는 것임을 알게 되었습니다.
>
> 나는 그래서 이른 아침에 신약성경을 처음부터 묵상하기 시작했습니다. 주님께서 그분의 보배로운 말씀에 축복해 주시도록 몇 마디로 간단히 기도한 후에, 내가 한 첫 번째 것은 하나님의 말씀을 묵상하기 시작하는 것이었는데, 그것으로부터 축복을 길어 내기 위해 각 구절로 파고 들어가는 것이었습니다. 이는 말씀의 공적인 사역을 위해서도 아니며, 내가 묵상한 것을 설교하기 위해서도 아니고, 내 영혼을 위한 음식물을 얻기 위함이었습니다.
>
> 내가 발견한 결과는 거의 예외 없이 다음과 같았습니다. 즉 몇 분이 지나면 나의 영혼은 자백으로, 혹은 감사로, 혹은 중보 기도로, 혹은 간구로 이끌렸습니다. 그리하여 나는 비록 기도에 자신을 드리지는 않았고 묵상에 드렸지만, 그럼에도 거의

연이어서 얼마간씩 기도를 드리게 되었습니다. 그리하여 내가 잠시 동안 자백이나 중보나 간구를 했을 때 나는 다음 말씀이나 구절로 넘어 가고, 계속해 나가면서 모든 것을 말씀이 인도함에 따라 나 자신이나 다른 사람을 위한 기도를 합니다. 그러나 여전히 계속적으로 내 앞에 내 영혼을 위한 그 음식물을 두는 것이 나의 묵상의 목적입니다. 그 결과로, 거기엔 언제나 나의 묵상과 혼합이 된 자백, 감사, 간구, 혹은 중보가 많이 있습니다. 그리고 나의 속사람은 거의 예외 없이 느낄 수 있을 정도로 살찌워지고 강해졌으며, 아침 식사를 할 때쯤은 거의 예외 없이, 나의 마음은 혹 즐겁지는 않을지라도 평안한 가운데 있습니다.

그런데, 나의 이전과 현재의 관행의 차이는 다음과 같습니다. 이전에는, 잠자리에서 일어나서 가능한 한 빨리 기도를 시작했으며, 대개 아침 식사까지의 모든 시간, 혹은 거의 모든 시간을 기도하는 데 들였습니다. 여하튼 나는 거의 변함없이 기도로 시작했습니다.… 그러나 그 결과는 무엇이었습니까? 나는 무릎을 꿇고 15분, 30분, 혹은 심지어 1시간이 지난 다음에야 위로, 격려, 영혼의 겸손해짐 등을 느꼈으며, 그리고 종종은, 처음 10분, 혹은 15분, 혹은 심지어 30분 동안이나 나의 영혼이 방황함으로 말미암아 많은 어려움을 겪은 후에야 겨우 진정으로 기도를 하기 시작했습니다.

나는 이제 이런 식으로 어려움을 겪는 경우는 별로 없습니다. 나의 마음은 진리에 의해 영양분을 섭취하고, 하나님과의 교제로 인도되었기 때문에 나는 나의 아버지께 그리고 나의 친구에게(나는 비록 형편이 없고, 어울리지도 않지만) 그분이 보배로운 말씀으로 내 앞에 가져오신 것들에 대해 아룁니다. 이제 나는 종종 내가 좀더 일찍 이 중요한 원리를 몰랐다는 것이 놀랍기만 합니다.… 그리고 지금, 하나님께서 나에게 이 중요한 것을 가르쳐 주셨기 때문에, 아침마다 하나님의 자녀들이 해야 할 첫 번째 것은 그의 속사람을 위한 음식물을 얻는 것이라는 것이 내게는 분명합니다.

이 속사람을 위한 음식물은 무엇입니까? 기도가 아니라 하나님의 말씀입니다. 그리고 그것도, 하나님의 말씀이 물이 파이프를 통해 흘러가듯이 단지 우리 마음을 통과해 흘러가도록 단순히 읽는 것이 아니라, 우리가 읽은 것을 심사숙고하고, 그것에 대해 깊이 곰곰 생각하여 그것을 우리 마음에 적용하는 것입니다.

기도할 때 우리는 하나님께 말씀을 드립니다. 이제 형식적이지 않은 기도를 얼마간 지속하기 위해서는, 일반적으로 말해서, 어느 정도의 힘 또는 경건한 열망이 필요합니다. 그래서 영혼의 이 훈련을 가장 효율적으로 행할 수 있는 때는 속사람이 하나님의 말씀을 묵상함으로 영양분을 공급받은 이후입니다. 그 말씀을 통해 아버지께서는 우리에게 말씀하시고, 격려하시고, 위로하시고, 지시하시고, 겸손케 하시고, 책망하십니다. 따라서 우리는 영적으로 아주 약할지라도 묵상을 통해 하나님의 축복을 받으며 유익을 얻게 될 것입니다. 아니, 사실은, 우리가 약하면 약할수록 우리 속사람을 강건케 하기 위해 묵상을 더 필요로 합니다. 그러므로 우리가 미리 묵상을 위한 시간을 갖지 않은 채로 자신을 기도에 드릴 때만큼 마음의 방황으로 인해 두려워해야 할 때는 없을 것입니다.

나는 이 점을 특히 강조합니다. 내가 알고 있는 유익과 신선함은 그 방법으로부터 온 것이기 때문이며, 나는 나의 모든 동료 그리스도인들에게 이 문제를 깊이 생각해 보도록 사랑으로 그리고 엄숙하게 간청하는 바입니다. 나는 과거에 경험했던 어떤 것보다 더 어려운 여러 가지의 시련들을 평안 가운데 통과할 수 있도록 하나님으로부터 축복으로 받은 도움과 능력이 모두 이러한 방식 덕분으로 여기고 있으며, 이 방식을 14년 이상 사용해 본 이제 나는 하나님을 경외하는 가운데 확신 있게 이를 추천하는 바입니다.

어떻게 기도를 배웁니까? 어떻게 다윗과 청교도들과 그리고 조지 뮬러처럼 기도하게 됩니까? 성경 말씀을 묵상함으로 기도를 배우게 됩니다. 묵상은 말씀 섭취와 기도를 연결시켜 주는 고리이기 때문입니다.

다른 사람들과 함께 기도함으로
제자들은 예수님께서 기도에 대해 가르치시는 것을 들을 뿐 아니라 예수님께서 기도하실 때 함께 있음으로써 기도하는 것을 배웠습니다. 예수님께 기도를 가르쳐 달라고 한 것이 어쩌다 그런 이야기가 나온 것이 아니라는 점을 잊어서는 안 됩니다. 기도하시는 예수님과 함께한 다음에 제자들이 이 요청을 한 것입니다(누가복음 11:1). 마찬가지로, 우리는 진정한 기도의 본을 보여 줄 수 있는 다른 사람들과 함께 기도함으로 기도를 배울 수 있습니다.

기도할 때 사용하기 위해 무슨 새롭고 멋있는 단어나 용어를 배우라는 말이 아닙니다. 본을 통해 배우는 모든 것이 그러하지만, 우리는 좋은 습관들뿐 아니라 나쁜 습관들도 배울 수가 있습니다. 나는 독창적인 기도라고는 하는 적이 없는 것 같은 사람들을 알고 있습니다. 그들은 기도할 때마다 똑같은 것을 기도합니다. 그들은 그동안 이곳 저곳의 다른 사람들의 기도로부터 이삭을 줍듯이 주운 그럴듯한 말들을 사용하고 있는 게 분명합니다. 예수님께서는 기도할 때 "중언부언하지 말라"(마태복음 6:7)고 하셨습니다. 이러한 기도는 대개 마음에서 우러나온 것이 아닙니다. 하나님께 아뢰는 기도가 아닙니다. 사실상 이러한 기도는 듣고 있는 다른 사람들에게 좋은 인상을 주기 위한 기도입니다.

함께 기도함으로 우리에게 많은 것을 가르쳐 줄 수 있는 그리스도인들이 많이 있습니다. 그러나 우리가 그들과 함께 기도하는 것은 기도의 원리를 배우기 위함이지 기도를 위한 문구를 배우기 위함이 아닙니다. 어떤 그리스도인에게서는 왜 어떤 기도를 응답해 주셔야 하는지 주님께 성경적인 이유들을 제시하는 것을 보게 될지도 모릅니다. 또 다른 그리스도인은 성경 말씀을 가지고 기도하는 법을 우리에게 보여 줄지도 모릅니다. 성실하게 중보 기도를 하는 사람과 함께 기도함으로 선교를 위해 기도하는 법을 배울 수도 있습니다. 다른 사람들과 함께 정기적으로 기도하는 것은 그리스도인의 삶을 풍성하게 해주는 모험들 가운데 하나가 될 수 있습니다. 위대한 신앙 운동들은 대부분 기원을 거슬러 올라가 보면 하나님께서 불러서 함께 기도를 시작하게 하신 소그룹의 사람들이 그 기원인 경우가 많습니다.

기도에 대하여 읽음으로
기도는 하지 않고 기도에 관한 책을 읽는 것은 효과가 없습니다. 그러나 기도할 뿐만 아니라 기도에 대한 책을 읽는 것은 기도를 배우는 좋은 방법입니다. 잠언 27:17은 "철이 철을 날카롭게 하는 것같이 사람이 그 친구의 얼굴을 빛나게 하느니라"고 말합니다. 기도라는 전투의 고참병들이 배운 교훈들을 읽고, 그 교훈으로 기도라는 전투를 위한 당신의 무기들을 예리하게 하십시오. "지혜로운 자와 동행하면 지혜를 얻는다"라고 잠언 13:20은 가르쳐 주고 있습니다. 기도에 있어서 지혜로운 사람들의 책들을 읽는 것은 책 속에서 그들과 "동행"하면서 기도에 대해 하나님께서 그들에게 주셨던 교훈들을 배울 수 있게 합니다.

같은 성경 본문에서 나는 보지 못한 것을 다른 사람은 보는 경우가 있습니다. 또 어떤 사람은 교리적 진리들을 참신한 방법으로 잘 설명할 줄 아는 능력이 있어 우리의 이해를 깊게 해주기도 합니다.

우리는 이것을 경험을 통해 알고 있습니다. 마찬가지로 다른 사람들이 성경 연구를 통해서 또는 삶을 통해서 기도에 대해 배운 것을 읽음으로써 우리는 기도에 대하여 귀중한 교훈을 얻을 수도 있습니다. 이처럼 다른 사람들의 글을 통해 배우는 것 역시 우리를 교훈하시는 하나님의 방법입니다. 조지 뮐러의 기도의 삶에 대해 읽고 나서 믿음으로 하는 기도에 대해 배우지 못한 사람이 어디 있겠으며, 데이비드 브레이너드의 전기를 읽고 나서 기도하도록 동기를 부여받지 않는 사람이 어디 있겠습니까? 바라건대 기도라는 훈련에 관한 이 장을 읽음으로, 당신은 기도에 관한 책을 읽음으로 기도를 배울 수 있다는 확신을 가지게 되었으면 합니다.

격려의 말씀을 한 마디 더 하고 싶습니다. 지금은 기도가 아무리 어려운 것일지라도 기도하는 법을 꾸준히 배운다면 당신은 앞으로 더 힘있고 열매 풍성한 기도 생활을 할 수 있게 될 것입니다.

기도는 응답된다

나는 다윗이 시편 65:2에서 하나님께 했던 말을 좋아합니다. "기도를 들으시는 주여."

기도는 응답된다는 이 원리보다 더 당연한 것으로 받아들여지는 기도의 원리는 아마도 없을 것입니다. 처음 읽는 것처럼 다음과 같은 예수님의 약속을 읽어 보십시오. "구하라 그러면 너희에게 주실 것이요, 찾으라 그러면 찾을 것이요, 문을 두드리라 그러면 너희에게 열릴 것이니, 구하는 이마다 얻을 것이요, 찾는 이가 찾을 것이요, 두드리는 이에게 열릴 것이니라"(마태복음 7:7-8).

앤드루 머리는 예수님의 이 약속에 대해 대담하게 다음과 같이 해설했는데, 나도 같은 생각입니다.

"구하라. 그러면 받을 것이다. 구하는 사람은 누구나 받는다."

이것은 왕국의 만고불변의 법입니다. 당신이 구했는데 받지 못했다면, 이는 기도에 부적절하거나 결여된 뭔가가 있기 때문임이 분명합니다. 계속 기도하십시오. 말씀과 성령의 가르침을 따라 올바로 기도하는 법을 계속 배워 나가되, 구하는 이마다 얻는다는 확신을 잃지 마십시오. 성령께서는 이러한 확신을 당신에게 일깨워 주기 원하십니다.… 그러므로 그리스도의 학교에서 배우는 모든 사람들이여, 주님의 말씀을 단순한 마음으로 받아들이십시오.… 인간의 지혜로 말씀을 약화시키지 않도록 주의하십시오.

하나님께서는 기도에 응답하시기 때문에, "구했으나 받지 못할" 때는 우리의 기도에 "부적절하거나 결여된 뭔가가 있을" 가능성을 생각해 보아야 합니다. 기억하십시오. 하나님께서 사실은 응답하셨는데 우리가 그것을 잘 모를 수도 있습니다. 그리고 우리의 기도에 잘못된 것이 아무것도 없지만, 하나님께서 우리가 그 일에 대해 좀 더 오래 참고 기다리며 꾸준히 기도하기를 원하시기 때문에, 아직도 응답을 받지 못했을 가능성도 있습니다. 우리는 또한 자신의 기도를 살펴볼 줄 알아야 합니다. 우리는 하나님의 뜻이 아니거나 하나님께 영광이 되지 않는 것을 구하고 있지는 않습니까? 이기적인 동기로 기도하고 있지는 않습니까? 하나님께서 우리의 모든 기도를 응답하시지 못하게 막는 죄들이 우리에게 있는데, 우리가 그 죄들을 다루지 않고 내버려 두고 있는 것은 아닙니까?

그러나, 우리의 기도에 대한 응답이 어떠하든, 구하면 주신다는 예수님의 약속에 대한 믿음이 약화되어서는 안 됩니다. 기도는 반드시 응답됩니다.

아내는 집에 있는 조그만 화실에서 화가요 자유 계약 삽화가로 일을 하고 있습니다. 여러 기독교 기관들을 위해 수백 가지의 삽화들을 그려 왔지만, 아내의 일은 이따금씩만 있는 일입니다. 자주 우리는 아내의 그림 그리는 일을 위해 기회의 문을 열어 주시도록 기도합니다. 아내의 일감이 떨어져 나는 최근에 우리가 새로운 일감을 위해 기도하기 시작해야 할 것 같다고 아내에게 말했습니다. 그 다음날 점심 식사 전에 아내는 나를 부르더니 이렇게 말하는 것이었습니다. "저를 위한 일거리를 달라고 기도하는 것을 중단해 주세요! 오늘 아침에 너무나 많은 사람들이 일거리를 맡겨 와서 그 일을 다하려면 몇 달은 걸릴 것 같아요!" 그렇게 빨리 그렇게 많은 일거리가 아내에게 생긴 적이 없었습니다. 내가 기도해 왔던 것들이 많이 있었던 터라(나 자신을 위한 것뿐 아니라 나의 교회와 다른 사람들을 위한 것들에 대해) 주님께서는 응답해 주시기 위해 선택을 하실 수도 있었을 것입니다. 나는 왜 그 특정한 요청을 들어주시는 것이 주님께 기쁨이 되었는지는 알 수 없습니다. 이 많은 일거리가 기도에 대한 진정한 응답입니까? 아니면 불신자들이 말하듯 "우연의 일치"입니까? 하나님만이 확실히 아십니다. 그러나 나는 "그것이 우연의 일치라면, 나는 분명 기도하지 않을 때보다는 기도할 때 우연의 일치를 더 많이 경험한다"고 한 사람의 말에 동의합니다.

하나님께서는 기도에 응답하시겠다는 약속으로 우리를 조롱하시지 않습니다. 스펄전은 다음과 같이 말했습니다.

> 나는 여러분들 가운데 누구가 채워 줄 의향도 없으면서 자녀에게 무슨 열망을 불러일으킴으로 자녀를 애타게 하는 것을 상상할 수가 없습니다. 가난한 사람에게 구호품을 주겠다고 해놓고 그 사람이 손을 내밀자 이를 거절함으로 그들의 가난을 조롱하는 것은 아주 비열한 행동입니다. 병자를 병원으로 옮겨 놓고 간호도 하지 않고 돌보지도 않고 죽도록 내버려두는 것은 그들의 고통을 잔인하게 가중시키는 일입니다. 하나님께서 당신을 기도하도록 인도하신다면, 당신에게 응답도 하십니다.

기도에 관한 성경 말씀과 성령으로 하나님께서는 우리가 기도하도록 이끄십니다. 하나님께서는 우리의 면전에서 천국문을 쾅 닫음으로 우리를 낙심시키려고 기도하도록 이끄시지는 않습니다. 기도하고 기도를 배우는 데 우리를 훈련함으로 기도 응답을 받는 즐거움을 경험하는 면에서도 더욱 예수님을 닮아 가도록 합시다.

추가 적용

하나님께서 당신이 기도하기를 원하시니 당신은 기도하겠습니까? 나는 이 말로 당신에게 직접적으로 도전합니다. 나는 우리의 기도 생활에 관해 의식적인 결정들을 내릴 필요가 있다고 생각하기 때문입니다. 막연한 생각을 구체적인 계획으로 바꿀 때입니다. 같은 생각을 가진 한 목사가 다음과 같이 썼습니다.

> 내 생각이 잘못되지 않았다면, 많은 하나님의 자녀들이 의미심장한 기도 생활을 하지 못하고 있는 주된 이유는 기도하기를 원하는 마음이 없어서가 아니라 기도하기 위해 계획하지 않기 때문입니다. 만약 당신이 4주간의 휴가를 갖기 원한다면, 어느 여름날 아침에 그냥 일어나서 "어이, 오늘 떠나자!"라고 말하지는 않을 것입니다. 당신은 아무 준비도 되어 있지 않을 것입니다. 어디로 갈 것인지도 모를 것입니다. 아무것도 계획되어 있지 않습니다. 우리 가운데 많은 이들이 기도에 대해 그렇게 하고 있습니다. 우리는 날마다 일어나고 그리고 의미심장한 기도 시간이 우리 삶의 일부가 되어야 함을 깨닫지만, 아무것도 준비되어 있지 않습니다. 우리는 어디로 가야 할지 모릅니다. 아무것도 계획되어 있지 않습니다 – 시간도, 장소도, 순서도, 아무 계획 없이 할 때 그 결과는 무엇일까요? 언제 어디서나 자연스럽게 줄줄 흘러나오는 기도일까요? 우리 모두

는 그렇지 않다는 것을 잘 알고 있습니다. 계획의 반대는 게으름입니다. 휴가를 계획하지 않으면 당신은 십중팔구 집에서 빈둥거리며 TV나 보게 될 것입니다. 영적인 삶에서 자연스럽고 무계획적인 삶은 점차 영적 활력을 앗아가 결국에는 가장 낮은 수준의 삶으로 바뀌게 됩니다. 달려야 할 경주와 싸워야 할 싸움이 있습니다. 당신이 만약 기도의 삶에서 새로워지기를 원한다면 기도를 위한 계획을 세워야 합니다.

경건이라는 목적을 위해, 당신은 기도하겠습니까? 오늘 하겠습니까? 내일 기도하기로 계획하겠습니까? 모레 하겠습니까?

기도는 배우는 것이니, 당신은 기도하기를 배우겠습니까? 기도에 대해 더 배우는 것은 당신의 기도 생활을 향상시키는 데 종종 도움이 됩니다. 그러나 기도를 실행하는 것과 마찬가지로, 기도에 대해 배우는 것 역시 계획을 필요로 합니다. 당신은 묵상을 통해 성경 읽기와 기도를 연결시킴으로 기도하는 것을 배우시겠습니까? 당신은 다른 사람들과 함께 기도하기 위한 계획을 가지고 있습니까? 당신은 기꺼이 기도에 도움을 주는 책들을 읽음으로 기도에 대해 더 배우시겠습니까? 당신은 어떤 책을 읽으시겠습니까? 위대한 기도의 용사들의 전기들뿐만 아니라 이 주제에 대한 책들도 많이 있습니다. 자, 이제 언제 시작하시겠습니까?

기도는 응답되는 것이니, 당신은 끈기 있게 기도하겠습니까? 마태복음 7:7-8의 구하라, 찾으라, 문을 두드리라는 말은 원어에서 현재 진행형으로 되어 있다는 것을 기억하십시오. 이것은 종종, 응답이 올 때까지 끈기 있게 기도해야 한다는 것을 의미합니다. 누가복음 18:1에서 시작하여 예수님께서는 "항상 기도하고 낙망치 말아야 된다는 것"을 보여 주기 위해 예화를 들어 설명해 주셨습니다. 때때로 우리가 꾸준히 기도하는 데 실패하는 것은 우리가 애당초 그 기도에 대해 진지하지 않았다는 것을 입증합니다. 어떤 때는 주님께 대한 우리의 믿음을 강화시키기 위해 끈기 있게 기도하기를 원하십니다. 모든 기도가 즉시로 응답된다면 믿음은 결코 자라지 않을 것입니다. 끈기 있는 기도는 또한 더 큰 감사를 가져옵니다. 오랫동안의 기다림으로 인해 아기 출생의 기쁨이 더 큰 것처럼 끈기 있게 기도한 뒤에 응답의 기쁨이 더 큰 법입니다. 그리고 10억분의 1초 단위로 시간을 재는 세대가 인내의 필요성을 인정하기 싫어하지만, 하나님께서는 기도에 있어서 끈기를 요구하실 때 우리 안에 그리스도를 닮은 인내심을 심으십니다.

조지 뮐러는 다음과 같이 말했습니다.

> 하나님의 자녀들이 범하는 큰 잘못은 기도를 끈기 있게 하지 않는 것입니다. 그들은 기도를 계속하지 않습니다. 그들은 끈기가 없습니다. 하나님의 영광을 위하여 어떤 것을 원한다면, 그것을 얻을 때까지 기도해야 합니다. 오, 우리가 기도하는 그분은 얼마나 선하시고, 친절하시고, 은혜로우시고, 동정심이 많으신지! 내가 비록 보잘것없어도 주님께서는 내가 구하거나 생각한 모든 것 이상으로 측량할 수 없을 정도로 주셨습니다.

아마도 그런 간증이 흔하지 않은 이유는 꾸준히 기도하는 사람이 적기 때문일 것입니다. 그러나 이와 같이 기도로 하나님을 간절히 찾는 것은 가치가 있습니다. 어느 정도의 좌절과 실망을 맛볼 수도 있으나 그럴 만한 가치가 있는 것입니다. 하나님께서 과연 기도에 기꺼이 응답하시고자 하는지, 그리고 기도에 응답하실 만한 능력이 있으신지에 대해 의심을 품도록 사탄은 유혹할 것입니다. 사탄의 유혹에 넘어가지 마십시오. 비록 하나님의 판단을 측량할 수 없고 하나님의 길을 찾지 못할 때라도(로마서 11:33) 하나님께서는 변함없이 당신을 사랑하고 계십니다. 그러므로 당신 역시 변함없이 하나님을 사랑하며, 그 사랑을 인하여 하나님께 끈기 있게 기도하십시오.

　잠시 멈추고 생각해 봅시다. 왜 기도에서 우리 자신을 훈련해야 합니까? 그것은 "경건을 위해서!"입니다. 경건이 있는 곳에는 기도에 깊이 드려진 삶이 있습니다. 스펄전은 아주 생생하게 이렇게 묘사했습니다. "달이 바다의 조수 간만에 영향을 미치듯이 기도는 경건의 조수 간만에 영향을 미칩니다."

　하나님의 사람들은 언제나 기도의 사람들입니다. 나의 목회 경험은 J. C. 라일의 말과 일치합니다. "어떤 그리스도인들은 다른 이들보다 더 기쁨이 넘치고 더 경건한 이유가 무엇일까요? 열에 아홉은 그 차이가 개인의 기도 습관 때문이라고 생각합니다. 나는 경건한 삶을 살고 있지 않은 사람은 보나마나 기도를 적게 하고 있는 사람이며, 경건한 삶을 살고 있는 사람은 기도를 많이 하고 있는 사람이라고 믿습니다."

　그리스도를 닮기 원하십니까? 그러면 주님께서 하신 것처럼 하십시오. 기도의 사람이 되도록 당신을 훈련하십시오.

제 5 장

예 배

> 진정한 영적 자기 훈련은 그리스도인들을
> 경계선 안에 머무르게 하되 결코 속박하지는 않는다.
> 그 결과는 더 크고 더 넓고 더 자유로운 삶이다.
> D. G. 켈

열 번째 생일날 나는 내 어린 시절의 가장 슬픈 경험을 했습니다. 여덟 명의 친구에게 며칠 전에 미리 생일 파티 초대장을 보냈습니다. 그날은 나의 최고의 생일날이 될 것 같았습니다. 그 애들은 모두 학교가 파하자 곧장 우리 집으로 왔습니다. 우리는 날이 어두워질 때까지 축구와 농구를 하면서 놀았습니다. 어머니께서 생일 케이크에 마지막 손질을 하고 계실 때 아버지께서는 핫도그와 햄버거를 구우셨습니다. 우리는 모든 과자와 아이스크림을 깡그리 먹어치웠고, 생일 케이크도 거의 다 먹었습니다. 그리고 나서 선물을 주고받는 시간이 되었습니다. 솔직히 말해, 나는 지금 그 선물들이 하나도 기억이 나지 않습니다. 하지만 그 선물들을 받을 때 그 친구들과 가졌던 멋있는 시간은 기억이 생생합니다. 형이나 남동생이 없는 나로서는 단지 다른 남자 애들과 함께 지내는 것 자체가 큰 즐거움이었습니다.

이 대단한 축하 모임의 절정은 내가 그들에게 선물을 주는 시간이었습니다. 내 친구들을 위해 가장 좋은 것을 주고 싶었습니다. 비용은 문제가 되지 않았습니다. 나는 그들을 읍에서 가장 신나는 행사에 데리고 가기로 했습니다. 그것은 바로 고등학교 농구 시합이었습니다. 나는 그 서늘하던 저녁, 우리가 부모님의 스테이션 왜건 자동차에서 깔깔대며 내려서는 체육관으로 달려가던 모습이 눈에 선합니다. 매표소에서 친구들에 둘러싸여 25센트짜리 티켓 아홉 장을 사는 것, 그것은 단순한 것이었지만 가장 행복했던 순간이었습니다. 나는 열 살짜리 소년의 멋진 생일의 완벽한 피날레를 머리 속에 그리고 있었습니다. 내 양쪽에 네 명씩 친구들을 앉히고 함께 팝콘을 먹으며, 장난을 치고, 고등학교의 우리 영웅들에게 환호를 보낼 것입니다. 그런 생각을 하며 안으로 들어갈 때까지만 해도 나는 세상에서 가장 행복한 아이로 느껴졌습니다.

그러나 잠시 후 그 황금 같은 순간은 산산조각이 나버렸습니다. 체육관에 들어서자마자 친구들은 모두 뿔뿔이 흩어졌고, 그날 저녁 내내 다시는 만나지 못했습니다. 그날 내가 베푼 즐거움, 음식, 혹은 티켓에 대한 감사는 전혀 없었습니다. 심지어 "생일 축하해! 하지만 난 이제 다른 사람과 함께 앉아서 봐야 할까 봐"라는 말도 없었습니다. 감사의 말, 인사의 말 한 마디 없이, 그들은 모두 뒤도 돌아보지 않고 사라졌습니다. 그리하여 나는 열 번째 생일날의 마지막 시간을 관람석에 혼자 앉아 쓸쓸하게 보내야 했습니다. 생각해 보면, 그것은 끔찍한 시간이었습니다.

내가 이 이야기를 하는 것은 어린 시절의 마음 아픈 추억에 대해 동정심을 불러일으키기 위함이 아닙니다. 우리가 흔히 예배에서 하나님을 그런 식으로 대우하기 때문입니다. 비록 우리는 하나님께서 영광스런 주인공이신 행사에 오지만, 우리는 하나님께 판에 박힌 듯한 예물을 드리며, 습관적으로 노래 몇 곡을 부르고, 그리고 사람들에게만 관심을 기울이는 가운데 하나님은 잊고 있습니다. 열 살

때 내 친구들처럼 우리는 양심의 가책을 느끼지도 않고, 자신의 무감각함에 대해 깨닫지도 못한 채, 그저 우리의 의무를 잘 수행했다고 확신하며 예배 장소를 빠져 나갈 것입니다.

예수님께서는 "주 너의 하나님께 경배하라"는 구약성경의 명령을 다시 강조하셨고 또 이에 순종하셨습니다(마태복음 4:10). 자신을 지으신 분께 예배하는 것은 모든 사람들의 의무이자 특권입니다. 시편 95:6에서는, "오라. 우리가 굽혀 경배하며, 우리를 지으신 여호와 앞에 무릎을 꿇자"라고 말하고 있습니다. 명백히 하나님께서는 우리가 예배하기를 기대하십니다. 이것은 우리의 창조 목적입니다! 하나님께 대한 예배가 없는 경건은 생각할 수가 없습니다. 그러나 경건을 추구하는 사람들은, 하나님을 헛되이 예배할 수도 있다는 것을 깨달아야만 합니다. 예수님께서는 헛되이 하나님을 예배하는 것을 경계하시기 위하여 구약성경의 또 다른 구절을 인용하셨습니다. "이 백성이 입술로는 나를 존경하되 마음은 내게서 멀도다. …나를 헛되이 경배하는도다"(마태복음 15:8-9).

하나님을 헛되이 경배하지 않으려면 어떻게 해야 합니까? 우리는 예수님을 닮아 가는 데 있어서 필수적인 것 하나를 배워야 합니다. 그것은 예배라는 영적 훈련입니다.

예배란 하나님께 초점을 맞추며 응답하는 것이다

예배는 정의하기가 어렵습니다. 정의부터 먼저 생각해 봅시다. 요한복음 20:28에서, 부활하신 예수님께서 도마에게 나타나셔서 손의 못자국과 옆구리의 상처를 보여 주시자, 도마가 "나의 주시며, 나의 하나님이시니이다!"라고 했습니다. 이것이 예배입니다. 요한계시록 4:8에서, 우리는 보좌 주위의 네 생물이 밤낮 쉬지 않고 "거룩하다. 거룩하다. 거룩하다. 주 하나님, 곧 전능하신 이여. 전에도 계셨고, 이제도 계시고, 장차 오실 자라"라고 하나님을 예배하고 있다는 것을 알 수 있습니다. 그리고 11절에서는 천국의 하나님의 보좌 주위의 이십사 장로들이 자신들의 면류관을 하나님의 발 앞에 던지며 엎드려 경배하며, "우리 주 하나님이여, 영광과 존귀와 능력을 받으시는 것이 합당하오니, 주께서 만물을 지으신지라. 만물이 주의 뜻대로 있었고, 또 지으심을 받았나이다"라고 말하고 있습니다. 다음 장에서는, 하나님의 어린양 예수 그리스도의 천국 보좌 주위에 둘러선, 헤아릴 수 없을 정도로 많은 천사들과 장로들과 생물들이 예배하는 가운데 큰 소리로 "죽임을 당하신 어린양이 능력과 부와 지혜와 힘과 존귀와 영광과 찬송을 받으시기에 합당하도다"(5:12)라고 외치고 있습니다. 그 바로 다음에는 모든 만물이 "보좌에 앉으신 이와 어린양에게 찬송과 존귀와 영광과 능력을 세세토록 돌릴지어다"(5:13)라고 경배하고 있습니다.

　영어로 예배를 나타내는 단어 *worship*은 색슨어 *weorthscype*에서 나왔는데, 이는 나중에 *worthship*이 되었습니다. 하나님을 예배하는 것은 하나님께 합당한 존귀를 돌리는 것이며, 찬양받기에 합당함을 기리는 것이요, 존귀하신 하나님 앞에 나아가서 하나님을 존귀하다고 하는 것입니다. 거룩하시고 전능하신 하나님이시요, 온 우주를 창조하시고 유지하고 계신 분이시요, 우리가 그 앞에서 우리 모든 행위에 대해 회계해야 할 절대주권을 가지신 재판장으로서, 하나님은 우리가 돌릴 수 있는 모든 존귀와 영광을 받으실 만합니다. 예를 들면, 요한계시록 4:11과 5:12에서 하나님의 보좌 주위의 경배하는 이들이 어떻게 하나님과 예수님께서 그토록 많은 것을 받으시기에 합당하다고 고백하고 있는지 주목해 보십시오.

　하나님께 초점을 맞추면 맞출수록, 하나님이 얼마나 존귀하신 분인지를 더 많이 이해할 수 있습니다. 우리가 이를 이해해 감에 따라, 하나님께 반응을 나타내지 않을 수가 없습니다. 말로 다 표현할 수 없는 저녁놀의 아름다움이나 산꼭대기에서 내려다보는 멋있는 광경이 절로 탄성을 자아내듯이, 우리가 하나님의 어떠하심을 알

때 예배의 반응을 나타내지 않을 수가 없습니다. 지금 당장 하나님을 뵐 수 있다면, 당신은 하나님이 예배받기에 얼마나 합당하신 분인지를 알게 되어 저절로 엎드려 경배하게 될 것입니다. 이 때문에 요한계시록에서, 하나님의 보좌에 둘러서서 하나님을 뵙는 이들이 하나님 앞에 엎드려 예배하며, 하나님 가까이에 있는 생물들이 하나님의 존귀하심에 놀란 나머지 세세무궁토록 쉬지 않고 "거룩하다. 거룩하다. 거룩하다"라고 외침으로 예배하는 것입니다. 그러므로 예배는 하나님께 초점을 맞추며 하나님께 응답하는 것입니다.

그러나 우리는 아직도 천국에 들어가지 않아 이런 식으로 하나님을 뵐 수는 없습니다. 하나님께 초점을 맞출 수 있도록 하나님께서는 이곳의 우리들에게 어떻게 자신을 계시하십니까? 하나님은 피조물들을 통해 자신을 계시하십니다(로마서 1:20). 그러므로 아름다운 일몰 광경이나 산꼭대기에서 내려다보는 장엄한 광경에 대한 올바른 반응은 창조주께 예배하는 것입니다. 보다 구체적으로는, 하나님께서는 자신의 말씀인 성경을 통하여(디모데후서 3:16, 베드로후서 1:20-21), 그리고 육신을 입은 말씀인 예수 그리스도를 통하여(요한복음 1:1,14, 히브리서 1:1-2) 자신을 계시하셨습니다. 그러므로, 우리의 책임은 그리스도와 성경을 통하여 하나님을 아는 것입니다. 성령께서 영적인 눈을 뜨게 하여 이해할 수 있게 함에 따라, 우리는 성경 말씀에 계시된 하나님을 보게 되며, 반응을 나타냅니다. 예를 들어, 방금 성경에서 하나님의 거룩하심을 보여 주는 구절을 읽었다고 합시다. 우리가 이 진리를 묵상해 가며 하나님께서 거룩하시다는 것이 무엇을 의미하는지에 대해 더 많이 깨달아 감에 따라, 하나님을 예배하고 싶은 열망이 우리를 사로잡습니다. 또한 하나님께서는 예수 그리스도를 통해 가장 명확하게 자신을 계시하셨습니다. 예수님은 하나님이시기 때문입니다. 만약 묵상을 통해 성경에서 발견되는 예수님의 인격과 사역에 초점을 맞춘다면, 우리는 하나님께서 어떠한 분이신지 이해하게 될 것입니다. 왜냐하면

"본래 하나님을 본 사람이 없으되 아버지 품속에 있는 독생하신 하나님이 나타내셨기" 때문입니다(요한복음 1:18). 그리고 우리가 진정으로 하나님께서 어떤 분이신지 이해한 정도만큼 예배로 하나님께 반응을 나타낼 것입니다.

이 때문에 하나님께 대한 공적인 예배와 사적인 예배 모두 성경에 기초를 두어야 하며, 성경 말씀을 포함해야 하는 것입니다. 성경은 우리가 하나님을 예배할 수 있도록 하나님을 우리에게 계시합니다. 성경 읽기와 설교가 공적인 예배의 중심입니다. 이는 이 두 가지가 모임에서 가장 분명하게, 가장 직접적으로, 그리고 가장 광범위하게 하나님을 나타내기 때문입니다. 똑같은 이유에서 성경 말씀 섭취와 묵상이 사적인 예배의 핵심입니다. 시편들과 찬송가들 및 영적인 노래들을 낭송하거나 부르는 것은 하나님께 대한 진리를 표현하거나 하나님께 예배하는 반응을 나타내기 위함입니다. 기도는 성경 말씀을 통해 하나님을 알게 됨에 따라 자연스럽게 일어나는 반응이며, 헌금도 마찬가지입니다.

예배는 하나님께 초점을 맞추는 것이며 하나님께 반응을 나타내는 것이므로, 예배 시간에 무엇을 하든, 그때 하나님에 대해 생각하고 있지 않다면 예배하고 있는 것이 아닙니다. 당신은 설교를 듣고 있을 수 있으나, 어떻게 하나님의 진리가 당신의 삶에 적용되며, 하나님과의 관계에 영향을 미치는지를 생각하지 않는다면, 당신은 예배하고 있지 않습니다. 당신은 누가 대표 기도하는 것을 경청하고 있을 수 있으나, 하나님에 대해 생각하지 않으며 그 사람과 합심하여 기도하고 있지 않으면 당신은 예배하고 있는 게 아닙니다. 어떤 의미에서, 주님께 순종함으로 행한 모든 것은 그것이 직장이나 가정에서 행한 일상적인 것일지라도 예배의 행위입니다. 그러나 이러한 것들이 하나님께 대한 직접적인 예배를 대신하지는 않습니다.

예배는 종종 말과 행동을 포함하나, 그것들 이상이며 마음과 생각의 초점과 관계가 있습니다. 예배는 하나님께 초점을 맞추는 속

사람의 반응입니다. 그것은 하나님께 몰두하는 것입니다. 그러므로 무엇을 말하고 무엇을 노래하고 무엇을 행하고 있든, 하나님께 초점이 맞추어져 있고 하나님을 생각하고 있을 때만 하나님을 예배하고 있는 것입니다. 하나님의 존귀하심에 초점을 맞추기만 하면 예배하지 않을 수 없을 것입니다. 이는 달이 햇빛을 반사하는 것과 같습니다. 이러한 종류의 예배는 헛된 예배가 아닙니다. 다음과 같은 경우도 그러합니다.

예배는 신령과 진정으로 드린다

신약성경에 나오는, 예배에 관한 가장 심오한 말씀은 요한복음 4:23-24입니다. 거기서 예수님께서는 "아버지께 참으로 예배하는 자들은 신령과 진정으로 예배할 때가 오나니 곧 이때라. 아버지께서는 이렇게 자기에게 예배하는 자들을 찾으시느니라. 하나님은 영이시니, 예배하는 자가 신령과 진정으로 예배할지니라"고 말씀하셨습니다.

신령(영)과 진정(진리)으로 예배할 수 있으려면 먼저 우리 속에 "진리의 영"(요한복음 14:17)이신 성령을 모셔야 합니다. 성령은 회개하고 믿음으로 그리스도께 나아온 자들 속에만 거하십니다. 성령이 없이는 진정한 예배를 드릴 수가 없습니다. 고린도전서 12:3에서는 "성령으로 아니하고는 누구든지 예수를 주시라 할 수 없느니라"고 말해 줍니다. 이 말씀은 성령으로 아니하고는 "예수님은 주님이시다"라는 말 자체를 할 수가 없다는 의미가 아니라, 성령에 의해 동기가 부여되지 않고는 그 누구도 진정한 예배의 행위로서 그런 말을 할 수가 없다는 의미입니다. 성령은 하나님을 우리에게 계시하시며, 그리스도를 받아들이지 않을 수 없게 하시고, 성경의 진리를 우리에게 가르치시며, 하나님을 향해 죽어 있던 우리를 살아나게 하시는 분입니다. 성령은 예배에 대해 냉담하던 심령을 그리스도를 향한 열정으로 불타오르게 하십니다.

우리 속에 성령을 모시고 있으면 언제나 신령과 진정으로 예배하게 된다는 것이 아니라, 그런 예배를 드릴 수 있게 된다는 말입니다. 영으로 하나님을 예배한다는 것은 속에서 우러나와 진심으로 예배하는 것입니다. 그것은 예배의 행위에서 진실한 것을 의미합니다. 당신이 부르는 찬송이 아무리 영적이고, 당신이 드리는 기도가 아무리 청산유수와 같아도, 그것이 당신의 진심이 아니라면 예배가 아닙니다. 그것은 위선입니다.

영으로 예배할 뿐만 아니라 진정(진리)으로 예배해야 합니다. 성경 말씀의 진리를 따라 예배해야 하는 것입니다. 우리는 성경에 계시된 하나님께 예배해야지 우리 자신이 만들어 낸 하나님께 예배해서는 안 됩니다. 우리는 궁휼과 공의, 사랑과 진노의 하나님, 천국으로 맞아들이기도 하시고 지옥 불에 던지시기도 하는 분인 하나님을 예배합니다. 우리는 진리에 반응하여 예배해야 합니다. 그렇게 하지 않는다면, 헛되이 예배하고 있는 것입니다.

성경 말씀의 진리에 반응하여 하나님을 예배하는 것에 대해 앞에서 말씀드렸습니다. 이제 영으로 예배하는 것에 대해 좀더 말씀드리고자 합니다. 공적인 예배에 대해 생각하든, 사적인 예배에 대해 생각하든, 우리는 마음에 플러그를 꽂지 않으면 예배를 위한 전류는 흐르지 않는다는 것을 알 필요가 있습니다. 목사이자 작가인 어떤 이가 이렇게 말했습니다. "하나님을 향한 감정이 죽어 있으면, 예배는 죽어 있다."

그는 이에 대해 다음과 같이 예를 들어 설명합니다.

> 예배는 존귀하신 하나님의 광채를 다시 하나님께 기쁨으로 반사하는 한 가지 방법입니다. 이것은 단지 의무의 행위로는 행해질 수 없고, 마음속에 자발적인 감정이 일어날 때라야 행해질 수 있습니다.

결혼 기념일을 예로 들어 보겠습니다. 나의 경우는 12월 21일입니다. 이날 아내를 위해 장미꽃 한 묶음을 사 가지고 집으로 왔다고 칩시다. 문에서 나를 맞이하는 아내에게 그 장미꽃을 건네주자 아내는, "어머, 너무나 아름다워요. 여보, 고마워요"라고 하며 나를 꼭 껴안습니다. 그때 나는 손을 내저으며 무뚝뚝하게, "그런 소리 하지 말아요. 결혼 기념일에 꽃을 사오는 건 나의 의무란 말이오"라고 한다고 합시다.

어떻습니까? 의무를 행하는 것은 고상한 일이 아닙니까? 의무감을 가지고 섬기는 사람들을 우리는 존경하지 않습니까? 물론 거기에 마음이 들어가 있지 않으면 존경의 정도가 떨어지겠지만 말입니다. 그러나 의무로 주는 장미꽃은 말이 되지 않습니다. 대개 장미꽃은 사랑을 표현하는 것이기 때문입니다. 만약 아내를 향한 자발적인 사랑에 의해 주는 것이 아니라면, 그 장미는 아내에게 영예가 되지 않습니다. 오히려 아내를 경멸하는 것입니다. 의무로 주는 것은 아내가 사랑을 받을 만한 가치나 아름다움이 없다는 사실을 은근히 나타냅니다. 그럴 때 내가 할 수 있는 모든 것은 오직 결혼 생활에서의 의무에 따른 계산된 표현뿐입니다.…

예배란 예배 의식을 행하는 외적인 의무가 아닙니다. 그것은 내적인 의무요, 명령입니다. "또 여호와를 기뻐하라!"(시편 37:4).

이것이 진정한 예배인 까닭은 하나님께 영예가 되기 때문이며, 의식의 공허한 거행은 영예가 되지 않기 때문입니다. 만약 결혼 기념일에 내가 아내와 함께 저녁을 보내려고 외출을 하고자 할 때 아내가 "왜 함께 시간을 보내려고 하시죠?"라고 물으면, 아내에게 가장 영예가 되는 답변은 "오늘 저녁 당신과 함께 있는 것보다 더 즐거운 것은 없기 때문이오"입니다.

"그건 나의 의무요"라는 대답은 아내에게 모욕이 됩니다.

"그건 나의 즐거움이오"는 영예를 줍니다.
우리는 어떻게 예배에서 하나님을 영화롭게 하겠습니까? "그건 저의 의무입니다"라고 말하는 것입니까? 아니면 "그건 저의 즐거움입니다"라고 말하는 것입니까?

그러므로 우리는 마땅히 신령과 진정으로, 가슴과 머리로, 감정과 이성으로 예배해야 합니다. 만약 지나치게 신령으로만 예배한다면, 감상적이고 진리에 대해 엄격하지 않으며, 감정에 따라 예배하게 될 것입니다. 그런 경우, 예배에서 무엇이든 대충 받아들이거나 제어할 수 없는 감정에 사로잡힐 수 있습니다. 그러나 만약 신령은 없이 진리로만 예배한다면, 엄격하고, 딱딱하고, 얼음같이 차가운 태도로 예배할 것입니다.

실제로 신령과 진정으로 예배하는 것은 보완적입니다. 이것을 깨닫는 것이 중요합니다. 왜냐하면, 솔직히 말해서 우리는 모두 공적인 예배나 사적인 예배를 드릴 때 마음은 별로 뜨거워지지 않는 경험을 종종 해왔기 때문입니다. 진리를 올바로 묵상하면 예배의 감정을 북돋을 수 있습니다. 또한, 하나님을 향한 올바른 마음은 진리에 의해 인도받기를 갈망합니다. 우리는 신령과 진정으로 예배해야 합니다. 예수님께서는 가장 큰 계명은 마음을 다하고 뜻을 다하여 하나님을 사랑하는 것이라고 하셨습니다(마가복음 12:30). 여기서 마음과 뜻은 각각 신령과 진정과 통합니다. 마음과 뜻을 다하지 않으면 우리는 헛되이 예배하는 것입니다.

우리가 신령과 진정의 적절한 균형을 유지할 수 없을 때는 예배 참석이나 매일의 경건의 시간을 중단해야 합니까? 모든 예배가 위선적으로 행하는 것처럼 느껴지는, 장기간에 걸친 영적 고갈을 겪고 있을 때는 어떻게 합니까? 헛되이 예배하고 있다면 예배를 그만두어야 하지 않습니까?

아닙니다. 예배의 감정을 지니고 있지 않을 때도 예배를 중단해서는 안 됩니다. 좋아하지 않아도 옳기 때문에 인내를 가지고 해야 하는 것들이 있습니다. 우리가 드리는 "최상의" 예배도 정도 차이만 있을 뿐, 어떤 면에서는 불완전하다는 것을 기억하십시오. 그러나 그렇다고 해서 예배를 중단해서는 안 됩니다. 더욱 중요한 것은, 예배를 하는 가운데 기쁨과 열정을 회복할 가능성이 높다는 것입니다. 예배에 참석하고 싶은 마음이 없다고 하더니 막상 참석해서는 새롭게 되고 영적 회복을 경험하는 사람들을 자주 보았습니다.

천성을 향한 순례길에서 모든 그리스도인들은 몇 차례 영적 사막을 통과해야 합니다. 어떤 건조 지대를 한 시간 혹은 며칠이 걸려 통과하기도 합니다. 때때로 당신은 거의 시든 영혼으로 여러 주간에 걸쳐 광야를 횡단해야 할지도 모릅니다. 그러나 예배를 꾸준히 계속하십시오. 요한복음 7:38에서 예수님께서는 모든 그리스도인들의 속에서 "생수의 강"(성령)이 흐를 것이라고 약속하셨습니다. 그 강의 내재를 새롭게 느낄 수 있게 해달라고 하나님께 부르짖으십시오. 그러나 예배를 중단하지는 마십시오. 사막에서 결코 주저앉지 마십시오. 당신은 그 사막이 얼마나 넓은지를 모르며, 어쩌면 이미 거의 다 통과하여 곧 끝날지도 모릅니다.

예배는 공적으로도 개인적으로도 드려야 한다

히브리서 10:25에 보면, 그리스도인들은 단체 예배에 정기적으로 참석하도록 명령받았습니다. "모이기를 폐하는 어떤 사람들의 습관과 같이 하지 말고…" 예배하는 훈련을 하는 첫 번째 방법은 하나님을 예배하는 모임에 다른 그리스도인들과 함께 성실하게 참석하는 습관을 들이는 것입니다.

기독교는 혼자 있기를 좋아하는 사람들의 종교가 아닙니다. 신약성경은 몸(고린도전서 12:12), 건물(에베소서 2:21), 그리고 권속(에베소서 2:19) 등으로 교회를 묘사하고 있는데, 각각은 모두 개개의 단위들과 보다 큰 전체와의 관계에 대해 말하고 있습니다. 기독교 신앙을 거의 언제나 개인적인 수준에서만 영위하면 하나님의 많은 축복을 놓치게 됩니다. 이는 불필요한 일일 뿐 아니라 죄입니다. 이 구절은 다른 그리스도인들과 함께 모이는 "습관"을 "버린" 자들은 비기독교적인 습관을 형성해 왔다는 것을 가르쳐 줍니다.

"모인다"는 것은 다른 그리스도인들과 함께 교제하거나 함께 하나님을 예배하는 것을 의미합니다. 그러므로 우리는 다른 그리스도인들이 예배하는 것을 텔레비젼으로 시청하면서 다른 그리스도인들과 함께 "모이고 있다"고 생각해서는 안 됩니다. 교회 예배를 실황으로 들려주는 방송이나 녹음 테이프들이 있기는 하나, 이 어느 것도 예배에 참석할 수 있는 사람들이 예배 참석 대용으로 사용해서는 안 됩니다.

개인적으로 헌신의 삶을 잘 살고 있다는 것이 다른 그리스도인들과 함께 예배하는 데서 당신을 면제시켜 주는 것이 아니라는 것 또한 사실입니다. 당신은 조지 뮐러와 같은 헌신의 삶을 살고 있을 수도 있으나, 히브리 성도들에게 단체 예배가 필요했던 것만큼 당신에게도 필요합니다. 개인적인 예배나 예배 실황을 듣는 것에서는 결코 경험할 수 없는 공적 예배의 유익이 있습니다. 다른 그리스도인과 함께 모일 때만 하나님께서 주시는 은혜와 축복이 있습니다.

청교도 설교가인 데이비드 클락슨은 공적 예배에 대해 다음과 같이 설명했습니다.

> 이땅에서 행해지는 가장 놀라운 것들은 공적인 예배에서 행해졌습니다. 비록 그것들이 흔히 있고, 보이지 않는 심령 속에서 이루어지는 것이어서 덜 놀라워 보이기는 하지만… 여기서 주님께서는 마른 뼈들에게 말씀하셔서 생명을 주시고, 죄로 인한 무덤과 매장지로부터 죽은 영혼들을 일으키시며… 여기서 죽은 자들이 하나님의 아들과 하나님의 사자들의 음성을 들으

며, 듣는 이들은 살아납니다. 여기서 그분은 나면서부터 소경된 이들에게 시력을 주시는데, 이는 죄인들의 눈을 열고 그들을 흑암에서 광명으로 돌이키기 위해 선포된 복음의 결과입니다. 여기서 그분은 병든 영혼을 말씀 한마디로 치료하시나, 그것은 사람들과 천사들의 어떠한 도움으로도 치료할 수 없는 것이며… 여기서 그분은 사탄을 빈털터리로 만드시며, 오랫동안 부정한 영들에게 붙잡혀 있던 죄인들의 영혼들로부터 그러한 영들을 제하십니다. 여기서 그분은 정사와 권세를 벗어버리시며, 흑암의 권세를 물리치시고, 사탄으로 하여금 번개처럼 하늘로부터 떨어지게 하십니다. 여기서 그분은 죄인들의 영혼 속의 자연적인 전 과정을 바꾸시며, 옛 것이 지나가게 하시고, 모든 것들이 새 것이 되게 하십니다. 이러한 것들은 참으로 놀라운 기적과 같은 일들이지만, 그렇게 여겨지지 않는 것은, 그것들이 공적인 예배에서 흔히 있는 평범한 일이기 때문입니다. 주님께서는 공적으로만 이런 기이한 일들을 행하신 것은 아닙니다. 그러나 공적인 사역이 주님께서 그러한 것들을 행하시는 일상적인 수단입니다.

한편, 정기적으로 드리는 공적인 예배가 아무리 만족감을 주고 충분할지라도, 개인적인 예배를 통해서만 주시는 것들이 있습니다. 예수님께서는 매 안식일에 회당에서 있는 하나님께 대한 공적인 예배와 예루살렘 성전에서 있는 이스라엘 백성의 정기 집회에 성실하게 참석하셨습니다. 그러나, 그렇게 하실 뿐만 아니라 예수님께서는 물러가셔서 한적한 곳에서 기도하셨습니다(누가복음 5:16). 매튜 헨리가 말했듯이, "공적인 예배가 개인적이고 은밀한 예배로부터 우리를 면제시켜 주는 것이 아닙니다."

한 주간을 통해 한 번도 개인적으로 예배하지 않는데 어떻게 매주 한 번씩 공적으로 하나님을 예배할 수 있겠습니까? 하나님께 대한 예배의 불꽃이 주일 이외의 날에 은밀히 드리는 개인적 예배에서는 겨우 명맥을 유지할 정도인데 주일날 공적으로 드릴 때는 활활 타오르기를 기대할 수 있겠습니까? 단체 예배가 종종 만족스럽지 못한 것은 개인적인 예배가 빈약하기 때문이 아닙니까? 제프리 토머스는 "은밀한 개인적인 예배를 무시하는 사람은 주일날 공적인 예배에서 하나님과의 친교를 결코 맛볼 수가 없다"고 했습니다.

하나님께서는 우리가 개인적으로 예배하기를 기대하신다는 것을 잊어서는 안 됩니다. 하나님께서는 이를 통해서 우리를 축복하십니다. 개인적으로 하나님을 매일 예배하는 일을 게을리한다면 기쁨 넘치는 삶을 살 수가 없습니다. 하나님께서 우리가 일주일에 주일 하루만 하나님의 임재의 즐거움을 누리도록 제한하지 않으시는 것이 크나큰 축복입니다. 날마다 능력과 인도함과 격려를 받을 수 있습니다. 예수 그리스도와 친밀한 관계를 발전시켜 갈 수 있는 기회는 날마다 열려 있습니다.

생각해 보십시오. 주 예수 그리스도께서는 당신이 원하는 한 기꺼이 당신과 개인적으로 만나고자 하시며, 그리고 날마다 기꺼이 만나고자 하십니다. 당신을 만나기를 갈망하기까지 하십니다. 당신이 예수님의 공생애 기간의 대부분을 예수님을 따라다녔던 수많은 사람들 가운데 하나라고 칩시다. 예수님의 제자들 가운데 하나가 당신에게 와서 "주님께서 당신에게 전하라고 하셨는데, 주님께서는 당신이 원하는 때는 언제나 당신과 단둘이 만나서 당신이 원하는 만큼의 시간 동안 교제를 나누고 싶으며, 당신을 매일 만났으면 하신답니다"라고 한다면, 당신이 얼마나 신이 날지 상상할 수 있겠습니까? 이 얼마나 큰 특권입니까! 예수님의 이러한 기대에 대해 불평할 사람이 있겠습니까? 이 놀라운 특권과 기대가 언제나 당신의 것입니다. 하나님의 영광과 즐거움을 위해 이러한 특권을 사용하며 이러한 기대를 충족시켜 드리도록 하십시오.

예배는 발전시켜야 할 훈련이다

예수님께서는 "주 너의 하나님께 경배하라"(마태복음 4:10)고 하셨습니다. 일생 동안 하나님을 예배하는 것은 훈련을 필요로 합니다. 훈련이 없으면, 우리의 예배는 깊이가 없고 꾸준하지도 않을 것입니다.

예배는 하나님께 초점을 맞추는 것이며 하나님께 응답하는 것이라고 말할 때, 나는 진정한 예배는 언제나 심령으로 드려야 한다는 나의 확신을 전달하고자 했습니다. 예배는 하나님과의 사랑 가운데 있는 심령의 반응이기 때문에 도식으로 그리거나 수치로 나타낼 수는 없습니다. 그러나, 또한 예배는 하나의 훈련, 즉 모든 대인 관계가 건전하게 유지되고 발전해 나가려면 가꾸어야 하듯이, 가꾸어야 하는 어떤 것으로 생각할 수 있습니다.

예배는 그것이 하나의 목적이자 수단이기 때문에 영적 훈련입니다. 하나님께 대한 예배는 그 자체가 하나의 목적입니다. 이는 우리가 정의했듯이, 예배란 하나님께 초점을 맞추며 하나님께 응답하는 것이기 때문입니다. 하나님께 초점을 맞추고 하나님께 응답하는 것보다 더 지고한 목표는 없습니다. 그러나 예배는 또한 그것이 경건에 이르는 방법이라는 의미에서는 하나의 수단입니다. 더욱 진실되게 하나님을 예배할수록 더욱 예수님을 닮아 가게 될 것입니다.

우리는 초점을 맞추고 있는 대상을 닮아 갑니다. 그 대상을 닮고자 하기 때문입니다. 아이들은 자신이 꿈꾸는 영웅들처럼 행동합니다. 십대들은 자신들이 관심을 쏟고 있는 스포츠의 스타나 인기 가수들처럼 옷을 입습니다. 어른들에게도 그러한 면이 있습니다. "성공"하는 데 초점을 맞추고 있는 사람들은 이미 성공한 사람들의 책을 읽으며, 그들의 사업 스타일과 개인적인 습관을 모방합니다. 주님보다 세상에 더 초점을 맞추면, 경건해지기보다는 세상적이 됩니다. 그러나 경건해지기를 원하면, 우리는 하나님께 초점을 맞추어야 합니다. 경건하게 되려면 예배를 훈련해야 합니다.

"하지만 나는 노력해 봤지만 아무 효과가 없었어요! 나는 교회에 열심히 출석했습니다. 매일 성경을 읽고 기도도 했습니다. 그러나 내가 기대했던 결과는 얻지 못했습니다. 이것 저것 다 행하고 있어도 경건에서 별로 성장하고 있는 것 같지는 않습니다"라고 낙심이 되어 소리치는 사람도 있습니다. 매일 규칙적으로 행하고 있다고 영적 훈련을 올바르게 실행하고 있다고는 볼 수 없습니다. 시카고 트리뷴지의 경제면을 매일 읽는다고 자동적으로 뛰어난 사업가가 되는 것이 아닌 것처럼, 매일 성경을 읽는다고 자동적으로 더 경건하게 되지는 않습니다. 그리고 우리가 원할 때 그 원하는 것을 경험하지 못한다는 것이 그리스도를 닮아 가기 위한 하나님의 수단들이 효과가 없다는 것을 입증하는 것은 아닙니다. 공적 및 사적인 예배를 통해 경건함에서 자라 가고 있는 사람들에게 상담을 요청해 보십시오. 깊은 헌신의 삶을 살고 있는 성숙한 그리스도인들에게 물어 보십시오. 이 책의 이전 장들을 복습해 보되, 특히 묵상과 기도에 관한 장들을 복습해 보십시오. 테니스를 하는 것에서부터 피아노를 치는 것에 이르기까지, 어떤 훈련에서 진보를 보이려면 더 많은 경험을 지닌 이들로부터 외적인 도움을 받아야 합니다. 그러므로 그리스도를 닮아 가는 영적 훈련에서 발전하는 데 다른 사람의 도움이 필요하다고 놀라지 말며, 또한 도움을 요청하기를 두려워하지도 마십시오.

어떤 사람이 현대인을 설명하면서 "일을 예배하듯 하며, 놀기를 일하듯 하고, 예배를 놀듯이 한다"라고 했습니다. 그러나 당신은 예배라는 훈련을 발전시키겠습니까?

추가 적용

날마다 주님을 예배하는 훈련에 자신을 드리겠습니까? A. W. 토저는 "당신이 일주일에 7일 동안 하나님을 예배하지 않는다면, 당신은 일주일에 하루도 하나님을 예배하지 않는다"고 했습니다. 자신을 속이지 맙시다. 예배는 일주일에 한 번 주일날에 있는 행사가 아닙니다. 일주일 내내 우리 마음속에서 예배를 가로막고 있다가 주일날 예배가 마음으로부터 흘러나오리라 기대할 수는 없습니다. 하나님께서는 언제나 하나님이시고 언제나 예배받기에 합당하시기 때문에 우리 마음으로부터 언제나 예배의 물줄기가 흘러나와야 합니다. 그리고 예배라는 물의 흐름은 적어도 매일 한 번은 구별된 예배 행위로 모아져야 합니다.

영적 훈련들을 하기 원하면서도 실제로는 다른 그리스도인들로부터 자신을 격리시키는 사람들이 있습니다. 그들은 자신들의 개인적인 헌신의 삶이 단체 예배에서 경험하는 그 어떤 것보다 더 가치 있다고 믿으며, 그 결과 다른 사람들과 함께 드리는 공적인 예배를 경시합니다. 그런 식으로 균형을 잃게 될 위험성을 경계해야 합니다. 그러나, 목회 경험을 통해 나는 그리스도인으로 자처하는 더 많은 사람들이 그 반대 방향의 극단으로 나아가는 것을 보았습니다. 그들은 단체 예배에 참석하는 데는 성실하게 자신들을 훈련하나 개인적으로 정기적으로 하나님을 예배하는 일은 등한히 합니다. 경건에 이르는 길에 놓여 있는 가장 흔한 함정이 바로 이것입니다. 바로 이 면에서 많은 그리스도인들이 자신을 훈련하는 데 실패하기 때문에 그리스도를 닮아 가는 데 있어서 별로 진보를 보이지 못하고 있습니다. 당신에게는 그런 일이 일어나지 않도록 하십시오.

예배의 행위가 실제적인 예배가 되게 하겠습니까? 공적인 예배에 대해 데이비드 클락슨이 이야기한 것은 공적이거나 사적이거나 모든 예배 행위에 적용됩니다.

공적인 예배에서 무엇을 하거든, 전심으로 행하십시오. 게으르고, 무감각하고, 미지근한 태도는 떨쳐 버리십시오. 그러한 것은 하나님께서 싫어하십니다.… 당신의 몸을 주님의 존전에 내미는 것으로 충분하다고 생각지 마십시오.… 몸의 예배는 단지 죽은 예배입니다. 예배의 핵심은 영혼의 예배입니다. 입술로만 가까이 나아가는 자는 자신들로부터 아주 먼 곳에 계신 하나님을 발견하게 될 것입니다. 공적인 예배에서 입술, 입, 혀뿐만 아니라 생각과 마음과 애정이, 무릎과 손과 눈만이 아니라 마음과 양심과 기억이, 하나님을 드높이기 위해 동원되어야 합니다. 다윗은 "내 육신이 주님을 사모합니다"라고만 말하지 않고 "내 영혼이 주님을 갈망합니다"라고 했습니다. 그때, 우리의 전존재(全存在)가 주님을 기다릴 때, 주님께서 가까이 오실 것이며, 그때, 우리는 전심으로 그분을 찾을 때, 주님을 발견하게 될 것입니다.

실제적인 예배가 빠진 예배 행위는 끔찍하고 위선적인 것입니다. 그러므로 예배가 따분하게 느껴진다면 당신은 진정으로 예배하고 있지는 않습니다. 하나님의 보좌 주위의 생물들 가운데 하나가 "난 이 일이 지긋지긋해!"라고 말하는 것을 상상해 보십시오. 그런 생각은 영원 전부터 한 번도 그들의 마음속을 스쳐 간 적이 없었을 것이며, 앞으로도 영원히 그러할 것입니다. 오히려 그들은 하나님의 영광에 끊임없이 압도되어 밤낮 쉬지 않고 하나님을 예배합니다(요한계시록 4:8). 의미 없는 예배는 없습니다. 비록 우리가 예배에서 누리기로 되어 있는 것을 누리지 못할 때라도, 예배는 하나님께 드리는 것이기 때문에 의미가 있는 것입니다. 우리 예배의 대상은 하늘에 계신 영화로우시고 위엄 있으신 하나님이시기 때문에, 예배가 공허해질 때, 문제는 대상인 하나님께 있는 것이 아니라 주체인 우리에게 있습니다. 하나님은 모든 예배를 받으시기에 합당하신 분이며, 당신이 드릴 수 있는 최상의 예배, 전심으로 드리는 예배를 받으시기에 합당하신 분이십니다.

공적으로 그리고 개인적으로 하나님을 예배하는 이 영적 훈련은, 우리가 그리스도를 닮는 데서 성장하도록 하기 위해 하나님께서 주신 은혜의 수단들 가운데 하나입니다. 하나님을 예배하는 데서 점점 더 발전할수록, 그리스도를 닮는 데서 진보가 있게 될 것입니다. 미국의 대통령이었던 칼빈 쿨리지는 "사람들이 하나님을 예배하기 시작할 때 비로소 성장하기 시작한다"라고 단언했습니다.

제 6 장

전 도

> 영적 훈련을 할 때 얻는 유익은, 하나님의 복을 받고,
> 풍성하고, 열매 맺고, 유용한 삶을 살게 되는 것이다.
> 당신이 영적 훈련을 하고 있다면,
> 경건의 축복들은 영원까지 이를 것이다.
> 비록 많은 사람들이 영혼의 훈련보다는
> 육체의 훈련에 훨씬 더 많은 시간을 들이고 있지만,
> 예수 그리스도의 탁월한 종은
> 영적 훈련이 우선 순위라는 것을 알고 있다.
>
> 존 맥아더 2세

누군가에게 예수 그리스도에 대해 말하는 것은, 하나님께 예배드리는 데 몰두할 때 경험하는 환희와 황홀감 못지 않게 우리를 신나고 들뜨게 합니다.

나의 삶에 있어서 가장 보람 있는 시간은 전도 여행을 하면서 다른 일은 하지 않고 하루 종일 거리에서나 집에서, 한 사람이나 한 그룹, 다음에는 또 다른 사람이나 그룹을 만나 그리스도에 대해 이야기하는 때입니다. 내가 살고 있는 곳에서도 마찬가지입니다. 그리스도를 모르는 사람과 그리스도에 대해 대화하는 것만큼 나를 신나게 하는 것은 없습니다. 그것은 모든 그리스도인들에게도 동일하게 보람 있는 경험이 될 수 있습니다.

그리고 우리의 전도 책임에 대해 이야기하는 것만큼 그리스도인들에게 고민과 염려를 안겨 주는 것도 없습니다. 나는 성경 말씀 섭취나 헌금이나 섬김에 대해서 이야기할 때는 자신이 주님께 순종하

고 있노라고 자신하는 그리스도인들을 많이 알고 있으나, "나는 내가 마땅히 해야 할 만큼은 전도하고 있습니다"라고 담대하게 말하는 그리스도인은 별로 알지 못합니다.

전도는 광범위한 주제이며, 많은 것들에 대해서는 이 장에서 다루지 않을 것입니다. 여기서 주로 다루고자 하는 것은 경건에 이르기 위해서는 전도에서도 자신을 훈련해야 한다는 사실입니다. 우리가 그리스도에 대해 좀더 자주 이야기하지 않는 이유 중 하나가 두려움입니다. 이에 대해서는 나중에 함께 생각해 보겠습니다. 그러나 나는 우리 가운데 많은 이들이 효과적으로 그리고 비교적 두려움 없이 그리스도를 전하지 못하는 이유는 단지 이를 행하기 위해 자신을 훈련하지 않기 때문이라고 확신합니다.

하나님께서 우리가 전도하기를 원하신다

이 책을 읽는 대부분의 독자들에게는 하나님께서 모든 그리스도인들이 전도하기를 원하신다는 것을 납득시킬 필요가 없을 것 같습니다. 모든 그리스도인들이 같은 전도 방법을 사용해야 하는 것은 아니나, 모든 그리스도인들은 전도해야 합니다.

더 나아가기에 앞서 용어를 정의해 봅시다. 전도란 무엇입니까? 그것은 사람들이 그리스도를 자신들의 구주로 영접하고 왕으로 섬기도록 하기 위해 성령의 능력으로 죄에 빠진 사람들에게 예수 그리스도를 전하는 것이라고 정의할 수 있겠습니다. 그러나 간단하게 정의한다면, 신약성경의 전도는 복음을 전하는 것이라고 말할 수 있겠습니다. 믿지 않는 이들에게 예수 그리스도를 통한 하나님의 구원의 핵심 내용들에 대해 성실하게 이야기하는 사람은 전도를 하고 있는 것입니다. 복음의 내용들을 구두로 전달하든, 글이나 녹음테이프로 전달하든, 그리고 한 사람에게 전달하든 군중들에게 전달하든 마찬가지입니다.

왜 우리는 전도해야 합니까? 주 예수 그리스도께서 친히 우리에게 전도하라고 명하셨기 때문입니다. 다음과 같이 말씀하신 그분의 권위를 생각해 보십시오.

"그러므로 너희는 가서 모든 족속으로 제자를 삼아, 아버지와 아들과 성령의 이름으로 세례를 주고, 내가 너희에게 분부한 모든 것을 가르쳐 지키게 하라. 볼지어다. 내가 세상 끝날까지 너희와 항상 함께 있으리라"(마태복음 28:19-20).

"또 가라사대, '너희는 온 천하에 다니며 만민에게 복음을 전파하라'"(마가복음 16:15).

"또 그의 이름으로 죄사함을 얻게 하는 회개가 예루살렘으로부터 시작하여 모든 족속에게 전파될 것이 기록되었으니"(누가복음 24:47).

"예수께서 또 가라사대, '너희에게 평강이 있을지어다. 아버지께서 나를 보내신 것같이 나도 너희를 보내노라'"(요한복음 20:21).

"오직 성령이 너희에게 임하시면 너희가 권능을 받고, 예루살렘과 온 유대와 사마리아와 땅 끝까지 이르러 내 증인이 되리라"(사도행전 1:8).

이 명령들은 사도들에게만 주어진 게 아닙니다. 예를 들면, 사도들은 한 번도 미국에 오지 않았습니다. 예수님의 명령이 수행되고, 미국 사람들이 그리스도에 대해 듣기 위해서는 다른 그리스도인들이 복음을 전파해야 했습니다. 그리고 사도들은 결코 당신의 가정, 당신의 이웃, 혹은 당신의 직장에 오지 않았습니다. 그곳에서 지상사명이 성취되려면, 그리스도께서 전세계 방방곡곡에 "내 증인"을 가지시려면, 당신과 같은 그리스도인이 그것을 행하기 위해 자신을 훈련해야 합니다.

어떤 그리스도인들은 전도는 은사이며 그러한 은사를 가지고 있는 이들만의 책임이라고 믿고 있습니다. 그들은 자신들의 생각을 뒷받침하기 위해 에베소서 4:11을 제시합니다. "그가 혹은 사도로,

혹은 선지자로, 혹은 복음 전하는 자로, 혹은 목사와 교사로 주셨으니." 하나님께서는 어떤 사람들에게 복음 전하는 자로서의 사역을 감당하도록 은사를 주시는 것은 사실이지만, 모든 그리스도인들을 자기의 증인이 되도록 부르시며, 능력 있는 메시지와 증거할 수 있는 능력으로 무장시켜 주십니다. 그리스도인들은 누구나 증인으로 부름받았으나, 소수의 증인들만이 전도를 위한 전임 사역자로 부름받습니다. 영적 은사나 사역과 상관없이 모든 그리스도인들은 다른 사람들을 사랑해야 하는 것처럼, 모든 그리스도인들은 자신의 은사와 상관없이 복음을 전해야 합니다.

베드로전서 2:9의 관점에서 개인적인 전도에 대한 우리의 책임을 생각해 보십시오. "오직 너희는 택하신 족속이요, 왕 같은 제사장들이요, 거룩한 나라요, 그의 소유된 백성이니." 이 부분을 익히 알고 있는 많은 그리스도인들이 그 구절의 나머지 부분이 어떻게 되어 있는지는 짐작도 못하고 있습니다. 그 구절은 이러한 특권들이 당신의 것이 된 것은 "너희를 어두운 데서 불러내어 그의 기이한 빛에 들어가게 하신 자의 아름다운 덕을 선전하게 하려 하심이라"고 했습니다. 우리는 대개 이 구절을 모든 그리스도인들은 제사장이라는 교리를 뒷받침하기 위해 사용합니다. 그러나 그 구절은 모든 그리스도인들은 일종의 선지자가 되도록 권면하고 있습니다. 하나님께서는 우리 각자가 예수 그리스도의 "아름다운 덕을 선전하기를" 원하십니다.

전도는 능력이 있다

대부분의 그리스도인들이 전도해야 한다는 것을 알고 있다면, 왜 그들이 그토록 자주 그 명령에 불순종하는 것처럼 보입니까?

효과적으로 증거하기 위해서는 전문적인 훈련을 많이 받아야 한다고 믿는 이들도 있습니다. 그들은 자신들이 충분한 양의 성경 지식을 가지고 있으며 어떤 질문이나 반대도 다룰 수 있다고 느낄 때까지는 그리스도에 대해 누군가에게 이야기하기를 두려워합니다. 문제는 그런 날은 결코 오지 않는다는 것입니다. 요한복음 9장에 나오는, 이전에 소경이었다가 예수님께서 고쳐 주신 사람이 그런 식으로 생각했다면 어떻게 되었겠습니까? 그는 학식 있고 비판적인 바리새인들에게 증거할 준비가 되어 있다고 한 번이라도 느낀 적이 있을까요? 그럼에도, 그는 예수님을 만난 지 몇 시간 이내에, 어쩌면 몇 분 이내에, 담대하게 그들에게 자신이 예수님에 대해 알고 있는 바를 말했습니다.

때때로 우리는 사람들이 우리를 이상하게 생각하여 거부할까 봐 두려워 그리스도에 대해 이야기하지 못합니다. 내가 로스쿨에 다닐 때 우리 반에 있는 한 동료 학생과 사귀게 되었습니다. 이내 그 학생이 그리스도인이 아니라는 것을 알게 된 나는 그에게 복음을 전해야 한다고 생각했습니다. 나는 그에게 그리스도의 성품을 나타내기 위해 최선을 다했고, 그에게 증거할 수 있는 기회를 달라고 기도도 했습니다. 한 학년이 거의 끝나 갈 무렵의 어느 날 1교시가 시작되는 종이 울릴 때, 그는 "넌 왜 늘 그렇게 행복해 보이니?"라고 물어 옴으로 나를 놀라게 했습니다. 수업이 시작될 찰나였을지라도, 나는 친구에게 비록 몇 마디로라도 분명한 간증을 해줄 수 있었을 것입니다. 또는 "예수님 때문이지" 혹은 "수업이 끝나면 너에게 그 이유를 설명해 주고 싶어"라고 말해 줄 수도 있었습니다. 그러나 내가 기도해 왔던 기회가 마침내 왔을 때, 나는 그가 나의 신앙으로 인해 나를 깔보게 될까 두려워 굳어졌고, "나도 모르겠어"라고 대답하고 말았습니다.

어떤 경우에는 우리가 사용해야 하는 전도 방법이 전도 공포증을 유발하기도 합니다. 만약 그것이 이전에 한 번도 만난 적이 없는 사람에게 다가가 그리스도에 대한 대화를 시작해야 하는 것이라면, 대부분의 사람들은 겁을 먹고 전도를 꺼리게 될 것입니다. 즐기는 사람들이 적게나마 있긴 해도, 대부분의 사람들은 집집마다 돌아다니며 복음을 전하는 것도 두려워합니다. 친구들이나 가족들에게 전도하는 방법들도 그것이 강압적이거나, 맞부딪치거나, 자연스럽지 못한 접근이 필요한 경우에는, 우리가 가장 사랑하는 사람들에게 세상에서 가장 좋은 소식을 전하는 일에 두려움을 느끼게 될 것입니다.

이전에 다른 사람이 그렇게 이야기하는 것을 들어 본 적은 없으나, 나는 전도의 심각성도 우리가 겁을 먹는 주된 이유 가운데 하나라고 생각합니다. 누군가와 그리스도에 대해 이야기할 때 우리는 그는 천국과 지옥의 갈림길에 처하게 됩니다. 그 사람의 영원한 운명이 주제입니다. 전도의 결과는 하나님의 손에 달려 있고 복음에 대한 그 사람의 반응에 대해서는 우리에게 책임이 없다는 것을 믿고 있을 때라도 우리는 사람의 구원에 걸림돌이 될 어떤 것을 말하거나 행하지나 않을까 하는 거룩한 두려움과 함께, 메시지를 성실하게 잘 전해야 한다는 엄숙한 의무감을 느낍니다. 이러한 종류의 도전에 대해 많은 그리스도인들은 너무나 준비되어 있지 않다고 느끼거나, 혹은 단지 너무나 믿음이 적으며, 그리고 다른 사람의 영원한 운명을 결정짓는 그러한 상황에 들어가는 것을 두려워합니다.

조지 바너는 전도에 대한 그리스도인들의 두려움에 대해 또 다르게 설명합니다.

> 불신자에게 자신의 믿음을 나누는 일을 그리스도인들이 점점 더 꺼리는데, 이의 바탕에 깔려 있는 유력한 이유 한 가지는 믿음을 나누는 경험 그 자체와 관련이 있습니다. 그리스도인들에게 증거의 삶에 대해 질문하는 가운데 우리가 알게 된 것은, 자신들의 믿음을 다른 사람들에게 설명하고자 시도한 사람 중 열에 아홉은 그 일을 마칠 때 마치 자신이 실패한 것 같은 느낌을 갖는다는 것입니다.… 대부분의 사람들은 자신이

실패자로 인식되는 활동은 회피합니다. 즐거움과 위로를 추구하는 피조물인 우리는 자신이 할 수 있고 안전한 그러한 차원들과 활동들을 중요시합니다. 그러므로, 말씀을 전파하라는 거룩한 명령에도 불구하고 많은 그리스도인들은 자신들의 에너지를 보다 만족을 주고 보다 성공할 가능성이 커 보이는 영적 활동에 사용하고자 합니다.

어떤 것이 성공한 전도입니까? 전도를 받은 사람이 그리스도께 돌아오는 것입니까? 물론 우리는 그것을 원합니다. 그러나 그렇게 되는 것이 성공이라면, 복음을 들은 사람이 믿기를 거부할 때마다 우리가 실패한 것입니까? 젊은 부자 관원은 예수님의 말씀을 따르기를 거부했는데, 그러면 그때 예수님은 "실패한 전도자"였습니까? 결코 그렇지 않습니다. 우리가 예수님과 그분의 말씀을 전했는데 상대방이 믿지 않고 거부했을 때도 마찬가지입니다. 복음을 전했으면 곧 전도에서 성공한 것이라는 사실을 배울 필요가 있습니다. 우리는 영혼들을 구원하고자 하는 집념을 가져야 하고, 더 많은 사람들이 회개하여 주님께로 돌아오는 것을 보게 해달라고 눈물로 기도해야 하지만, 하나님만이 어떤 사람으로 하여금 믿게 하실 수 있습니다.

이 점에서 우리의 일은 우편 업무와 같습니다. 성공은 편지를 정확하게 배달했는가의 여부에 의해 가늠되지, 수취인의 반응에 의해 결정되는 것이 아닙니다. 복음을 나눌 때마다 우리는 성공했습니다. 결과에 상관없이 성경 말씀을 토대로 한 모든 전도는 성공적인 전도입니다.

성령께서 바로 전도를 위한 능력이 되십니다. 우리 안에 내주하시는 그 순간부터 전도할 수 있는 능력을 주시는 것입니다. 예수님께서 사도행전 1:8에서 이 사실을 강조하셨습니다. "오직 성령이 너희에게 임하시면 너희가 권능을 받고, 예루살렘과 온 유대와 사마리아와 땅 끝까지 이르러 내 증인이 되리라." 모든 그리스도인들이 전도할 수 있는 능력을 받았고, 그래서 전도해야 합니다. 당신이 전도할 수 있는 능력을 받았다는 증거는 당신의 변화된 삶입니다. 그리스도를 위해 당신의 삶을 변화시키실 수 있었던 성령께서 또한 당신으로 하여금 그리스도를 증거할 수 있게 하십니다. 그러므로 하나님께서 그분의 영으로 당신의 삶을 변화시키셨다면, 또한 사도행전 1:8에서 약속하신 능력도 주셨다는 것을 확신하십시오.

그러나 사도행전 1:8의 약속은 종종 오해되고 있습니다. 우리는 모두 예수 그리스도의 증인이 될 수 있는 권능 즉 능력을 받았으나, 모두 똑같은 방법으로 전도를 하도록 능력을 받은 것은 아닙니다. 당신은 자신의 개성, 기질, 영적 은사, 기회 등과 어울리는 방식으로 복음을 전할 수 있는 능력을 가지고 있다는 의미입니다.

증거할 능력을 주신다는 사도행전 1:8의 약속은 복음을 전할 때 당신의 삶과 말이 능력 있게 하신다는 의미이나, 반드시 당신이 이를 그때 느낄 수 있다는 말은 아닙니다. 다른 말로 하면, 성령께서는 당신이 전도할 때 능력 있게 전해지고 있다는 무슨 특별한 느낌이 없어도 당신의 증거에 능력을 부여하고 계시는 것입니다.

우리가 나누는 복음 그 자체가 또한 능력을 지니고 있습니다. 사도 바울은 로마서 1:16에서, "내가 복음을 부끄러워하지 아니하노니, 이 복음은 모든 믿는 자에게 구원을 주시는 하나님의 능력이 됨이라. 첫째는 유대인에게요 또한 헬라인에게로다"라고 말했습니다. 이 때문에, 복음의 내용을 십대 소녀에게서 듣든, 신학교에서 훈련 받고 박사 학위까지 지닌 전도자로부터 듣든, 혹은 C. S. 루이스와 같은 학자가 쓴 책에서 읽든, 간단한 전도지에서 읽든, 회심할 수 있는 것입니다. 다른 말들과는 달리, 하나님께서는 복음을 전하는 말에 능력으로 함께하십니다.

이 말은 복음이 무슨 마법의 지팡이와 같아서 그것을 불신자들 위에 흔들기만 하면 그것으로부터 하나님의 능력이 흘러나와 자동적으로 모두 회심케 한다는 의미는 아닙니다. 당신도 필경 나처럼 복음을 여러 번 들은 후에야 구원을 받게 되었을 것입니다. 그리고 여러 차례 복음을 들었는데도 아직도 거듭남을 경험하지 못한 사람들을 알고 있을 것입니다. 그들이 복음을 들을 때 하나님께서 믿음을 주셔야 합니다. 그러나 복음을 듣지 않은 사람에게 믿음을 주실 수는 없습니다. 그것이 로마서 10:17의 의미입니다. "그러므로 믿음은 들음에서 나며, 들음은 그리스도의 말씀으로 말미암았느니라."

복음을 전하는 것은 마치 천둥과 번개가 치는 날 사람들에게 피뢰침을 나누어 주는 것과 같습니다. 당신은 언제 그리고 누구에게 벼락이 칠지는 알지 못하나, 무엇에 벼락이 떨어질지는 압니다. 피뢰침에 떨어지는 것입니다. 복음을 들은 자를 피뢰침을 가진 자로 볼 수 있습니다. 하나님의 능력이 그 피뢰침을 때릴 때, 그는 하나님의 능력으로 채워지며, 믿을 수 있게 됩니다.

그러므로, 성실하게 그리고 끈기 있게 복음을 전하면 믿는 사람이 생긴다고 확신할 수 있습니다. 구원을 주시는 하나님의 능력은 복음이지 우리의 능변이나 설득력이 아닙니다. 하나님께서 복음을 통해 부르시기 위해 예비해 두신 자들이 있습니다(로마서 8:29-30, 10:17). 이 사실을 믿지 않는다면, 우리는 복음을 거부하는 사람들로 인해 낙담할 것이요, 이를 구실로 전도를 중단할 것입니다. 사람들을 하나님과 화목한 관계 가운데로 인도하는 능력은 복음의 메시지 안에 담겨 있습니다. 복음을 전하다 보면 반응을 보이는 사람들이 반드시 있습니다. 이를 확신해도 좋습니다.

또한 그리스도인의 삶을 신실하게 사는 사람들에게는 전도를 위한 능력이 있습니다. 이상하게 들릴지 모르나, 이 능력은 아내의 친정이 있는 아칸소 주 스프링데일의 북쪽에 있는 71번 고속도로변의 바베큐 식당을 예로 들어 설명할 수 있습니다. 이 식당의 최상의 광고는 눈이나 귀에 호소하는 전형적인 매체를 통한 것이 아닙니다. 코에 호소하는 것입니다. 양념이 잘 된 쇠고기와 돼지고기를 적당한 장소에서 구워 그 진한 향기가 4차선 고속도로에 흩날리게 하는 것입니다. 날마다, 차를 몰고 그리로 지나가는 사람은 배고픔을 느끼지 않던 사람이라도, 군침이 돌게 하는 그 매혹적인 향기 때문에 그 식당의 "메시지"에 이끌리게 됩니다.

바울은 이와 같은 경건한 삶의 능력에 대해 고린도후서 2:14-17에서 설명하고 있습니다. "항상 우리를 그리스도 안에서 이기게 하시고, 우리로 말미암아 각처에서 그리스도를 아는 냄새를 나타내시는 하나님께 감사하노라. 우리는 구원 얻는 자들에게나 망하는 자들에게나 하나님 앞에서 그리스도의 향기니, 이 사람에게는 사망으로 좇아 사망에 이르는 냄새요, 저 사람에게는 생명으로 좇아 생명에 이르는 냄새라. 누가 이것을 감당하리요. 우리는 수다한 사람과 같이 하나님의 말씀을 혼잡하게 하지 아니하고, 곧 순전함으로 하나님께 받은 것같이 하나님 앞에서와 그리스도 안에서 말하노라." 주님께서는 신실한 그리스도인의 삶(14-16절)과 말(17절)에 영적인 매력이라는 능력을 부어 주십니다. 그들의 삶의 매력은 복음의 메시지에 사람들을 이끌기 위해 하나님께서 사용하시는 향기로운 냄새가 됩니다.

하나님의 말씀대로 사는 사람이 증거할 때 가장 강력한 증거가 이루어집니다. 1980년대 중반 아내는 새 신자 두 명을 영적으로 돕기 위해 우리 집에서 부인 성경공부를 시작했습니다. 두 번째로 모이는 날, 그들은 친구라면서 자네트라는 여인을 데리고 왔는데, 그녀는 매사에 대해 아주 냉소적인 사람이었습니다. 후에 그 자신의 영적 순례에 대해 노래하면서, 그녀는 "섹스와 마약과 로큰롤이 나의 삼위일체였어요"라고 했습니다. 더구나 그녀의 사고는 집단 감수성 훈련이라는 것을 통해 더 혼돈에 빠져 있었습니다. 그러나 성경공부에 처음으로 참석한 바로 그날 저녁, 어떤 일이 일어나기 시작했습니다. 그것은 오랫동안 오직 자네트 자신만이 알고 있었습니다. 여러 달 후, 그녀는 자신이 처음 참석했을 때부터, 아내의 그리스도인의 삶(특히 가정에서의 삶)으로부터 풍겨 오는 향기, 그리고 성경공부에서 하나님의 말씀이라는 고기에서 풍겨 오는 향기로 인해 좀더 맛을 보고 싶어졌다고 했습니다. 자네트는 참석자들을 그토록 아름답게 변화시킨 향기로운 메시지를 실컷 맛보고 싶었습니다. 오늘날 자네트는 "구원 얻는 자들에게나 망하는 자들에게나 하나님 앞에서 그리스도의 향기," 그리고 신선하고 살아 있는 향기가 되었습니다.

성령과 거룩한 말씀 그 자체로 인해 전도는 능력이 있습니다.

전도는 훈련이다

전도는 그리스도인의 삶에서 자연스럽게 이루어지는 것입니다. 진정한 그리스도인이라면 주님께서 우리를 위해 무엇을 해주셨는지, 그리고 우리에게 원하시는 바가 무엇인지를 다른 사람에게 말해 주고 싶어할 것입니다. 그러나 전도는 또한 이를 위해 자신을 훈련시켜야 한다는 점에서 보면 영적 훈련입니다. 전도 기회가 저절로 생길 때까지 그저 기다리기만 해서는 안 됩니다.

예수님께서는 마태복음 5:16에서 "이같이 너희 빛을 사람 앞에 비춰게 하여 저희로 너희 착한 행실을 보고 하늘에 계신 너희 아버지께 영광을 돌리게 하라"고 하셨습니다. "너희 빛을 다른 사람들 앞에 비춰게 하라"는 것은 단지 "너희 빛을 비취지 못하게 만드는 것을 하지 말라"는 것 그 이상입니다. 주님의 말씀은 "너희 삶에서 빛나는, 선행이라는 빛이 있게 하라. 하나님을 영화롭게 하는 변화의 증거가 있게 함으로, 그것이 빛을 발하게 하라. 빛을 발하기 시작하라! 이를 위해 훈련하라!"라는 의미로 생각해 보십시오.

왜 우리는 보다 적극적으로 증거하지 않습니까? 어떤 이들은 많은 그리스도인들이 믿음을 나누기 위한 훈련이 제대로 되어 있지 않아서 그렇다고 합니다. 일리는 있습니다. 복음을 전할 때 필요한 구체적이고 세부적인 사항들에 대해 훈련을 받는 것은 가치 있는 일입니다. 그러나 요한복음 9:25에 나오는, 예수님께서 고쳐 주신 소경에 대해 다시 생각해 보건대, 우리가 증거를 하지 않는 것을 훈련 부족 탓으로만 돌릴 수 없다는 것은 분명합니다. 비록 예수님을 믿은 지 몇 분 또는 길어야 몇 시간 정도밖에 되지 않았고, 전혀 전도 훈련을 받지 않은 게 분명하지만, 그 소경은 예수님께서 자신을 위해 해주신 것을 다른 사람들에게 기꺼이 나누었습니다. "한 가지 아는 것은 내가 소경으로 있다가 지금 보는 그것이니이다!" 하물며, 성경적인 설교를 들어 왔고, 성경공부에 참석해 왔으며, 얼마라도 성경 말씀과 신앙 서적을 읽은 적이 있는 사람이라면, 적어도 다른 누군가에게 기독교의 기본 메시지를 전할 수 있을 정도는 될 것입니다. 우리 자신이 회심할 정도로 복음을 이해했다면, 어떻게 회심하는지에 대해 다른 사람에게 말해 줄 수 있을 정도로는 이해하고 있는 셈입니다. 혹 예수님을 믿는 데 대해 그 외에는 아무것도 모를지라도.

공통적인 문제는 시간이 없다는 것입니다. 직장일, 가정일, 그리고 교회 책임들로 인해 단지 "전도하러 나갈" 충분한 시간이 없습니다. 이 사유를 받아들이기 전에 다음과 같은 질문을 던져 봅시다. 정말 너무 바빠서 불신자들을 제자로 삼으라는 예수 그리스도의 지상사명(마태복음 28:19-20)을 이행할 수 없다는 말입니까? 심판 때, "저는 시간이 없었어요"라고 말한다고 합시다. 그렇게 하면, 우리에게 주신 가장 중요한 책임을 이행하지 않은 것을 예수님께서 용납하시겠습니까?

많은 시간을 들여야 하는 우리 책임들의 대부분, 혹은 전부가 하나님께서 주신 것들이라고 가정합시다. 그리고, 논의를 위해, 정기적인 활동은 하나도 더 첨가할 수 없을 정도로 일정표가 꽉 차 있다고 합시다. 비록 하나님께서 그 모든 활동들을 주셨더라도, 하나님은 또한 지상사명을 주신 분이며, 그래서 믿지 않는 이들에게 복음을 전하기 원하십니다. 주님께서 어떤 상황으로 인도하셨든, 아무리 어려운 상황일지라도, 거기서 지상사명을 수행하기 위해 최선을 다해야 합니다. "주의 교양과 훈계로"(에베소서 6:4) 자녀들을 양육하는 것도 지상사명을 이행하는 한 가지 방법입니다. 교회나 선교 기관이나 선교사들을 재정적으로 지원하는 것은 또 다른 방법입니다. 하지만, 주위의 불신자들에 대해서는 어떻게 해야 합니까? 교회에서 당신 같은 평신도를 빼면 전도를 감당할 사람이 있겠습니까?

전도를 하기 위해 훈련을 하지 않는 것이 주요인이 아닙니까? 하나님께서 예기치 않게 "우리 속에 있는 소망에 관한 이유를 묻는 자"(베드로전서 3:15)를 보내 주사 전도하게 하실 때가 있기는 합니다. 그러나 전도를 영적 훈련으로 삼아야 할 이유가 있다고 생각합니다.

목사로서 나는 하루 24시간, 일주일에 이레를 그리스도인들과 함께 보내고도 일을 다 끝내지 못할 수도 있습니다. 설교 준비를 하고, 상담을 해주고, 이런 저런 회의에 참석하고, 성경공부를 인도하고, 병환 중에 있는 교인들을 심방하고, 기타 이와 같은 일들 하느라 나는 모든 시간을 그리스도인들과만 함께 보낼 수도 있습니다 (물론 전도 집회에서 말씀을 전하거나 불신자들이 개인적으로 나를 만나기를 요청하는 경우는 예외입니다). 그렇게 하고도 믿는 자들을 위해 내게 주어진 하나님의 일을 결코 다 행하지 못하기 때문에, 불신자들과 개인적으로 접촉하지 않는 것에 대해 누구보다도 더 쉽게 "합리화"할 수 있습니다. 그러나 불신자들과 함께하지 않는다면, 내가 개인적인 전도를 할 가능성이 얼마나 될까요? 0%입니다. 믿지 않는 사람들에게 복음을 전하는 것이 목사로서 내 직무의 한 부분일 때를 제외하고는 언제 전도를 하겠습니까? 결코 하지 않을 것입니다. 옳은 일일 수가 없습니다.

자기 자녀들이나 교회 친구들 외에는 함께하는 일이 없는 그리스도인 주부도 같은 처지에 있습니다.

웃으면서 "나하고는 거리가 먼 이야기입니다! 하루 종일 나는 직장에서 당신이 생각할 수 있는 가장 세상적인 사람들에 둘러싸여 지냅니다"라고 하는 사람도 있을 것입니다. 하지만, 직장 동료들에게 복음을 전합니까? 직장에 있을 동안 그들에게 복음을 나누지 않는다면, 언제 나누겠습니까? 중요한 것은 당신이 얼마나 많은 불신자들과 접하고 있느냐 하는 것이 아니고, 얼마 자주 복음을 전할 수 있는 적절한 기회를 갖고 있느냐 하는 것입니다. 하루 종일 업무와 관련된 많은 대화를 나누겠지만, 당신은 얼마나 자주 동료와 영적인 문제에 대해 의미 깊은 대화를 나눕니까? 만약 그리스도에 대해 이야기할 기회를 도무지 갖지 않는다면, 당신 주위에 얼마나 많은 불신자들이 있는지는 중요하지 않으며, 당신의 전도 가능성은 나의 경우보다 결코 더 크지 않을 것입니다.

그렇기 때문에 전도는 영적 훈련이라고 생각합니다. 전도를 위해 훈련하지 않으면, 전도를 하지 않을 가능성이 참으로 큽니다.

골로새서 4:5-6에서 언급하고 있는바 훈련된 사고와 계획적인 삶은 전도를 위한 것임을 주목해 보십시오. "외인을 향하여서는 지혜로 행하여 세월을 아끼라. 너희 말을 항상 은혜 가운데서 소금으로 고루게 함같이 하라. 그러면 각 사람에게 마땅히 대답할 것을 알리라." 우리는 외인들 즉 불신자들과 대화를 할 때마다 전도에 대해 생각해야 합니다. 세월을 아껴야 합니다. 사람들에게 개인적으로 전도를 하려면 깊은 생각과 준비가 필요합니다. 이러한 원리들은 증거 기회가 많은 만큼이나 여러 가지로 구체적으로 적용될 수 있습니다. 그러나 일반적으로 이러한 원리들은, 전도는 기회가 저절로 생기는 경우도 있지만, 또한 기회를 만들기 위한 훈련이 필요하다는 생각을 뒷받침합니다.

나의 경우에는, 그것은 불신자들과 함께하기 위해 나 자신을 훈련하는 것을 의미합니다. 때때로 우리 부부는 그리스도를 모르는 이웃들과 식사를 함께하기 위한 계획을 세웁니다. 새로 이사온 가정에 음식을 보내거나 집들이 선물을 하며, 그들을 알아 가기 위해 시간을 들입니다. 우리 교회에서 갖는 사교적인 모임에서 비록 그리스도인들과 더 공통 주제가 많으며, 그들과의 대화로부터 더 많은 것을 얻기는 하지만, 나는 외인들에게 초점을 맞추려고 노력합니다. 열쇠가 되는 것은 단지 그들과 어깨를 스치는 것이 아니라, 대화를 통해 그들이 복음에 마음을 열 수 있도록 돕는 것입니다.

전도에서 훈련하려면, 또한 정기적으로 이웃 사람들이나 직장 동료들과 개인적으로 만나 함께 점심 식사를 하며, 그들의 삶에 대해 관심을 나타내며, 적절한 질문을 하는 것을 필요로 할 것입니다. 비슷한 기회들은 회사에서 주최하는 체육 행사나 사교적인 행사에서 생길 수도 있고, 동료와 함께 출장을 다닐 때 함께 갖게 되는 격식 없는 시간 중에도 생길 수 있습니다. 대화와 잘 경청하는 것을 통해, 당신은 그들의 필요를 발견하게 될 것이며, 잘 된다면, 그들의 가장 깊은 필요인 그리스도의 필요성에 대해서 대화를 나눌 수 있게 될 것입니다.

자주 만나는 사람이든, 처음으로 만나는 사람이든, 영적인 대화로 이끄는 좋은 방법 한 가지를 경험을 통해 배우게 되었습니다. 그것은 바로 그를 위해 무엇을 기도해 주면 좋겠는지 물어 보는 것입니다. 그리스도인들과는 달리 대부분의 불신자들은 자신들을 위해 기도해 주는 사람이 별로 없습니다. 불신자들은 신기하기도 한 이러한 관심의 표현에 큰 감명을 받는 것을 보았습니다. 7년이 넘게 이웃에서 산 사람이 있는데, 나는 그와 하나님에 대해 이야기하고자 해봤으나 잘 되지 않았습니다. 그러나 내가 그를 위해 자주 기도하고 있으며, 어떻게 하면 좀더 구체적으로 기도해 줄 수 있겠는지 알고 싶다고 말하자, 그는 내가 전혀 짐작할 수 없었던 가족 문제들을 털어놓았습니다. 특별 예배에서 기도해 주기 위해 이웃집들을 방문하며 그들의 필요를 물어 본 적이 있습니다. 거의 모든 가정에서, 나는 사람들의 호의적인 반응을 보고, 그리고 영적인 문제들에 대해 그들의 마음이 열리는 것을 보고 놀라지 않을 수 없었습니다.

핵심은 그러한 일이 일어나도록 우리 자신을 훈련해야 한다는 것입니다. 그런 일이 저절로 일어나지는 않습니다. 이웃에게 당신이 무엇을 기도해 줄 수 있을지, 혹은 언제 함께 식사를 할 수 있을지 묻기 위해서는, 당신 자신을 훈련해야 할 것입니다. 휴식 시간에 직장 동료들과 함께하기 위해서도 훈련해야 합니다. 그러한 전도 기회가 저절로 생길 때까지 기다리지 마십시오. 세상과 육신과 마귀는 그런 기회가 생기지 않도록 안간힘을 쓸 것입니다. 그러나 당신은 막강한 성령의 능력으로 덧입고 복음의 이러한 대적들을 이길 수 있습니다.

앞에서 언급했듯이, 전도 훈련을 해야 한다는 것이 모두 똑같은 방법으로 복음을 나누어야 한다는 말은 아닙니다. 이 장을 통해 당신은 두려워 보이는 전도 방법을 접하기도 했을 것입니다. 그러나 그러한 전도 방식이 반드시 당신에게도 최선인 것은 아닙니다.

사도 베드로는 모든 영적 은사들을 섬기는 은사와 말하는 은사, 이 두 가지의 넓은 범주로 나누었습니다(베드로전서 4:10-11). 어떤 이들은 섬김을 통해, 어떤 이들은 말하는 것을 통해 더 전도의 기회를 잘 얻습니다. 복음 전파를 위한 섬김은 식사를 대접하며 초대 손님들 앞에서 복음의 진리대로 행하는 것을 수반할 것입니다. 그들이 당신의 가정과 가정 생활에서 자신들과 다른 점들을 발견함에 따라, 즉시 혹은 언젠가는 말로 복음을 전할 수 있는 기회가 생길 것입니다. 어쩌면 배우자가 믿음을 나누기 위한 기회를 마련하도록 돕기 위해 당신이 식사를 준비하거나 햄버거를 구워야 할지도 모릅니다. 어느 가정이든 대개 6개월에 한 번 정도는 "큰 일"을 치르게 된다는 말이 있습니다. 질병, 실직, 경제적 곤경, 출생이나 사망 등이 있을 때, 그러한 가정을 위해 예수님을 닮은 종이 되어 주는 것은, 흔히 당신의 믿음의 참 모습이 드러나게 하여 그들의 관심을 유발합니다. 섬기는 것을 통해, 당신은 전도에 도움이 되는 책자를 선물하거나 보다 창의적인 방법으로 지상사명을 수행할 수 있는 기회를 얻게 될 것입니다.

7년 동안 우리 교회의 교인들은 가정 전도 모임들을 주최해 왔습니다. 그들은 이웃 사람들이나 직장 동료들 또는 친구들을 집으로 초대하는데, 이는 한 사람이 예수 그리스도에 대해 이야기해 주며, 기독교 신앙과 성경에 대한 그들의 질문에 답하기 위함입니다. 주최자측은 복음을 분명하게 전할 수 있는 능력, 특히 그룹으로 모인 사람들에게 전할 수 있는 능력에 대해 자신이 없을 수도 있습니다. 그러나 접대를 통해 섬김으로써, 복음을 말로 전하는 것이 강점인 사람이 전도를 할 수 있도록 기회를 제공하고 있는 것입니다. 자신들의 가정을 개방하고 다른 그리스도인들과 협동함으로 귀한 복음 전파가 이루어집니다. 그러나 전도를 위한 이러한 섬김도 다른 여느 것과 마찬가지로 훈련을 필요로 합니다. 날을 잡으며, 사람들을 초대하며, 음식을 요리하며, 모이는 것을 위해 기도하는 것 등을 위한 훈련이 필요한 것입니다. 그러한 훈련이 없으면, 전도를 위한 섬김이 결코 이루어지지 않습니다.

다른 한편, 복음을 직접적으로 말로 전하는 데 숙달된 사람들도 있습니다. 이미 지적한 대로, 만약 당신은 섬기는 것보다는 말로 전하는 데 더 숙달되어 있다면, 전도를 위해 섬기는 것을 잘하는 사람과 함께 일할 수 있을 것이며, 그때 당신은 이전보다 증거의 기회를 더 많이 갖게 될 것입니다. 그러나, 섬기는 자들은 복음을 스스로 말로 전하기 위한 기회를 만들기 위해 섬길 필요가 있듯이, 말로 전하는 것이 강점인 사람들도 말로 전할 기회를 가질 수 있도록 더 많이 섬기기 위해 훈련할 필요가 있습니다. 한 마디로, 말로 복음을 잘 전하는 사람들은 이를 위한 기회를 얻기 위해 섬길 필요가 있으며, 전도를 위해 섬기는 사람들은 결국은 말로 복음을 전해야 합니다. 전도에 대해 아무리 수줍음을 느끼고 서툴게 느껴질지라도, 이에 상관없이 우리는 복음을 말로 전할 수 없다고, 혹은 전하지 않겠다고 생각해서는 안 됩니다.

어떤 사람이 미국 북서부 지방의 어느 도시에서 열린 전도 집회에서 예수님을 믿게 되었습니다. 이 사실을 자기의 고용주인 사장에게 이야기했더니, 그 사장은 "그것 참 잘되었군! 나는 그리스도인이고, 오랫동안 자네를 위해 기도해 왔었다네!"라고 했습니다.

그러자 그 새신자는 실망하는 눈치였습니다. 그는 "왜 제게는 그 사실을 한 번도 말씀해 주지 않으셨습니까?"라고 물었습니다. "오늘날까지 오랫동안 저는 바로 사장님 때문에 복음에 관심을 갖지 않았습니다."

사장은 의아했습니다. "어찌 그런 일이? 나는 자네 앞에서 그리스도인다운 삶을 살려고 최선을 다해 왔다네."

그는 "바로 그 점 때문입니다. 사장님은 그런 훌륭한 삶을 살 수 있는 것이 예수님 때문이라고 말해 주지는 않았기 때문에, 저는 사장님께서 예수님 없이도 그런 훌륭하고 행복한 삶을 사실 수 있다면 저 또한 예수님을 믿지 않아도 그런 삶을 살 수 있을 것이라고 믿게 되었지요"라고 하는 것이었습니다.

성경은 고린도전서 1:21에서 "하나님께서 전도의 미련한 것으로 믿는 자들을 구원하시기를 기뻐하셨도다"라고 말하고 있습니다. 어떤 사람이 복음에 문을 열도록 하기 위해 하나님께서 사용하시는 것은, 십자가의 메시지를 삶으로 보여 주는 것입니다. 그러나, 복음을 믿어 구원 얻도록 하기 위해 사용하시는 것은, 십자가의 메시지를 말이나 글로 선포하는 것입니다. 아무리 복음의 메시지대로 산다고 해도(물론 그렇게 살아야 하며, 그렇지 않으면 사람들이 복음을 받아들이는 것을 방해할 것입니다), 복음의 내용을 말로 전해야만 사람들이 예수님께로 돌아옵니다.

이 단락을 마무리하기에 앞서, 나는 전도라는 훈련에는 또한 선교를 지원하는 것도 포함된다는 것을 강조하고자 합니다. 주위에 있는 사람들에게 복음을 전하기 위해 자신을 훈련해야 하는 것과 같은 이유에서, 멀리 떨어진 곳에서 지상사명을 수행하고 있는 사람들을 돕기 위해서도 훈련해야 합니다. 그들을 위해 헌금과 기도와 서신 교환을 하며, 하나님께서 부르시면 우리도 기꺼이 가는 것은(또는 우리 자녀들을 보내는 것은) 진정 예수님께서 원하시는 바입니다.

추가 적용

하나님께서 당신이 전도하기 원하시므로, 당신은 주님께 순종하여 증거의 삶을 살겠습니까? 물론, 어떤 의미에서 모든 그리스도인은 언제나 주님을 증거하고 있습니다. 말과 삶을 통하여, 좋게든 나쁘게든, 우리는 매순간 예수 그리스도를 증거하고 있습니다. 그러나 나는 지금 **의도적으로** 증거하는 것에 대해 이야기하고 있습니다.

당신은 기꺼이 예수 그리스도께 순종하여 의도적으로 증거하기 시작하겠습니까? 의도적인 전도는 당신의 영적 은사, 재능, 개성, 일정, 가족 상황, 거주지 등을 참작하여 이루어집니다. 그러나 이 모든 것들을 고려는 하되, 모든 그리스도인들은 주 예수님에 대한 메시지를 전파하기 위한 길을 모색하지 않는 것이 죄라는 것을 알아야 합니다.

이 장을 썼고 그리고 몇몇 경험들을 나누었다고 해서 내가 전도의 거장일 것으로 생각하지는 마십시오. 부끄럽게도, 그리스도에 대해 말했어야 하는데도 두려워 아무 말도 하지 못한 경우가 많이 있었다는 것을 고백합니다. 그러나 전도를 위해 우리를 훈련한다면, 전도에 실패하거나 종종 전도를 하지 않는 데 대한 장기간의 해결책을 찾을 수 있다고 믿습니다.

전도는 능력이 있기 때문에, 당신은 하나님께서 다른 사람들을

구원하시는 데 당신의 말을 사용하실 수 있다고 믿겠습니까? 하나님께서는 복음을 전하는 말을 축복하십니다. 신약성경에서, 사람들을 회심시키는 데 하나님께서 사용하신 것은 주 예수님의 말씀, 베드로의 말, 그리고 바울의 말이었으며, 하나님께서는 오늘날도 여전히 그러한 말을 사용하십니다. 하나님의 능력 있는 복음을 전하는 말일 경우 하나님께서는 당신의 말을 축복하실 것입니다.

설득력이나, 모든 반대 의견에 대답하기 위한 능력에 대해 자신이 없어서 전도를 두려워하는 사람들이 있습니다. 그러나 전도의 능력은 우리 자신의 능력에 달려 있는 것이 아니며, 복음에 있습니다. 당신은 어쩌면 자신의 입술로 전해지는 예수님의 메시지를 듣고 불신자가 실제로 거듭난다는 것은 상상조차 해본 적이 없을지도 모릅니다. 그것은 겸손이 아닙니다. 그것은 믿음이 없는 것이며, 단지 당신이 복음을 전하기만 하면 하나님께서 그 복음에 축복하신다는 사실을 부인하는 것입니다. 그리스도에 대해 이야기할 때 당신의 말을 통해 역사하시는 하나님의 능력을 의심하지 마십시오.

천로역정을 쓴 존 번연은 양지 바른 대문간에 앉아서 영적인 것에 대해 이야기를 나누고 있던 몇몇 가난한 여인들의 대화를 듣게 된 것이 자신이 그리스도께로 돌아오는 데 결정적인 역할을 했다고 평생 동안 이야기하곤 했습니다. 주님께서 한 사람의 회심을 위한 촉진제로 당신의 말을 사용하실 수 있음을 믿으십시오.

나는 많은 그리스도인들이 복음을 전하기 원하나 자신들의 삶 가운데 있는 만성적이고 뻔한 죄 때문에 전도를 하는 것이 모순인 것 같아 전도를 하지 않고 있다고 생각합니다. "내가 상사의 화를 그렇게도 자주 돋구는데 어떻게 그에게 전도를 할 수가 있겠어?" 또는 "우리 이웃이 내가 아이들에게 고함을 치는 것을 본 이상 나는 결코 그에게 그리스도의 능력에 대해 이야기할 수가 없어"와 같이 생각하는 것입니다.

만약 하나님께서 이러한 사람들 – 우리와 같은 사람들 – 을 그분의 증인으로 사용하시지 않는다면 사용할 만한 사람이 없을 것입니다. 완벽한 사람이 없기 때문에, 완벽한 증인은 없습니다. 그러나 이 사실이 우리가 삶에서 그리스도를 닮아 갈수록 그분에 대한 우리의 증거가 더 설득력을 가질 것이라는 사실을 변화시키지는 않습니다. 우리의 말을 모순되게 보이게 하는 어떤 죄라도 제거하기 위해 최선을 다할 필요가 있습니다. 그러나 그렇게 하는 동안에도, 우리는 죄 없는 온전한 수준에 도달할 때까지 증거하는 일을 지체해서는 안 된다는 점을 굳게 믿어야 합니다. 그렇지 않으면, 우리는 결코 복음을 전하지 않게 될 것입니다! 우리의 메시지가 아름다운 것은, 하나님께서는 죄인들, 우리와 같은 죄인들을 구원하신다는 것입니다. 사실, 성령께서는, 우리가 죄를 지은 것을 구세주에 대해 이야기할 수 있는 기회로 바꾸실 수도 있습니다.

나는 자신의 죄를 목격했거나 자신의 죄로 인해 피해를 본 사람들에게 돌아와 그 죄를 고하고 용서를 구함으로 능력 있는 증거를 할 수 있었던 그리스도인들을 알고 있습니다. 그렇게 하는 것은 변화된 삶의 증거이며, 불신자들의 관심을 끕니다. 그 상사는 자신을 화나게 했던 수많은 사람들을 알고 있으며, 그 이웃은 자녀들에게 소리를 지르는 여인들을 많이 보아 왔는데, 당신이 겸손히 그것이 잘못임을 시인할 때 다른 사람들과는 달라 보이는 것입니다. 핵심을 파악했습니까? 언행이 일치하는, 그리스도를 닮은 삶을 사는 것은 전도를 능력 있게 하나, 그리스도인답지 않은 삶에서 그리스도인답게 돌아서는 것 또한 당신의 증거를 힘있게 합니다. 당신의 실패와 약점들을 통해 그리스도께서 강해지실 수 있습니다.

전도는 훈련이기 때문에, 당신은 이를 위한 계획을 세우겠습니까? 전도의 책임에 대해 스펄전은 다음과 같이 말했습니다.

결코 영혼들을 주님께로 인도하지 못한다면, 나는 그렇게 할 수 있을 때까지 탄식하게 될 것입니다. 내가 그들의 마음을 깨뜨리지 못하면 그들로 인해 나의 마음이 찢어질 것입니다. 열심히 씨를 뿌리고도 결코 거두지 못하게 될 가능성은 이해할 수 있으나, 열심히 씨를 뿌리는 자가 거두지 않아도 만족할 가능성은 이해할 수 없습니다. 나는 영혼들을 얻고자 시도하는 그리스도인들이 성과를 얻지 못하고, 그리고 성과가 없이도 만족하는 것은 이해할 수가 없습니다.

만약 당신이 그리스도를 위하여 영혼들을 추수하는 것이 만족스럽지 못하다면, 씨뿌리기를 보다 더 훈련하기 위해 계획을 세우겠습니까? 날을 정하여 하루를 온전히 전도에 들이는 것은 어떻습니까? 직장 동료나 이웃 사람과 함께 점심 식사를 하겠습니까? 전도를 위한 모임을 가정에서 갖는 것은 어떻습니까? 선물로 줄 전도용 책자들은 어디서 구할 수 있습니까? 누구에게 기도해 달라고 요청할 수 있습니까? 가까운 장래에 의도적 전도 방법들 가운데 적어도 하나를 열심히 실행해 보겠습니까?

다음은 조셉 클라크 박사가 고린도전서 13장을 풀어쓴 것입니다.

내가 비록 학자의 혀로 말하고, 널리 인정된 교육 방법을 사용할지라도, 다른 사람들을 그리스도께로 인도하는 데 실패하거나, 그들을 그리스도를 닮은 성품에서 세워 주는 데 실패한다면, 나는 시리아 사막의 바람 소리와 같아지고, 비록 내가 가장 좋은 방법들을 알고 있고, 종교 심리학의 신비한 것들을 다 이해하며, 그리고 성경 지식을 풍부하게 가지고 있을지라도, 다른 사람들을 그리스도께로 인도하는 일에 몰두하고 있지 않다면, 나는 바다 위에 떠 있는 안개구름처럼 될 것이요, 비록 내가 주일학교에 관한 모든 책을 읽고, 주일학교의 대표자 회의와 강습회와 여름학교에 참석할지라도, 영혼들을 그리스도께로 이끌고 다른 사람들을 그리스도의 성품과 봉사 안에 세우는 것보다 못한 것으로 만족한다면, 그것은 아무 유익이 없느니라.

영혼을 얻는 종, 인격을 계발해 주는 종은 오래 참고, 온유하며, 자신과 같은 임무로부터 자유로운 다른 사람들을 시기하지 아니하며, 뽐내지 아니하며, 지적 교만으로 우쭐대지 아니하며, 그러한 종은 일요일과 다음 일요일 사이에 종답지 않은 행동을 하지 아니하며, 자신의 안락을 구치 아니하며, 쉽게 화를 내지 아니하며, 모든 것을 참으며, 모든 것을 믿으며, 모든 것을 바라느니라.

그러므로 이제, 지식, 방법, 그리고 메시지, 이 세 가지가 항상 있을 것인데, 그중에 제일은 메시지라.

그리스도를 닮아 갈수록, 우리는 그리스도와 그분의 메시지에 대해 더 많이 말하게 될 것입니다. 그러나 이를 행하기 위해서는 자신을 훈련해야 합니다. 우리도 바울처럼 "내가 복음을 위하여 모든 것을 행함은 복음에 참예하고자 함이라"(고린도전서 9:23)라고 말할 수 있도록 전도하는 삶을 훈련하도록 합시다.

제 7 장

섬 김

> 영적 훈련들을 세상으로부터의 분리와
> 격리를 위한 구실로 삼아서는 안 된다.
> 오히려 세상을 정복하기 위한 수단이 되어야 한다.
> 세상을 거부하는 것이 아니라 세상에서 섬기는 것,
> 이것이 성경에서 보여 주고 있는 영적 훈련의 목적이다.
>
> 도널드 G. 블로쉬

1세기 이상이 흘렀습니다. 그럼에도, 만약 TV 광고가 없다면, 아마도 페더럴 익스프레스보다는 포니 익스프레스에 대해 들어 본 사람이 더 많을 것입니다.

포니 익스프레스는 속달 우편물을 취급하는 개인 회사였는데, 말을 탄 사람들의 조직적인 릴레이를 통해 우편물을 운반했습니다. 동쪽의 종점은 미주리 주의 세인트조셉이었고, 서쪽 종점은 캘리포니아 주의 새크라멘토였습니다. 우편료는 온스당 2.50 달러였습니다. 날씨와 말에 아무 문제가 없고, 인디언들의 방해가 없으면, 편지는 2,000마일의 거리에 있는 종점에 단 10일 만에 신속하게 배달되었습니다. 링컨의 대통령 취임사에 대한 기사는 그런 식으로 전해졌습니다.

그 포니 익스프레스가 1860년 4월 3일부터 1861년 11월 18일까지 겨우 17개월 정도밖에 운영되지 않았다는 것이 이상하게 여겨질지 모르겠습니다. 이는 그 두 도시 사이에 전신이 개통되어 그러한 서비스가 더 이상 필요하지 않았기 때문입니다.

포니 익스프레스의 업무를 위해 말을 타는 것은 참으로 고된 일이었습니다. 말을 타고 하루에 75~100마일을 가야 하고, 15~25마일마다 말을 갈아타야 했습니다. 우편물 외에 당신이 지니고 있는 짐꾸러미에는 양식이 들어 있었는데, 밀가루, 옥수수 가루, 그리고 베이컨을 포함하고 있었습니다. 위험에 대비하여, 당신은 또한 테레빈유, 붕사, 주석(酒石) 크림으로 이루어진 응급 치료 세트를 휴대하고 있었습니다. 몸을 가볍게 하고 인디언이 공격해 올 때 달리기가 쉽도록 그 사람들은 언제나 셔츠 바람으로 말을 탔습니다. 심지어는 살을 에는 듯한 겨울 날씨에도 그렇게 했습니다.

이렇게 위험스러운 일을 위해 당신은 어떻게 지원자를 모집하겠습니까? 1860년 샌프란시스코의 한 신문에는 다음과 같은 포니 익스프레스사의 구인 광고가 실렸습니다. "사람 구함. 18세 이하의 패기 넘치고, 날씬하고, 강인한 사람. 날마다 위험을 무릅쓰기를 자원하는 사람. 말을 잘 타야 함. 고아 우대."

이것이 그 업무가 요구하는 조건이었지만, 포니 익스프레스는 말 타는 사람이 부족한 적이 한 번도 없었습니다.

우리는 하나님을 섬기는 훈련에 대해서도 솔직할 필요가 있습니다. 포니 익스프레스처럼, 하나님을 섬기는 것도 일시적인 흥미거리로 해볼 만한 일은 아닙니다. 그것은 대가를 치러야 하는 일입니다. 하나님은 당신의 생명을 요구하십니다. 하나님께서는 그분을 섬기는 것을 소일거리가 아니라 우선 순위로 삼기를 요구하시며, 주님께 자기 삶의 남는 부분이나 드릴 종들을 원치 않으십니다. 하나님을 섬기는 것은 또한 단기간의 책임도 아닙니다. 포니 익스프레스와는 달리, 하나님의 나라는 인간의 기술이 아무리 발달해도 결코 파산하여 문을 닫는 일이 없습니다.

우리가 포니 익스프레스에 대해 머리 속으로 그려 보는 그림은 아마도 포니 익스프레스의 신문 구직 광고를 본 1860년의 젊은이들이 상상했던 것과 많이 유사할 것입니다. 입사 시험에 응시하기 위해 그 회사를 향해 뽐내며 걸어갈 때, 그들의 머리 속은 흥분과 서로간의 동지애가 넘치는 장면들, 그리고 모험에 따른 스릴에 대한 생각으로 가득 찼을 것입니다. 그러나 그러한 흥분은, 길고 고되고 고독한 일과 가운데 어쩌다 한 번씩 있는 것에 불과하다는 것을 머리 속에 그린 사람은 많지 않았을 것입니다.

섬김이라는 훈련도 그러합니다. 비록 그리스도께서 불러 주신 섬기는 삶은 생을 살아가는 가장 영적이고 숭고하고 고상한 방법이나, 그것은 다른 사람들의 발을 씻겨 주는 것만큼이나 시시한 일입니다. 리처드 포스터는 이에 대해 다음과 같이 말했습니다. "어떤 면에서 우리는 복음을 위하여 아버지와 어머니와 집과 기타 소유를 버리라는 예수님의 말씀을 발을 씻기라는 말씀보다 더 선호할 것입니다. 철저한 자기 부인은 모험의 느낌을 갖게 합니다. 만약 모든 것을 버린다면, 우리는 영광스러운 순교의 가능성도 있습니다. 그러나 섬기는 일을 위해서는, 우리는 세속적이고, 평범하고, 하잘것없는 사람들에게로 나아가야 합니다."

섬기는 일은 설교를 하거나 가르치는 것처럼 사람들 앞에서 행해지는 경우도 있지만, 아기를 돌보는 것과 같이 보이지 않는 곳에서 이루어지는 경우가 더 많습니다. 섬기는 것은 회중들 앞에서 독창을 하는 것처럼 사람들의 주목을 받기도 하지만, 대개는 그 독창이 잘 들리도록 음향 기기를 조작하는 것과 같이 주목을 받지 않습니다. 섬기는 것은 예배 시간에 좋은 간증을 하는 것과 같이 고맙다는 인사를 받기도 하나, 대개는 교회의 친교 모임 후에 접시를 닦는 것처럼 생색이 나지 않습니다. 대부분의 섬김은, 그것이 매력적으로 보이는 것마저도, 빙산과 같아서, 하나님의 눈만이 그것의 더 큰 부분, 감추어진 부분을 볼 수 있습니다.

교회 밖에서는, 섬김은 이웃 사람들을 위해 아기를 봐주는 것, 어려움을 겪고 있는 가정을 위해 음식을 제공하는 것, 거동이 불편한 사람을 위해 심부름을 해주는 것, 차가 고장난 사람을 위해 짐을 날라 주는 것, 휴가를 떠난 사람을 위해 애완 동물에게 먹이를 주고 화초에 물을 주는 것, 그리고 가장 어려운 것으로서, 집에서 종의 마음을 가지고 가족들을 섬기는 것입니다. 섬기는 일은 채워 주어야 할 필요의 가지 수만큼이나 흔한 것입니다.

이 때문에 섬김은 영적 훈련이 됩니다. 우리의 육신적인 마음은, 섬기는 일이 잘 드러나지 않아 사람들이 알아주는 것이 아니며 또 단조롭기 때문에 싫어합니다. 우리의 죄들 가운데 특히 나태와 교만이라는 죄가 섬김을 아주 혐오합니다. 그런 죄들은 우리의 눈을 흐리게 하여 섬길 수 있는 기회를 보지 못하게 하고, 우리의 손발을 묶어 마땅한 수준으로 혹은 심지어 원하는 수준으로 섬기지 못하게 합니다. 그리스도와 그리스도의 나라를 위해(그리고 경건한 삶을 위해), 우리는 섬기는 삶을 훈련해야 합니다. 그렇지 않으면, 단지 가끔씩만, 혹은 섬기는 것이 쉽거나 우리에게 도움이 될 때만 섬기게 될 것입니다. 그렇게 되면, 주님 앞에서 회계하는 날이 왔을 때, 우리의 섬기는 삶의 질과 양에 대해 후회하게 될 것입니다.

댈러스 윌러드는 모든 섬김이 다 훈련된 섬김은 아닐 것이며, 또 반드시 훈련된 섬김이어야 하는 것도 아니라고 했는데, 이는 옳은 말입니다. 그러나, 그리스도를 닮기 위해 자신을 훈련하기 원하는 사람들은 훈련된 섬김이 은혜 안에서 자라 가는 가장 확실하고 실제적인 방편 가운데 하나임을 발견하게 될 것입니다. 댈러스 윌러드는 다음과 같이 말했습니다.

모든 행위를 훈련으로서 행할 수도 있지만, 반드시 훈련으로서 행해야 하는 것은 아닙니다. 나는 종종 단지 사랑과 의의 한 행동으로 다른 사람을 섬길 수도 있을 것입니다. 그 섬김이 내가 그리스도를 따르는 데 유익하고 안하고와 같은 생각은 전혀 하지도 않고 말입니다. 분명 거기엔 아무 잘못이 없으며, 그 결과 나를 영적으로 견고케 해줄 것입니다. 그러나 나는 또한 거만, 소유욕, 시기, 분노, 탐심 등을 물리치는 면에서 나를 훈련하기 위해 다른 사람들을 섬길 수도 있습니다. 그러한 경우에, 나의 섬김은 영적 훈련으로서 행해집니다.

그러나 섬김이 단지 하나의 선택 사항이라고 생각하지 않도록, 다음 사실을 그리스도인의 삶의 주춧돌에 새겨 넣도록 합시다.

하나님께서는 모든 그리스도인들이 섬기기를 원하신다

하나님께서 택하신 자들을 부르실 때, 그 누구도 게으른 삶으로 부르시지 않습니다. 우리가 거듭나고 죄 용서를 받을 때, 그리스도의 보혈이 우리의 양심을 씻어서 "살아 계신 하나님을 섬기도록" 해줍니다(히브리서 9:14). "기쁨으로 여호와를 섬기는 것"(시편 100:2)은 모든 그리스도인들에게 주어진 임무입니다. 하나님의 나라를 위한 일에는 실직이나 은퇴 같은 것이 없습니다.

물론, 하나님을 섬길 때는 동기가 중요합니다. 성경은 섬김을 위한 동기로 적어도 여섯 가지를 언급합니다.

순종에 의한 동기

신명기 13:4에서 모세는 "너희는 너희 하나님 여호와를 순종하며, 그를 경외하며, 그 명령을 지키며, 그 목소리를 청종하며, 그를 섬기며, 그에게 부종(附從)하고"라고 했습니다. 이 구절에 나타나 있는 모든 것이 하나님께 순종하는 것과 관계가 있습니다. 순종에 대한 명령들 가운데 "그를 섬기며"라는 명령이 들어 있습니다. 우리는 하나님께 순종하기 원하기 때문에 하나님을 섬겨야 합니다.

노예 상인이었던 존 뉴턴은 그리스도께로 돌아와 목사가 되었고 순종으로 하는 섬김에 대해 다음과 같이 예를 들어 설명했습니다.

> 만약 두 천사가 동시에 하나님으로부터 임무를 받게 되었는데, 하나는 내려가서 지구에서 가장 훌륭한 제국을 다스리라는 임무이고, 다른 하나는 가서 그 나라의 가장 보잘것없는 마을의 거리를 청소하는 임무를 받았다면, 다스리는 직분과 청소하는 직분 가운데 어느 것이 자기 몫이 되느냐는 각자에게 전혀 문제가 되지 않을 것입니다. 왜냐하면, 천사들의 기쁨은 오직 하나님의 뜻에 순종하는 데 있기 때문입니다.

그 천사들 가운데 하나가 섬기기를 거부하는 것을 상상할 수 있겠습니까? 그런 것은 생각할 수도 없습니다. 하나님을 섬기지 않으려는 마음이 어떤 천사들을 사탄과 그 추종자들로 만들었다고 합니다. 그런데 어찌 그리스도인이라 자처하는 사람이 관중석에 앉아서 다른 사람들이 하나님의 나라의 일을 하는 것을 구경만 하면 된다고 생각할 수 있겠습니까? 진정한 그리스도인이라면 하나님께 순종하기 원할 것입니다. 하나님을 섬기지 않는 것은 불순종이요 죄입니다.

감사에 의한 동기

선지자 사무엘은 하나님을 섬기도록 백성들에게 다음과 같은 말로 권면했습니다. "너희는 여호와께서 너희를 위하여 행하신 그 큰 일을 생각하여 오직 그를 경외하며, 너희의 마음을 다하여 진실히 섬기라"(사무엘상 12:24). 하나님께서 우리를 위해 해주신 놀라운 일들을 생각할 때 하나님을 섬기는 것은 결코 짐이 되지 않습니다.

그리스도를 모르며, 하나님이 없고, 소망도 없는 삶이 어떤 것인지 생각해 보았습니까? 하나님 앞에 죄인이고 용서받지 못하는 것이 어떤 것인지 생각해 보았습니까? 하나님을 분노케 하고 하나님의 진노가 당신을 향해 불타오르게 하는 것이 어떤 것인지 생각해 보았습니까? 지옥에서 한 순간이라도 지내는 것이 어떤 것인지 생각해 보았습니까? 당신은 예수 그리스도를 믿음의 눈으로 바라보고 처음으로 그분이 진정 누구시며 그리고 그분의 죽음과 부활을 통해 무엇을 이루셨는지를 깨달았을 때를 기억하십니까? 죄사함과 함께 심판과 지옥으로부터 해방을 경험하는 것이 어떤 것이었는지 기억하십니까? 처음으로 천국과 영생에 들어갈 수 있다는 확신을 갖게 되었을 때의 기분을 기억하십니까? 하나님을 섬기고자 하는 열정의 불꽃이 사그러들 때, 주님께서 당신을 위해 행하신 그 크신 일들을 생각해 보십시오.

하나님께서는 친히 당신을 자기에게로 이끄셨습니다. 하나님께서 당신을 위해 하실 수 있는 중에서 이보다 더 큰 일이 어디 있겠습니까? 하나님께서 당신의 여생 동안 당신의 예금 구좌에 매일 천만 달러씩을 입금시켜 주시지만, 당신을 구원해 주시지는 않는다고 가정해 보십시오. 역사상 가장 아름다운 몸매와 얼굴을 당신에게 주시고, 1천 년 동안 늙지 않는 몸을 주신 후에, 죽은 후에는 하늘나라에 들어오지 못하게 하시고 영원한 지옥으로 내쫓으신다고 생각해 보십시오. 하나님께서 당신에게 주신 구원과 비교할 수 있는 것이 무엇입니까? 하나님께서는 외아들을 당신에게 선물로 주셨는데, 이보다 더 위대한 선물이 있겠습니까? 주님께서는 자기 자신을 당신에게 내어 주셨는데, 이보다 큰 일이 있겠습니까? 만유의 창조주시요 주관자이신 주님께서 당신에게 가장 귀한 것을 아낌없이 내어 주셨는데도 우리가 주님께 감사하지 않는다면 어찌 되겠습니까? 이것은 도저히 있을 수 없는 일입니다. 주님께서 베풀어 주신 이 모든 은혜를 생각할 때 우리는 감사하는 마음으로 주님을 섬기지 않을 수 없습니다.

기쁨에 의한 동기

시편 100:2은 "기쁨으로 여호와를 섬기라"고 명령하고 있습니다. 우리는 마지못해서 또는 무뚝뚝하게 하나님을 섬겨서는 안 되며, 기쁨으로 섬겨야 합니다.

고대 궁정에서는 왕을 섬기면서 단지 슬픈 기색이 있었다는 것만으로도 처형을 당할 수가 있었습니다. 느헤미야는 많은 유대인들이 바벨론 포로 생활에서 돌아왔음에도 불구하고 여전히 예루살렘이 폐허로 있다는 소문을 듣고 슬픔에 젖었습니다. 어느 날 아닥사스다 왕에게 음식을 드릴 때 왕이 그에게 "네가 병이 없거늘 어찌하여 얼굴에 수색이 있느냐? 이는 필연 네 마음에 근심이 있음이로다"라고 했습니다(느헤미야 2:2). 그 말이 자신에게 무엇을 의미할 수 있는지를 알기에 느헤미야는 "그때에 내가 크게 두려워했다"라고 기록하고 있습니다. 당신은 왕을 섬길 때 의기소침해 하거나 부루퉁해 하지 않을 것입니다. 그렇게 하는 것은 왕을 섬기기를 원하지 않을 뿐만 아니라, 왕의 일 처리에 대해 불만이 있다는 것을 나타낼 것입니다.

기쁨으로 주님을 섬길 수 없다면 당신에게 뭔가가 잘못되어 있습니다. 나는 사람들이 기쁨이 아니라 의무감에 의해 하나님을 섬기는 이유를 알 것 같습니다. 그들은 대개 하늘나라로 가는 길을 얻기 위해 하나님을 섬기고 있기 때문에 기쁨으로 섬기지 못하는 것입니다. 그러나 하나님께서 자신을 위해 행하신 영원한 일을 기쁨으로 인정하는 그리스도인은 마땅히 기쁨과 즐거움으로 하나님을 섬길 수 있어야 합니다.

그리스도인들에게 있어서, 하나님을 섬기는 것은 짐이 아니라 특권입니다. 하나님께서 당신이 정치적인 직책이나 사업상의 직책을 주셔서 섬기게 하신다면, 하나님의 나라에서는 섬기게 하지 않으시겠습니까? 하나님께서 당신이 세상에서 누군가를 섬기고 그 사람을 친밀하게 알게 하신다면, 하나님 자신을 섬기게 하지는 않으시겠습니까? 당신이 만약 대통령을 가까운 곳에서 친밀하게 섬길 수 있는 위치에 있다면 이를 특권으로 여기며 자랑스러워하지 않겠습니까? 그러나 그것은 하나님을 섬기는 즐거운 특권에 비하면 아무 것도 아닙니다. 그래서 시편 기자는 "주의 궁정에서 한 날이 다른 곳에서 천 날보다 나은즉 악인의 장막에 거함보다 내 하나님 문지기로 있는 것이 좋사오니"(시편 84:10)라고 고백할 수 있었습니다.

당신은 그리스도의 몸된 교회 안에서 기쁨으로 섬깁니까? 아니면 시무룩하게 할 수 없이 섬깁니까? 당신은 이웃을 기쁨으로 섬깁니까? 혹은 마지못해 섬깁니까? 당신의 자녀들은 당신이 하나님을 섬기는 것을 진정으로 즐기고 있다는 인상을 당신에게서 받고 있습니까? 아니면 단지 견뎌 내고 있다는 인상을 받고 있습니까?

죄책감이 아니라 죄사함에 의한 동기

이사야가 환상 중에 하나님을 본 기사에서, 하나님께서 죄를 용서해 주셨을 때의 그의 반응을 주목해 보십시오. "때에 그 스랍의 하나가 화저로 단에서 취한바 핀 숯을 손에 가지고 내게로 날아와서, 그것을 내 입에 대며 가로되, '보라. 이것이 네 입에 닿았으니, 네 악이 제하여졌고, 네 죄가 사하여졌느니라' 하더라. 내가 또 주의 목소리를 들은즉 이르시되, '내가 누구를 보내며 누가 우리를 위하여 갈꼬?' 그때에 내가 가로되, '내가 여기 있나이다. 나를 보내소서!'"(이사야 6:6-8). 이사야는 어떻게든 하나님을 섬기고 싶었습니다. 죄 의식을 느꼈기 때문입니까? 천만에요! 하나님께서 그의 모든 죄를 옮겨 가셨기 때문이었습니다!

스펄전은 이사야와 같은 감정을 어느 정도 느끼고, 1867년 9월 8일의 설교에서 다음과 같이 말했습니다.

천국의 상속자는 오직 감사로 인해 주님을 섬깁니다. 그는 애

써서 얻을 구원도 없고, 잃을 천국도 없습니다.… 이제, 자신을 택해 주신 하나님, 그리고 자신의 구속을 위해 그토록 큰 대가를 치러 주신 하나님께 대한 사랑으로 말미암아, 그는 주님을 섬기는 일에 자신을 헌신하기 원합니다. 오, 율법의 행위로 구원을 얻고자 하는 분들이여, 여러분은 얼마나 끔찍한 생을 살 수밖에 없는지!… 여러분이 순종하는 가운데 부지런히 꾸준히 노력하면 영생을 얻을지도 모른다고 생각한다면, 애석하게도 여러분들 가운데 그 누구도 그것을 얻었다고 생각지는 못할 것입니다. 수고하고, 수고하고, 수고하지만, 여러분은 얻고자 수고한 것 그것을 결코 얻지 못하고 있으며, 결코 얻지도 못할 것입니다. 이는 "율법의 행위로서는 의롭다 함을 얻을 육체가 없기" 때문입니다.… 하나님의 자녀는 생명을 얻기 위해 노력하지 않고, 얻은 생명으로 말미암아 노력합니다. 그는 구원받기 위해 노력하지 않고, 구원받았기 때문에 노력합니다.

하나님의 백성들은 용서받기 위해 하나님을 섬기는 것이 아니라 용서받았기 때문에 하나님을 섬깁니다. 오직 섬기지 않으면 죄책감을 느끼기 때문에 섬긴다면, 이는 마치 끝에 쇠뭉치를 단 사슬을 발목에 매달고 이를 질질 끌면서 섬기는 것과 같습니다. 그러한 종류의 섬김에는 사랑도 없고, 오직 수고만이 있을 뿐입니다. 거기엔 즐거움이 없고 오직 의무와 고역만이 있습니다. 그러나 그리스도인들은 죄책감으로 말미암아 하나님의 왕국에서 마지못해 섬겨야 하는 죄수들이 아닙니다. 우리는 그리스도의 죽음으로 말미암아 죄로부터 해방되었기 때문에 자원하여 기쁨으로 섬길 수 있습니다.

겸손에 의한 동기

예수님께서는 완벽한 종이셨습니다. 예수님의 위대함은 자신의 열두 제자들의 가장 기본적인 필요를 섬기기 위해 기꺼이 낮아지신 데서 발견됩니다.

> 저희 발을 씻기신 후에 옷을 입으시고 다시 앉아 저희에게 이르시되, "내가 너희에게 행한 것을 너희가 아느냐? 너희가 나를 선생이라, 또는 주라 하니 너희 말이 옳도다. 내가 그러하다. 내가 주와 또는 선생이 되어 너희 발을 씻겼으니, 너희도 서로 발을 씻기는 것이 옳으니라. 내가 너희에게 행한 것같이 너희도 행하게 하려 하여 본을 보였노라. 내가 진실로 진실로 너희에게 이르노니, 종이 상전보다 크지 못하고, 보냄을 받은 자가 보낸 자보다 크지 못하니, 너희가 이것을 알고 행하면 복이 있으리라"(요한복음 13:12-17).

주님이시요 선생이셨던 예수님께서는 놀랄 만한 겸손으로 제자들의 발을 씻겨 주셨습니다. 예수님을 따르는 모든 이들이 어떻게 겸손으로 섬겨야 하는지를 본으로 보여 주신 것입니다.

이러한 삶을 살다 보면, 언제나 우리 안의 한 부분(성경은 그것을 "육"이라고 부름)은 다음과 같이 말할 것입니다. "내가 섬겨야 한다면, 이를 통해 뭔가를 얻기를 원한다. 만약 내가 보상을 받거나, 겸손하다는 평판을 얻거나, 어떤 식으로든 그것이 내게 이익이 된다면, 나는 겸손하다는 인상을 주며 섬길 것이다." 그러나 이것은 그리스도를 닮은 섬김이 아닙니다. 위선입니다. 리처드 포스터는 그것을 "자기의적(自己義的) 섬김"이라고 부릅니다.

> 자기의적 섬김은 외적인 보상을 요구합니다. 그것은 자기가 섬기는 것을 사람들이 보며 그 수고에 감사하고 있다는 것을 알고 싶어합니다. 그것은 인간적인 갈채를 추구하며, 이와 함께 물론 적절한 종교적인 고상함도 추구합니다.… 자기의적

섬김은 결과에 매우 신경을 씁니다. 그것은 자기가 섬긴 사람이 같은 방법으로 보답하는지를 보고 싶어합니다. 육은 섬김에 대해 우는 소리를 하며, 은밀한 섬김에 대해서는 비명을 지릅니다. 그것은 명예와 인정을 얻기 위해 안간힘을 씁니다. 그것은 자기가 베푼 섬김에 주의를 끌기 위해 교묘하면서도 종교적으로 받아들일 만한 수단들을 강구할 것입니다.

성령의 능력으로 말미암아 우리는 마땅히 자기의적 섬김을 죄악된 동기에 의한 것으로 거부하고, "오직 겸손한 마음으로" 우리 자신보다 다른 사람을 "낮게 여기면서"(빌립보서 2:3) 섬겨야 합니다. 당신은 직장에서 상사와 동료들을 섬기되, 그들이 성공하고 행복해지도록 도우며, 심지어 그들은 승진을 하는데 당신은 누락된 경우에도 그렇게 할 수 있습니까? 당신은 시기심을 느끼지 않고 다른 사람들이 더 돋보이게 하기 위해 노력할 수 있습니까? 당신이 경시되고 있을 때도, 하나님께서 높이시고 사람들이 경의를 표하는 사람들의 필요를 채울 수 있습니까? 다른 사람의 사역이 번창하면 당신의 사역이 쇠퇴하게 되는 경우에도 그의 사역을 위해 기도할 수 있습니까?

섬김이라는 훈련에 있어서, 당신이 얼마나 잘 섬기느냐 하는 것이 언제나 중요한 것은 아닙니다. 세상 사람들도 자기에게 유익이 될 때는 잘 섬기기 때문입니다. 그러나 그리스도인들은 섬김을 통해 그리스도를 닮아 가기 때문에 겸손하게 섬깁니다.

사랑에 의한 동기
갈라디아서 5:13에 따르면, 섬김의 중심에는 사랑이 있어야 합니다. "형제들아, 너희가 자유를 위해 부르심을 입었으나, 그러나 그 자유로 육체의 기회를 삼지 말고 오직 사랑으로 서로 종노릇하라."
섬김을 위한 연료로는 사랑만큼 오래 타고 많은 에너지를 내는 것이 없습니다. 내가 하나님을 섬기기 위해 하는 것들 가운데는 돈을 위해서라면 하지 않을 것들이 있습니다. 그러나 나는 하나님과 다른 사람들을 향한 사랑으로 인해 그것들을 기꺼이 행합니다. 아프리카에 있는 한 선교사에게, 그가 행하고 있는 것을 정말로 좋아하는지 물어 보았습니다. 대답은 충격적이었습니다. "내가 이 일을 좋아하느냐구요? 천만에요. 아내와 나는 불결한 것을 좋아하지 않습니다. 우리는 꽤 세련된 감각의 소유자들입니다. 우리는 염소의 배설물 사이로 초라한 오두막집으로 기어들어 가는 것을 좋아하지 않습니다.… 그러나 그리스도를 위해서라면 자신이 좋아하지도 않는 것도 행하지 않겠습니까? 만일 싫어한다고 해서 안한다면 참으로 유감스러운 일이 아닐 수 없습니다. 좋고 싫고는 문제가 안 됩니다. 우리는 '가라'는 명령을 받았고, 그래서 우리는 갑니다. 사랑이 우리를 강권합니다."

그리스도의 사랑에 사로잡히거나 그 사랑에 의하여 강권될 때, 사람들은 "다시는 저희 자신을 위하여 살지 않고, 오직 저희를 대신하여 죽었다가 다시 사신 자를 위하여" 살게 됩니다(고린도후서 5:14-15). 그들은 하나님과 다른 사람들을 섬기나, 그 동기는 사랑입니다. 예수님께서는 마가복음 12:28-31에서, 가장 큰 계명은 당신의 모든 것을 다해 하나님을 사랑하는 것이요, 그 다음은 이웃을 당신의 몸과 같이 사랑하는 것이라고 말씀하셨습니다. 이러한 말씀들에 비추어 볼 때, 하나님을 더 많이 사랑할수록 더욱 하나님을 위해 살며, 하나님을 섬길 것이요, 다른 사람들을 더 많이 사랑할수록 더욱 그들을 섬길 것입니다.

모든 그리스도인은 섬기도록 은사를 받음

영적 은사들

구원을 받는 순간 성령께서 당신 속에 내주하시기 위해 들어오시고, 그때 은사를 가지고 들어오십니다. 고린도전서 12:4,11에서는 은사는 다양하며 성령께서 그 주권적인 뜻에 따라 어떤 은사를 어느 그리스도인에게 줄 것인지를 결정하신다는 것을 보여 줍니다. "은사는 여러 가지나 성령은 같고… 이 모든 일은 같은 한 성령이 행하사 그 뜻대로 각 사람에게 나눠 주시느니라." 베드로전서 4:10은 각 그리스도인들에게는 특정한 은사가 주어졌다는 것과, 그 목적은 서로 섬기도록 하기 위함이라는 것을 분명히 합니다. "각각 은사를 받은 대로 하나님의 각양 은혜를 맡은 선한 청지기같이 서로 봉사하라."

당신은 영적 은사라는 주제는 교회 안에서 끊임없는 논쟁 거리가 되고 있다는 것을 알고 있을 것입니다. 나는 각 그리스도인은 로마서 12:4-8에 열거된 일곱 가지 영적 은사들 가운데 하나씩은 가지고 있다고 확신하고 있습니다. 또한, 하나님께서 우리에게 주신 사역들 그 자체가 하나님께로부터 온 은사입니다(고린도전서 12:5, 에베소서 4:7-13). 그리고 우리 자신의 은사로 섬길 때, 성령께서 다른 사람들의 삶 가운데서 역사하심으로 생기는 풍성한 열매는 그들에게 또 다른 종류의 영적 은사입니다(고린도전서 12:6-11). 영적 은사들에 관한 또 다른 중요한 구절들은 고린도전서 12:27-31, 고린도전서 14장, 그리고 베드로전서 4:11입니다. 기도하는 가운데 이 구절들을 다 읽어 보시기 바랍니다.

영적 은사에 대해 당신이 어떤 생각을 가지고 있든, 베드로전서 4:10에서 보여 주는 두 가지 진리는, (1) 당신이 그리스도인이라면 분명히 영적 은사를 가지고 있다는 것, (2) 하나님께서 그 은사를 주신 목적은 하나님의 나라에서 그것을 사용하여 섬기도록 하기 위함이라는 것입니다.

영적 은사에 대해 많이 들어 보지 못했다면, 당신은 아마도 자신의 은사가 무엇인지 모를 것입니다. 안심하십시오. 많은 그리스도인들이 자기의 구체적인 은사를 밝혀 내지 않고도 일생 동안 하나님을 충성스럽게 그리고 열매 풍성하게 섬기고 있습니다. 당신의 은사를 알아내지 말라는 의미는 아닙니다. 단지 당신 자신의 은사를 알아낼 때까지 하나님 나라의 후보 선수석에 앉아 있어야 하는 것은 아니라는 말입니다. 영적 은사에 대한 성경적인 교재들을 공부하며, 그 주제에 대해 쓴 책들이 많이 있는데 그중에서 몇 권 주의 깊게 골라 읽어 보도록 하십시오. 그러나, 자신의 은사를 확실히 알 수 없다고 해서 실망하여 섬김을 중단하는 일이 결코 없도록 하십시오. 자신의 은사의 이름을 모르고서도 여전히 잘 섬길 수 있기 때문입니다. J. I. 패커는 우리에게 다음과 같이 상기시킵니다. "모든 시대를 통해 교회 생활에서 가장 중요한 은사들은 거룩하게 사용된 평범하고 자연적인 능력입니다."

균형을 유지하십시오. 하나님께서는 당신에게 영적 은사를 주셨으며, 그것은 자연적인 능력과 동일한 것은 아닙니다. 자연적인 능력도 하나님의 용도로 올바르게 사용되면 종종 당신의 영적 은사와 흡사합니다. 그러나, 당신의 은사에 대한 분명한 정보가 없어도, 최선을 다해 부지런히 섬기면서 하나님께서 당신에게 주신 특별한 은사를 밝혀 낼 수 있습니다. 사실, 성경 말씀을 공부하는 것과 더불어, 당신의 은사가 어떤 것인지를 발견하고 확정하는 가장 좋은 방법은 섬기는 것을 통해서입니다. 만약 당신이 가르치는 은사를 가지고 있다고 하더라도, 반을 맡아서 가르쳐 볼 때까지는 그것이 당신의 은사인지 결코 알지 못할 것입니다. 당신은 상처받은 사람들을 돕는 가운데 자신이 긍휼을 베푸는 은사를 가지고 있다는 것을 알게 될 것입니다. 한편, 어떤 사역에 참여해 봄으로 어떤 것이 당신의 은사가 아닌지도 확실히 알게 될 것입니다. 오래 전에 나는 어떤 은사를 가지고 있다고 생각하고 있었는데, 섬기는 가운데 내가 그것과는 완전히 다른 은사를 가지고 있다는 것을 뼈저리게 느낀 적이 있었습니다.

당신이 속한 교회에서 정기적으로 진행되는 사역에서 섬기기 위해 훈련해 보십시오. 반드시 공적으로 인정받거나 선출된 그런 위치에 있을 필요는 없습니다. 편리하거나 신날 때만 섬기려는 유혹을 물리치도록 하십시오. 그것은 훈련된 섬김이 아닙니다. 종의 마음과 눈을 가진 사람들은 사랑의 강권으로 말미암아, 자신이 속해 있는 지체에서 계속 이루어지는 사역을 등한히 하지는 않을 것입니다. 섬기는 시기와 방법에 있어서 자신의 "공식적인" 사역의 테두리를 벗어날 때도 있을 것입니다.

당신은 특별한 스케줄로 인해 섬김에 제한을 받을 수도 있으며, 육체적인 용량이 부족할 수도 있습니다. 그러나 당신이 섬길 수 있는 길은 있습니다. 한주간의 스케줄이 일반적인 사람들과는 달리 특수하거나, 신체적인 제약을 가지고 있는 사람들은 종종 아주 강력한 중보 기도자가 되어 다른 사람들을 섬깁니다. 제약 조건들이 있을지라도, 섬기고자 하는 마음을 지닌 사람들은 언제나 섬길 수 있는 방법을 가지고 있습니다.

우리 교회에 출석하는 한 비행기 여승무원은 국제선을 탑니다. 그래서 일단 근무에 들어가면 며칠씩 떠나 있습니다. 그리고 그 스케줄은 보통 사람들처럼 월요일에 시작하여 금요일에 끝나는 것이 아닙니다. 그녀는 격려의 편지를 쓰며, 책들을 선물하는 것으로 다른 사람들을 섬겨 왔지만, 교회에 나올 때면 혼자 섬기기보다는 다른 그리스도인들과 함께 섬기기 위해 자신을 훈련했습니다. 얼마 되지 않아 그녀의 영적 은사는 섬김, 즉 실제적인 필요들을 채워 주는 것임이 명백해졌습니다. 그녀는 또한 손님 접대에도 뛰어났습니다. 지금은 우리 교회에서 손님 접대를 전적으로 담당하는 팀에 소속되어 있습니다. 그것은 그룹 사역이기 때문에, 매번 함께해야 하는 것은 아닙니다. 그래서 비행기를 타지 않을 때만 그 팀에 함께하며 자기의 역할을 수행합니다.

영적 은사들은 섬기는 데 사용하기 위한 것입니다. 만약 하나님께서 당신의 은사가 사용되지 않게 하셨다면 당신의 삶에는 아무런 목적도 없을 것입니다. 하나님께서는 우리가 하나님께 무용지물로 살게 하지 않으십니다. 그분의 지혜와 섭리 가운데, 하나님께서는 섬길 수 있도록 각 그리스도인들에게 은사를 주셨으며, 섬기도록 하기 위해 당신이 이 세상에 살도록 하셨습니다.

그러나, 이 장의 주제는 보다 더 예수님을 닮기 위해 훈련된 섬김을 행하는 것입니다. 어떤 영적 은사들은 각광을 받지 못하며, 흔히 별로 사람들로부터 인정과 감사를 받지도 못하는 그런 사역에 사용됩니다. 그럼에도 예수님처럼, 우리는 얼마나 다른 사람들로부터 인정과 감사를 받든 상관없이 또한 그늘진 곳에서의 섬김을 위해서도 부르심을 받았습니다. "어떤 이는 돕는 은사를 가지고 있으며, 섬기는 일은 보다 자연스럽게 행해집니다. 그러나 대부분의 그리스도인들에게 있어서 섬기는 것은 의식적인 노력을 요합니다"라고 제리 화이트는 썼습니다. 그는 이렇게 이야기할 수도 있었을 것입니다. "섬기는 것은 훈련을 요합니다."

섬기는 것은 종종 힘든 일이다

일단 자신의 영적 은사를 발견하고 이를 사용하기만 한다면, 섬기는 것은 아무 힘이 들지 않고 오직 즐거움만 준다고 가르치는 사람들도 있습니다. 그러나 신약성경에서 가르치고 있는 바는 아닙니다. 사도 바울은 에베소서 4:12에서 "이는 성도를 온전케 하며 봉사의 일을 하게 하며…"라고 썼습니다. 봉사 즉 섬김은 일입니다. 때때로 하나님과 다른 사람들을 섬기는 것은 고된 일 그 이상입니다.

성경을 보면, 그리스도인들은 하나님의 자녀로 부르심을 받았을 뿐 아니라, 하나님의 종으로도 부르심을 받았습니다. 바울은 편지의 서두에서 자신을 종종 하나님의 종으로 언급하고 있다는 사실을 상기해 보십시오(예를 들면, 로마서 1:1). 모든 그리스도인들은 하나님의 종이며, 종은 일을 해야 합니다.

바울은 자신이 하나님을 섬기는 것을 골로새서 1:29에서 이렇게 묘사합니다. "이를 위하여 나도 내 속에서 능력으로 역사하시는 이의 역사를 따라 힘을 다하여 수고하노라." 수고라는 말은 탈진하기까지 일한다는 의미요, "힘을 다한다"로 번역된 헬라어로부터 고투(苦鬪)하다라는 의미의 영어 단어 *agonize*가 나왔습니다. 그러므로 바울에게 있어서 하나님을 섬기는 것은 "탈진할 때까지 고투하는 것"입니다. 그러나 끔찍한 수고라는 의미는 아닙니다. 사실, 바울이 그렇게 열심히 일한 이유는 하나님을 섬기는 일 자체보다 하나님 그분을 더 사랑했기 때문입니다. 하나님께서는 자신을 섬길 수 있도록 능력을 주십니다. 우리는 우리 속에서 "능력으로 역사하시는 이의 역사를 따라" 힘을 다하여 섬깁니다. 진정한 섬김은 육신의 힘으로 억지로 하는 것이 아닙니다. 우리 속에서 강하게 역사하시는 그분의 능력으로 말미암아 우리는 "수고"를 할 수 있습니다.

그것은 당신이 지역 교회에서나 어떤 형태의 사역에서 하나님을 섬길 때, 흔히 힘이 들 것이라는 의미입니다. 당신이 바울과 같다면, 때때로 그 일은 고뇌케 하고 진이 빠지게 할 것입니다. 그리고 시간을 들여야 할 것입니다. 더구나, 하나님을 섬기는 것은 그것이 사람들을 섬기는 것을 의미하기 때문에 어려운 일입니다.

그러나 아무런 대가도 치를 필요가 없는 섬김은 아무것도 이루지 못한다는 것을 명심하십시오. 하나님을 섬기는 것이 때로 비록 힘들고 진이 빠지게 하는 경우가 있긴 해도, 그것은 또한 가장 보람 있고 보상이 있는 일입니다. 요한복음 4장에서 예수님께서 사마리아 여인과 어디에서 대화를 나누셨는지 살펴보십시오. 예수님은 하루 종일 걸으셨습니다. 피곤하고 목마르고 배도 고프십니다. 이 모든 것은 아버지를 섬기고 계셨기 때문이었습니다. 예수님께서 수가라는 동네의 우물에서 쉬고 계실 때 그 사마리아 여인이 우물로 옵니다. 예수님은 그 여인과 대화를 나누고, 그 여인의 삶은 영원히 변화됩니다. 그 사이에 제자들은 동네에 들어가 먹을 것을 사옵니다. 그 여인이 동네 사람들에게 예수님에 대해 이야기하러 수가로 되돌아간 사이에, 제자들이 사 가지고 온 음식을 예수님께 권합니다. 그러자 예수님께서는 "나의 양식은 나를 보내신 이의 뜻을 이루며 그의 일을 온전히 이루는 이것이니라"고 말씀하십니다.

하나님을 섬기는 일은 예수님께 큰 만족과 충족감을 주었기 때문에 예수님은 그것이 자신의 음식이라고 하셨습니다. 하나님을 섬기는 일로 종종 예수님은 피곤하셨고, 그래서 폭풍이 몰아치고 있는 바다 한가운데서 배에서 잠깐 눈을 붙이기도 하셨습니다. 하나님을 섬기는 것은 아무것도 잡수시지 않고 40일을 광야에서 지내는 것을 의미한 적도 있었습니다. 예수님께 있어서의 섬김은 밤에 종종 한데서 잠을 자는 것을 의미했습니다. 그것은 또한 하나님과 혼자만의 시간을 갖기 위해 새벽 오히려 미명에 기상하는 것을 의미했습니다. 그러나 이러한 피곤, 배고픔, 갈증, 고통, 그리고 불편함에도 불구하고, 예수님께서는 하나님을 섬기는 일이 의미심장하기 때문에 마치 음식과 같다고 말씀하셨습니다! 그것은 예수님께 영양을 주었으며, 힘있게 하였으며, 만족을 주었으며, 그래서 예수님은 그것을 맛있게 잡수셨습니다!

하나님을 섬기는 것은 일이지만 그것만큼 보람 있는 일은 없습니다.

훈련된 섬김은 또한 가장 영원한 보상을 가져옵니다. 우리가 행하는 어떤 것들과는 달리, 하나님을 섬기는 것은 결코 헛되지 않습니다. 하나님을 섬기면서 진이 빠질 정도로 고투했던 바로 그 바울이 우리에게 다음과 같이 상기시키고 있습니다. "그러므로 내 사랑하는 형제들아, 견고하며, 흔들리지 말며, 항상 주의 일에 더욱 힘쓰는 자들이 되라. 이는 너희 수고가 주 안에서 헛되지 않은 줄을 앎이니라"(고린도전서 15:58).

당신의 섬김이 헛일이라고 생각하고픈 유혹을 물리치도록 하십시오. 당신의 섬김이 시간 낭비라는 생각이 듭니까? 성과를 찾아볼 수가 없습니까? 어떤 생각이 들든, 어떤 것이 보이든 상관없이, 하나님께서는 당신의 수고가 헛되지 않다고 약속하십니다. 이 말은 당신이 희망하는 수고의 열매를 언젠가는 얻게 된다거나, 혹은 당신의 모든 노력으로부터 아무것도 얻지 못했다는 느낌을 결코 갖지 않을 것이라는 말은 아닙니다. 그것은 열매를 볼 수 없을 때라도 당신이 하나님을 섬긴 것은 결코 헛되지 않다는 의미입니다.

하나님께서는 당신이 하나님을 섬기는 것을 보고 계시며, 결코 그것을 잊지 않으십니다. 하나님께서는 신실하시고 공정하신 분이기 때문에 당신의 섬김에 대해 하늘나라에서 보상하실 것입니다. 나는 히브리서 6:10을 좋아합니다. "하나님이 불의치 아니하사 너희 행위와 그의 이름을 위하여 나타낸 사랑으로 이미 성도를 섬긴 것과 이제도 섬기는 것을 잊어버리지 아니하시느니라."

하나님께 대한 훈련된 섬김은 일이요, 때로 어렵고 대가를 치러야 하는 수고이지만, 그것은 영원한 보상이 있습니다.

추가 적용

예배는 섬김에 힘을 북돋고, 섬김은 예배를 표현한다. 이 둘 사이의 균형이 필요하다. 예배는 없이 그저 섬기기만 하는 사람들은 육으로 섬기고 있습니다. 그들이 얼마나 오랫동안 섬겨 왔는지, 다른 사람들이 그들의 섬김을 어떻게 평가하고 있는지는 중요하지 않으며, 그들은 바울과는 달리 하나님의 능력으로 수고하고 있는 것이 아니라 자신들의 능력으로 애쓰고 있는 것입니다.

예배를 통해 우리는 섬김을 위한 동기와 열망을 새롭게 합니다. 이사야는 하나님을 보고 난 후에야 "내가 여기 있나이다. 나를 보내소서!"라고 말했습니다. 예배, 그 다음이 예배에 의해 능력을 얻은 섬김의 순서인 것입니다. A. W. 토저는 이렇게 말했습니다. "하나님과의 교제는 곧바로 순종과 선행으로 이끕니다. 그것은 신성한 순서이며, 결코 역으로 할 수는 없습니다." 섬기는 일은 예배로부터 힘을 얻지 않으면 너무나 힘이 듭니다.

동시에, 예배의 진실성의 척도는 그 예배의 결과로 섬기고자 하는 열망을 갖게 되었느냐 하는 것입니다. 이사야는 이 면에서도 좋은 예가 됩니다. 토저는 이에 대해 다음과 같이 말했습니다. "거룩한 섬김에 대한 열망이 너무나 강해 거스를 수 없을 정도가 될 때라야 신령과 진정으로 하나님을 예배한 것입니다."

그러므로, 경건해지기 위해서는 예배와 섬김을 위해 자신을 훈련해야 한다는 것을 명심해야 합니다. 사실상, 두 가지 중 어느 한 가지만 하는 것은 어느 하나도 하지 않고 있는 것입니다.

하나님께서는 당신이 섬기기 원하시고, 또 섬기도록 은사도 주셨는데, 당신은 기꺼이 섬기고자 합니까? 하나님께서는 이스라엘 백성들이 자기를 섬기기를 원하고 계셨고, 이스라엘 백성들도 그 사실을 잘 알고 있었을 것이나, 여호수아는 그들에게 하나님을 섬기되 기꺼이 섬기도록 도전한 적이 있습니다. "만일 여호와를 섬기는 것이 너희에게 좋지 않게 보이거든… 너희 섬길 자를 오늘날 택하라. 오직 나와 내 집은 여호와를 섬기겠노라"(여호수아 24:15).

기꺼이 충성스럽게 섬기는 것에 대해 생각할 때면 내가 시무했던 어떤 교회의 조용하고 키가 자그마했던 한 교인이 기억납니다. 주일마다 그가 교회에 도착하는 것은 아무도 모릅니다. 그는 다른 사람들보다 훨씬 일찍 교회에 오기 때문이었습니다. 그럼에도 그는 자기의 고물차를 주차장의 후미진 곳에 주차시킴으로 다른 사람들을 위해 좋은 자리를 남겨 둡니다. 그는 모든 문의 자물쇠를 열어 놓고, 주보를 들고 바깥에서 기다립니다. 성도들이 도착하면 그는 주보와 함께 환한 미소를 선사합니다. 그러나 그는 말을 할 수가 없었습니다. 새로 나온 사람들이 그에게 뭘 묻기라도 할 때면 당황해 했습니다. 오래 전에 그의 성대에 무슨 문제가 생겼던 것입니다. 내가 그를 만났을 때 그는 60대에 접어들고 있었고, 혼자 살고 있었습니다. 차가 종종 고장 날 때면 그는 다른 사람들에게 절대로 알리지 않았고, 그래서 교회까지 1마일 이상을 걸어오곤 했습니다. 말을 잘 하지 못한다는 약점으로 말미암아 그는 몇 차례나 강도와 폭행을 당했고, 내가 그 교회에 몸 담고 있었던 3년 동안에만도 최소한 두 번은 당했습니다. 그 교회의 오래 된 교인들 가운데는 그가 오래 전에 폭행을 당하여 말을 할 수 없게 된 것 같다고 생각하는 사람들이 있었습니다. 그는 몸의 이곳 저곳에 관절염을 앓고 있었고, 이로 인해 어깨를 늘어뜨리고 다녔으며, 목을 돌리지도 못했습니다. 이 때문에 문들의 자물쇠를 열어 두는 것이나 주보를 나누어 주는 것이 그에게는 힘이 드는 일이었습니다. 그럼에도 언제나 그 일을 했고, 언제나 미소를 짓고 있었습니다. 말 한 마디 할 수 없었는데도 말입니다. 그의 삶에 관한 모든 것이 그를 알려지지 않게 했고, 눈에 띄지 않는 곳에 머무르게 했습니다. 심지어 지미 스몰이라는 그의 이름마저도. 그럼에도, 그의 불리한 점들과 좌절, 핸디캡들, 그리고 섬기지 않으려면 얼마든지 있었을 핑계 거리들에도 불구하고, 그는 기꺼이 하나님을 섬겼습니다. 그리고 그는 훈련된 방식으로 섬겼으며, 이는 하나님 보시기에 결코 작지도 헛되지도 않은 것이었습니다.

주 예수님은 언제나 모든 사람들의 종이요, 종들의 종이요, 가장 위대한 종이셨습니다. 예수님은 "나는 섬기는 자로 너희 중에 있노라"(누가복음 22:27)고 말씀하셨습니다. 예수님을 닮아 가고자 한다면, 우리는 마땅히 예수님이 섬기듯 섬기기 위해 자신을 훈련해야 합니다.

사람 구함: 하나님 나라의 지부에서 자원하여 섬길 사람. 일은 힘들 것임. 섬김의 동기는 하나님께 대한 순종, 감사, 기쁨, 죄 사함, 겸손, 사랑이어야 함. 하는 일은 영광을 받을 만한 것은

거의 없을 것임. 섬기는 곳을 떠나고자 하는 유혹이 때때로 강할 것임. 오랫동안 섬겨야 하고, 눈에 보이는 결과가 거의 혹은 전혀 없을 것임. 하늘에 계신 하나님 외에는 아무도 알아주지 않는다 해도 충성스러워야 함.

제 8 장

청지기의 도

오늘날 우리는 얼마나 자주 영적 삶의 훈련에 대해 듣고 있는가?
얼마나 자주 그것에 대해 이야기하고 있는가?
얼마나 자주 그것은 영적 삶의 심장부에 있어야 하는가?
한때는 영적 훈련이 교회에서 중심을 차지하고 있었다.
내가 굳게 믿기로는, 교회가 현재와 같은 상태에 처하게 된 것은
이러한 훈련을 등한히 했기 때문이다.
실로, 우리가 훈련으로 돌아갈 때까지는
진정한 부흥이나 재각성의 소망은 없다.

마틴 로이드 존스

잠시 생각해 보십시오. 오늘 당신의 삶에 스트레스를 가장 크게 준 것은 어떤 것입니까? 지난 한 주간 동안은? 그러한 것들에는 가정, 직장, 학교, 교회, 혹은 이 모든 것에서 책임을 과중하게 지고 있다는 느낌이 수반되지는 않았습니까? 외상을 갚는 일입니까? 약속 시간에 늦은 것입니까? 금전출납부에서 수입과 지출을 맞추는 것입니까? 교통 정체로 인해 노상에서 시간을 허비해야 했던 것입니까? 예기치 않게 자동차 수리비나 병원비가 나간 것입니까? 쉬지도 못하고 계속 일을 해야 했던 것입니까? 월급날이 되기 전에 생활비가 떨어진 것입니까?

걱정을 하게 하는 이러한 것들은 모두 시간이나 돈과 관계가 있습니다. 매일 매일의 이슈들 가운데 얼마나 많은 것이 이 두 가지의 사용과 관계가 있는지 생각해 보십시오. 시간과 돈은 이처럼 우리 삶의 많은 영역에서 중요한 요소이기 때문에, 경건한 삶을 진지하

게 논하고자 하면 이 두 가지의 역할에 대해 생각해 보지 않을 수가 없습니다.

시간 사용 훈련

경건은 훈련된 영적 삶의 결과입니다. 그러나 훈련된 영적 삶의 중심에는 시간 사용 훈련이 자리잡고 있습니다.

예수님처럼 되고자 한다면, 우리는 마땅히 시간 사용을 영적 훈련으로 간주해야 합니다. 매일 매순간을 효과적으로 사용했기에 그분은 지상에서의 생애를 마무리하실 무렵, 아버지께 이렇게 기도하실 수 있었습니다. "아버지께서 내게 하라고 주신 일을 내가 이루어 아버지를 이 세상에서 영화롭게 하였사오니"(요한복음 17:4). 예수님의 경우처럼, 하나님께서는 우리에게도 시간과 그 시간 동안 해야 할 일을 주십니다. 예수님을 닮아 갈수록, 우리는 하나님께서 주시는 시간을 사용하는 면에서 자신을 훈련하는 것이 왜 그렇게 중요한지를 더 잘 이해하게 될 것입니다. 다음에 열 가지의 성경적인 이유를 제시합니다(이들 가운데 많은 것이 조나단 에드워즈의 "시간의 귀중함과 그것을 잘 사용하는 것의 중요성"에 관한 글을 읽고 더 분명하게 이해하게 되었습니다).

"때가 악하기 때문에" 시간을 지혜롭게 사용하라

"때가 악하기 때문에" 시간을 지혜롭게 사용하라는 것은 에베소서 5:15-16의 사도 바울의 가르침에 포함되어 있는데, 호기심을 불러 일으키는 내용입니다. "그런즉 너희가 어떻게 행할 것을 자세히 주의하여, 지혜 없는 자같이 하지 말고 오직 지혜 있는 자같이 하여 세월을 아끼라. 때가 악하니라." 바울은 아마도 자신이나 에베소 성도들, 혹은 둘 다가 박해나 반대(사도행전 19:23-20:1에 나와 있는 것과 같은 것)를 경험하고 있기 때문에 시간을 최대한 잘 사용하라고 권면했을 것입니다. 어쨌든, 여전히 "때가 악하기 때문에" 우리는 매순간을 지혜롭게 사용할 필요가 있습니다.

바울 당시의 그리스도인들이 겪었던 것과 같은 박해와 반대는 없을지라도, 우리가 살고 있는 세상은 시간을 지혜롭게 사용하는 데 도움을 주지는 않으며, 영적이고 경건한 목적을 위해 사용하는 데는 특히 그러합니다. 사실, 우리 시대는 악이 판을 치는 시대입니다. 세상과 육신과 마귀의 앞잡이들인, 시간을 훔치는 도둑들이 있습니다. 그것들은 고도로 기술적이고 사회적으로 용납되고 있는 것에 심취해 있는 것으로부터, 단순히 쓸데없는 이야기를 나누는 것이나, 다스려지지 않은 생각을 하는 데 이르기까지 다양한 형태를 취합니다. 그러나, 우리 마음이나 몸, 세상, 그리고 우리의 시간들은 자연스럽게 내버려두면 우리를 경건함으로 이끄는 것이 아니라 악으로 이끕니다.

생각은 훈련되어야 합니다. 그렇지 않으면 그것은 마치 물처럼 아래로 흐르거나 괴어서 썩는 경향이 있습니다. 그래서 골로새서 3:2은 우리에게 "위엣 것을 생각하고 땅엣 것을 생각지 말라"고 명하고 있는 것입니다. 이처럼 우리 생각을 의식적으로, 적극적으로 훈련하지 않으면, 기껏해야 비생산적인 생각을 하게 될 것이고, 그렇지 않으면 악한 생각을 할 것입니다. 우리 육신은 안락, 쾌락, 과식, 그리고 나태를 향하는 경향이 있습니다. 자기 절제를 하지 않으면, 우리 육신은 하나님보다는 악을 더 섬기려 할 것입니다. 우리는 이 세상에서 어떻게 "행할 것"을 자세히 주의해야 하며, 그렇지 않으면 그리스도의 길을 따르기보다는 세상의 길을 더 따르게 될 것입니다.

끝으로, 우리의 시대는 행동하고 있는 악의 시대입니다. 온갖 유혹과 사악한 세력들이 역사하고 있기 때문입니다. 그래서 어떻게 시간을 사용하느냐가 중요합니다. 시간이 모여서 때가 되고 시대가 되기 때문입니다. 경건한 삶을 위하여 시간을 사용하는 것을 훈련하지 않는다면, 이 악한 세대는 우리로 경건해지지 못하게 할 것입니다.

시간을 지혜롭게 사용하는 것은 영원한 삶을 준비하는 것이다
당신은 더 늦기 전에 영원한 삶을 준비해야 합니다. 이 말은 두 가지 의미로 받아들여질 수가 있는데 두 가지 다 사실입니다. 그것은 주어진 시간 동안 즉 이생에 당신은 영원을 위해 준비해야 한다는 의미입니다. 일단 영원으로 들어가는 문턱을 넘어서고 나면, 이를 위해 준비할 수 있는 두 번째 기회는 절대로 없기 때문입니다.

최근에 꿈을 꾼 적이 있는데, 그 꿈은 앞서 말한 사실을 생생하게 상기하게 해주어 지금도 기억이 납니다. (나는 꿈을 중요시하거나 그것이 무엇을 계시해 준다고 생각지는 않습니다. 이를 소개하는 것은 단지 내가 말하고자 하는 바를 설명하는 데 좋은 예화가 되기 때문입니다.) 다른 그리스도인들과 함께 나는 박해를 받고 있었습니다. 심문이 끝나고 우리는 한 방으로 안내되었는데, 그곳에서 우리 그리스도인들은 한 사람씩 죽임을 당하게 되었습니다. 내 차례를 기다리면서 나는 조금 후면 영원으로 들어갈 것이며, 이를 위한 나의 준비는 이제 끝났다는 것을 알았습니다. 무릎을 꿇고 이생에서의 마지막 기도를 드리면서 나는 주 예수 그리스도께 나의 영혼을 부탁했습니다. 바로 그때, 곧 처형을 당할 어떤 사람의 공포에 질린 몸부림 때문에 잠이 깨고 말았습니다. 그것이 단지 꿈이었다는 것을 깨달은 후에 맨 먼저 든 생각은 언젠가는 그것이 꿈이 아닐 것이라는 것이었습니다. 달력에 있는 그 어느 특정한 날, 영원을 위한 나의 모든 준비는 끝나게 될 것입니다. 그리고 어느 날이든 그 날이 될 수 있기 때문에 나는 시간을 지혜롭게 사용해야만 합니다. 죽음 저편 영원히 거할 그곳을 위해 언제나 준비해야 하기 때문입니다.

당신은 영원한 세계에서 기쁨을 누리느냐 아니면 끝없는 고통을 당하느냐가 지금과 같은 순간들을 어떻게 보내느냐에 달려 있다는 것을 알고 있습니까? 그렇다면, 시간보다 더 소중한 것이 있겠습니까? 조그만 키가 거대한 배의 방향을 결정하듯이 순간에 행해진 것이 영원한 삶에 영향을 미치는 것입니다.

늦기 전에 영원을 위해 준비한다는 것은 또 다른 의미를 함축합니다. 너무 늦기 전에 이를 위해 준비하라는 것입니다. 성경은 "보라, 지금은 은혜 받을 만한 때요, 보라, 지금은 구원의 날이로다"(고린도후서 6:2)라고 경고하고 있습니다. 바로 지금이 당신이 영원을 보낼 곳을 위해 준비해야 할 올바른 때입니다. 이 문제에 대해 아직도 모호한 상태에 있다면, 지금이 바로 마음을 확정할 때입니다. 당신에게 영원을 위해 준비할 수 있는 시간이 많이 있다는 보장이 없으며, 당신을 만드시고 당신에게 시간을 주고 계시는 분께 응답하기를 뒤로 미루어서도 안 됩니다. 믿음으로 하나님의 아들 예수 그리스도를 영접함으로 영원을 위해 준비하십시오. 더 늦지 않게 그분께 나아오십시오. 그러면 그분은 영원한 세계에서 그분 자신께로 당신을 이끄실 것입니다.

시간은 짧다

희귀한 것일수록 가치가 있습니다. 금이나 다이아몬드가 길가의 자갈처럼 손만 내밀면 주워 담을 수 있는 것이라면 가치가 없을 것입니다. 우리가 결코 죽지 않는다면 시간은 귀중하지 않을 것입니다. 그러나 영원에 이르기 전에 주어진 시간은 너무나 짧기 때문에 시간을 어떻게 사용하느냐 하는 것은 영원한 의미가 있습니다.

설령 당신이 앞으로 살 날이 수십 년이 남아 있다 할지라도 실상은 "잠깐 보이다가 없어지는 안개"입니다(야고보서 4:14). 아무리 오래 산다 해도 영원한 삶과 비교하면 순간에 지나지 않습니다. 지나간 날들을 돌아보면 당신의 어린 시절 또는 십대 때의 즐겁거나 슬펐던 일이 마치 어제 있었던 일처럼 생생하게 기억날 것입니다.

그 이유는 단지 당신의 기억력이 좋아서가 아니라 실제로 그렇게 오래 전의 일이 아니기 때문입니다. 10년을 120개월로 생각하면, 당신의 일생도 갑자기 짧아 보일 것입니다. 아무리 길어도 인생은 짧은 것입니다. 그러므로 당신이 예수님을 닮아 갈 수 있는 날이 아무리 많이 남아 있다 할지라도 그건 그리 긴 것이 아닙니다. 그 짧은 기간을 잘 사용하십시오.

시간은 흘러간다

시간은 짧을 뿐만 아니라 덧없이 흘러갑니다. 남아 있는 날들은 당신이 필요로 할 때 언제든지 꺼내 쓸 수 있는 냉동실의 얼음 조각과 같은 것이 아닙니다. 오히려 그것은 모래 시계 속의 모래와 흡사합니다. 남아 있는 것은 계속 흘러내리고 있는 것입니다. 사도 요한은 이를 잘 묘사했습니다. "이 세상도 그 정욕도 지나가되"(요한일서 2:17).

우리는 시간을 절약하고, 시간을 사고, 시간을 만들고… 등등에 대해 이야기하곤 하지만, 이것들은 사실 환상에 지나지 않습니다. 시간은 언제나 흘러가고 있기 때문입니다. 시간을 지혜롭게 사용해야 하나 우리가 아무리 시간을 잘 사용해도 달력에서 날짜를 도로 앞으로 가게 할 수는 없습니다.

어릴 때는 시간이 참으로 안 가는 것 같습니다. 나이 한 살 더 먹기가 그렇게 어려울 수가 없는 것 같았습니다. 그러나 나는 이제 점점 더 부모님이 하시던 말씀이 실감이 나기 시작합니다. "또 한 해가 가버렸다는 게 믿기지가 않아. 그 시간이 다 어디로 갔담?" 나이가 들면 들수록 나는 마치 나이아가라 폭포 상류에서 노를 젓는 것 같은 느낌이 듭니다. 끝이 가까워질수록 그것은 더 빨리 다가오는 것입니다. 경건한 삶을 위하여 지금 나의 시간 사용을 훈련하지 않는다면 나중에는 그렇게 하는 것이 더 어려워질 것입니다.

남아 있는 시간은 불확실하다

시간은 짧고 흘러갈 뿐 아니라, 그것이 실제로 얼마나 짧고, 얼마나 빨리 흘러갈는지 모릅니다. 그래서 잠언 27:1은 "너는 내일 일을 자랑하지 말라. 하루 동안에 무슨 일이 날는지 네가 알 수 없음이니라"고 말하고 있는 것입니다. 오늘 이 세상을 떠난 사람이 수천 수만 명이 있는데, 그들 가운데는 당신보다 나이가 적은 사람들도 많이 포함되어 있으며, 그들은 오늘이 마지막 날이 될 줄은 어제까지만 해도 생각지 못했을 것입니다. 만약 생각했다면, 시간 사용은 그들에게 훨씬 더 중요한 것으로 여겨져 더 신중하게 시간을 사용했을 것입니다.

시카고 베어즈 팀의 촉망되던 한 신인 선수의 갑작스런 죽음은 프로 스포츠계에 충격을 안겨 주었습니다. 우리 교회 중학생 두 명은 한 친한 친구의 죽음을 보고 우리의 남은 생이 얼마나 되는지는 불확실하다는 것을 절감했습니다. 젊음도, 힘도, 명성도, 신분도 하나님으로 하여금 우리 여생을 연장시키시게 하지 못합니다. 우리가 얼마나 오랜 기간 동안 살기를 원하며 기대하느냐에 관계없이 우리 일생의 길이는 오로지 하나님의 손에 달려 있는 것입니다(시편 31:15).

우리가 여러 해를 더 살 것처럼 생각하고 어떤 계획을 세워야 한다는 것은 분명합니다. 그러나 오늘이 마지막일 수 있다는 생각으로 경건한 삶을 위하여 우리의 시간을 사용해야 합니다. 내일이 있을지는 분명 불확실하기 때문입니다.

잃어버린 시간은 되찾을 수가 없다

잃어버렸다가도 다시 얻을 수 있는 것들이 많이 있습니다. 많은 사람들이 파산을 선언하지만 나중에 더 많은 부를 쌓기도 합니다. 시간은 다릅니다. 일단 한번 흘러가면 그것은 영원히 흘러가 버린 것이며 다시는 되찾을 수가 없습니다. 지구상에 있는 모든 사람들을 다 동원한다 해도, 온 세계의 돈과 기술을 다 동원한다 해도 단 1분도 되찾을 수 없습니다.

하나님께서는 당신에게 경건한 삶을 위해 자신을 훈련하도록 이 시간을 주셨습니다. 예수님께서는 요한복음 9:4에서 "때가 아직 낮이매 나를 보내신 이의 일을 우리가 하여야 하리라. 밤이 오리니 그 때는 아무도 일할 수 없느니라"고 말씀하셨습니다. 하나님의 일을 할 때, 즉 경건한 삶을 살아야 할 때는 아직도 "낮"인 바로 오늘입니다. 이는 우리 각자에게 "밤이 오고 있고," 우리 중 그 누구도 여호수아처럼 태양을 멈추게 하여 자신의 낮의 길이를 늘일 수가 없기 때문입니다(여호수아 10:12-14). 하나님께서 주시는 시간을 잘못 사용했다 해도, 그 시간을 다시 주시지는 않습니다.

이 글을 읽는 많은 사람들이 세월을 허비했다며 애석해 할지도 모르겠습니다. 지나간 시간을 어떻게 잘못 사용해 왔든, 남아 있는 시간은 잘 사용할 수 있습니다. 지금 당신을 향한 하나님의 뜻은 다음 말씀에서 알 수 있습니다. "오직 한 일 즉 뒤에 있는 것은 잊어버리고 앞에 있는 것을 잡으려고 푯대를 향하여 그리스도 예수 안에서 하나님이 위에서 부르신 부름의 상을 위하여 좇아가노라"(빌립보서 3:13-14). 그리스도의 십자가로 말미암아, 하나님께서는 당신이 과거에 시간을 잘못 사용한 것도 기꺼이 용서해 주실 것입니다. 경건한 삶을 위하여 당신의 시간을 균형 있게 사용하는 훈련을 하는 것은 하나님을 기쁘시게 합니다.

당신은 당신에게 주어진 시간에 대해 하나님께 책임을 진다

로마서 14:12만큼 정신이 번쩍 들게 하는 구절도 드물 것입니다. "이러므로 우리 각인이 자기 일을 하나님께 직고하리라." "우리 각인"이라는 말은 신자와 불신자 모두에게 적용됩니다. 비록 행위가 아니라 은혜로 구원은 받지만, 일단 천국에 들어가면 그곳에서 받는 상급은 우리의 행위에 의해 결정될 것입니다. 주님께서는 각 사람의 공력을 시험하실 것이며, 그 결과, 어떤 사람은 상을 받고, 어떤 사람은 겨우 구원은 얻되 불 가운데서 얻은 것 같은 부끄러움을 경험할 것입니다(고린도전서 3:13-15 참조). 그때 우리의 시간 사용에 대해 하나님 앞에서 책임을 질 뿐만 아니라, 우리의 영원한 상급은 지상에서의 시간 사용과 직접 관련이 있게 될 것입니다.

심판하실 때 하나님께서 우리에게 경건한 삶의 훈련과 관련한 시간 사용에 대해 책임을 물으신다는 것은 히브리서 5:12에서도 알 수 있습니다. 이 구절에서 하나님께서는 유대의 그리스도인들에게 시간은 많이 사용했는데도 영적으로 성숙하지 않은 것에 대해, 즉 영적 성숙을 위해 시간을 사용하지 않은 데 대해 엄히 책망하고 계십니다. "때가 오래므로 너희가 마땅히 선생이 될 터인데, 너희가 다시 하나님의 말씀의 초보가 무엇인지 누구에게 가르침을 받아야 할 것이니, 젖이나 먹고 단단한 식물을 못 먹을 자가 되었도다." 경건함을 위해 시간 사용 훈련을 하지 않은 것에 대해 이땅에서 책임을 물으신다면, 천국에서의 심판 때도 물으실 것은 의심의 여지가 없습니다. 예수님께서는 "내가 너희에게 이르노니, 사람이 무슨 무익한 말을 하든지 심판 날에 이에 대하여 심문을 받으리니"(마태복음 12:36)라고 말씀하셨습니다. 우리가 한 말들에 대해서도 하나님 앞에서 책임을 져야 한다면, 부주의하게(즉, 낭비적으로, 게으르게) 사용한 모든 시간에 대해서도 책임을 지며, 이에 대해 해명을 해야 할 것입니다. 그리고 예수님께서는 마태복음 25:14-30에서, 우리는 받은 모든 은사들과 그것들을 우리 주인을 위해 어떻게 사용했는지에 대해 책임이 있다고 말씀하셨습니다. 하나님께서 우리에게 주신 은사나 재능들에 대해 책임을 물으신다면, 시간처럼 귀중한 선물의 사용에 대해서도 분명 책임을 물으실 것입니다.

이러한 진리에 대해 어떻게 하는 것이 현명한 반응입니까? 지금 당신의 시간 사용을 평가해 보고 심판 때 칭찬을 들을 수 있도록 사용하는 것입니다. 그리스도를 닮아 가기 위해서 시간을 어떻게 사용하고 있는지에 관해 지금 당신의 양심에게 대답할 수 없다면 심판 때 하나님께 어떻게 대답할 수 있겠습니까? 조나단 에드워즈는 그날의 시간 사용에 대해 잠자리에 들 때 하나님께 회계해야 하는 것처럼 매일 매일을 살도록 제안했습니다.

경건한 삶을 위하여 시간 사용 훈련을 하기로 결단하는 것은 지체해도 되거나 심사숙고를 해야 하는 그런 문제가 아닙니다. 그렇게 하고 있는 동안 흘러가는 그 시간이 또한 당신이 책임을 져야 하는 시간입니다.

시간은 아주 쉽게 잃어버린다

"어리석은 자" 또는 "미련한 자"를 빼고, 잠언에서 가장 경멸하는 대상은 "게으른 자"입니다. 왜냐고요? 그는 시간을 허비하며 게으르게 사용하기 때문입니다. 그런 사람은 책임을 회피하며 시간을 잘 사용하지 않은 것에 대해 핑계를 댈 때는 머리를 써서 기지를 발휘합니다. 잠언 26:13-14에 따르면, 게으른 자는 "길에 사자가 있다. 거리에 사자가 있다"고 핑계를 대며, 문짝이 돌쩌귀를 따라서 도는 것같이 침상에서 이리저리 뒹굴고만 있습니다. 현대의 게으른 자는 교회에 가지 않으면서 "매년 수천 명이 교통 사고로 죽는데, 교회에 가다가 사고를 당할 수 있다"라고 말할 것입니다. 또는 "내가 경건한 삶을 위해 시간 사용 훈련을 하면, 재미있는 TV 프로를 놓치게 되거나, 너무나 바빠져서 충분한 휴식을 취하지 못하게 될 것이다"라고 말할 것입니다. 그리고는 침대에서 뒹굴 것입니다.

게으른 자는 참으로 중요한 일을 할 시간은 결코 없는 것처럼 보이며, 특히 훈련을 요하는 일들을 할 시간은 없는 것 같습니다. 그러나 자신의 실상을 깨닫기도 전에 그의 시간과 기회들은 날아가 버립니다. 잠언 24:33-34에서는 "네가 '좀더 자자. 좀더 졸자. 손을 모으고 좀더 눕자' 하니, 네 빈궁이 강도같이 오며, 네 곤핍이 군사같이 이르리라"고 경고합니다. "조금만 더" 자고, "조금만 더" 졸고,

휴식을 위해 "조금만 더" 손을 모으고 눕는 것이 시간과 기회의 상실이라는 낭패를 가져온다는 것에 주목하십시오. 그렇게 중요한 것을 잃기가 그토록 쉽습니다. 시간을 잃기 위해서는 아무 노력도 할 필요가 없습니다.

많은 사람들이 솔로몬 시대의 은처럼 시간을 취급합니다. 열왕기상 10:27에는 솔로몬에 대해 이렇게 기록하고 있습니다. "왕이 예루살렘에서 은을 돌같이 흔하게 하고…." 시간은 너무나 풍부해서 많이 잃어버린다 해도 대수롭지 않은 일처럼 보입니다. 돈도 마찬가지로 낭비되기가 쉽습니다. 그러나 시간을 허비하듯 생각 없이 돈을 허비하는 사람이 있으면, 제 정신이 없는 사람이라고 생각할 것입니다. 그러나 시간은 돈보다 훨씬 더 귀중합니다. 돈으로 시간을 살 수는 없기 때문입니다. 경건한 삶을 위해 당신을 훈련함으로써 시간의 상실과 허비를 최소화할 수 있습니다.

우리는 죽을 때에 시간의 귀중함을 깨닫는다
돈이 떨어졌을 때 돈의 귀중함을 아는 것처럼 우리는 죽을 때에 시간의 귀중함을 알게 됩니다.

이러한 깨달음은 어떤 사람에게는 더 비극적인데, 특히 그리스도를 거부한 사람의 경우가 그러합니다. 프랑스의 유명한 불신자 볼테르는 죽어 가면서 의사에게, "당신이 내 생명을 6개월만 더 연장시켜 준다면 내 재산의 반을 당신에게 주겠소"라고 말했습니다. 그가 숨을 거두었을 때, 그가 너무나 처절하게 부르짖는 것을 본 간호사는 "유럽의 모든 재물을 다 준다 해도 다시는 불신자가 죽어 가는 모습은 보지 않겠어요"라고 했습니다. 비슷한 경우로, 영국의 무신론자 토머스 홉스가 죽기 전에 남긴 마지막 말은 "내가 전세계를 소유하고 있다 해도, 하루를 더 살기 위해서라면 그것도 바칠텐데"였습니다.

앞서 언급한 바와 같이, 이와 같은 죽음의 장면을 통해 배우게 되는 가장 중요한 교훈은 아직도 시간이 있을 때 그리스도께 돌아와야 한다는 것입니다. 그러나 그리스도를 믿는 우리가 알아야 할 것은 이것입니다. 죽기 직전에 우리에게 추가로 몇 년을 더 살게 해주신다 해도 시간 사용 방법에 변화를 일으키지 않는다면 아무 유익이 없을 것입니다. 그러므로 시간의 소중함을 인식할 때는 지금이지 죽을 때가 아닙니다. 경건한 삶을 추구해야 할 때는 바로 지금이며, 이를 위해 하나님께서 예비해 주신 방법은 부지런한 영적 훈련을 통한 것입니다.

성경은 영적 훈련을 통해 누릴 수 있는 기쁨보다 쾌락 위주의 삶을 추구하는 그리스도인들은 그들의 시간이 다 간 후에 후회를 하게 될 것이라고 경고합니다. "두렵건대 마지막에 이르러 네 몸, 네 육체가 쇠패할 때에 네가 한탄하여 말하기를, '내가 어찌하여 훈계를 싫어하며 내 마음이 꾸지람을 가벼이 여기고, 내 선생의 목소리를 청종치 아니하며, 나를 가르치는 이에게 귀를 기울이지 아니하였던고, 많은 무리들이 모인 중에서 모든 악에 거의 빠지게 되었노라'"(잠언 5:11-14). 불현듯 더 이상의 시간이 없다는 것을 깨달았다면 당신의 과거와 현재의 시간 사용 방법에 대해 후회하게 되지 않겠습니까? 당신이 시간을 어떻게 사용했는가는 당신 생애의 마지막 시간에 큰 위로를 줄 수도 있습니다. 그때 자신이 시간을 어떻게 사용했는지를 돌아보면, 어떤 것에 대해서는 기쁘지가 않을 것이지만, 성령 충만하게 보낸 시간들에 대해서, 그리고 그리스도께 순종하는 가운데 보낸 모든 시간들로 인해서는 즐거워하지 않겠습니까? 당신의 삶 가운데 심판 날 그 앞에 서게 될 분을 닮아 가기 위해 성경 말씀, 기도, 예배, 전도, 섬김 등에 투자한 부분들로 인해 그때 기뻐하지 않겠습니까? 조나단 에드워즈가 결단했던 것과 같은 방식으로 사는 것이 얼마나 지혜로운지 모릅니다. "죽음이 임박했을 때 '이러이렇게 살았어야 했는데' 하는 생각이 들 것이라면, 나는 바로 그 생각대로 현재를 살겠노라."

아직도 시간이 있을 때 무슨 변화가 있어야 하지 않겠습니까?

영원한 곳에서 배우는 시간의 가치

천국에서 후회라는 것이 있다면, 그것은 오직 이 지상에서의 시간을 하나님의 영광을 위해 그리고 하나님의 은혜에서 자라기 위해 좀더 쓰지 않은 데 대한 후회일 것입니다. 그렇다면, 그것은 아마도 천국이 유일하게 지옥과 비슷한 면이 될 것입니다. 지옥은 어리석게 낭비해 버린 시간들에 대해 고통스럽게 한탄하는 소리로 가득 차 있을 것이기 때문입니다.

누가복음 16:25에서, 성경은 음부에 들어간 부자와 "아브라함의 품"에 들어간 나사로의 이야기를 통해, 낭비해 버린 일생에 대한 이러한 고뇌를 그리고 있습니다. 예수님께서는 어떻게 그 부자가 고민 가운데서 눈을 들어 멀리 아브라함과 함께 즐거움을 누리며 살고 있는 나사로를 바라보았는지를 말씀하십니다. 그 부자는 아브라함에게 나사로에게 물을 들려 좀 보내 달라고 요청했습니다. 그러나 아브라함의 대답은 이러했습니다. "얘, 너는 살았을 때에 네 좋은 것을 받았고, 나사로는 고난을 받았으니, 이것을 기억하라. 이제 저는 여기서 위로를 받고 너는 고민을 받느니라."

영원한 삶을 위한 모든 기회를 잃어버린 이와 같은 사람은 현재 우리가 가지고 있는 시간에 어떤 가치를 부여할까요? 영국의 목사 요 신학자인 리처드 백스터는 다음과 같이 질문합니다. "얼마나 미친 듯이 자신들의 생을 낭비하며, 구원을 위해 준비하도록 한 번밖에 주어지지 않은 시간을 어떻게 허비해 버렸는지를 생각하면, 영원히 그들의 가슴은 찢어질 것만 같지 않겠습니까? 지금 지옥에 있는 자들이, 게으름을 부리고 지상에서의 시간을 놀면서 허비하는 사람들을 지혜롭다고 생각하겠습니까?" 아무런 자비를 경험할 수 없는 영원한 곳에서 살고 있는 이들이 만약 1천 개의 온 천하를 소유하고 있다 해도, 그들은 우리의 날과 같은 날 하루를 위해 그 모든 것을 바치려 할 것입니다(그렇게 하는 것이 가능하다면). 그들은 경험을 통해 시간의 가치를 배우게 되었을 것입니다. 우리는 진실을 직시함으로 그것을 배우며, 경건한 삶을 위해 시간 사용을 훈련해 나가도록 합시다.

돈 사용 훈련

성경은 시간의 사용뿐 아니라 돈의 사용도 영적인 면과 연관시키고 있습니다. 우리 자신과 가족의 필요를 채울 수 있는 방식으로 돈을 관리하도록 훈련해야 합니다. 사실, 성경은 그리스도인이라 자처하면서 재정적인 면에서 무책임하거나, 게으르고 잘못된 관리나 낭비 등으로 말미암아 자기 가족들의 필요를 채워 주지 못하는 사람들을 위선자라고 책망합니다. "누구든지 자기 친족 특히 자기 가족을 돌아보지 아니하면 믿음을 배반한 자요 불신자보다 악한 자니라"라고 디모데전서 5:8은 단호하게 말하고 있습니다. 그러므로 우리가 자신과 다른 사람들과 그리고 특히 하나님의 나라를 위하여 어떻게 돈을 사용하느냐 하는 것은 처음부터 끝까지 영적인 문제입니다.

　돈이나 자원을 성경적으로 사용하는 것이 경건한 삶에서의 발전을 위해 왜 그렇게 중요합니까? 한 가지 이유는, 그것이 순전히 순종의 문제이기 때문입니다. 성경 말씀들 가운데 놀랄 정도로 많은 분량이 부와 소유물의 사용에 대해 다루고 있습니다. 그런 영역을 무시하거나 혹은 가볍게 여긴다면, 우리의 "경건"은 모조품에 지나지 않을 것입니다. 돈과 돈을 주고 산 것들을 어떻게 사용하는가 하는 것은 영적 성숙과 경건한 삶의 척도가 됩니다. 그 이유는 무엇보다도, 돈은 우리 삶의 큰 부분과 맞바꾼 것이기 때문입니다. 돈을 벌기 위해 우리는 대부분의 날들의 대부분의 시간을 투자합니다. 우리의 돈은 그만한 우리 자신의 시간과 노력과 맞바꾼 것이므로, 그만한 분량의 우리의 삶이라고 볼 수 있습니다. 그러므로, 돈을 어떻게 사용하느냐 하는 것은 우리가 어떤 사람이며, 우리의 우선 순위가 무엇이며, 그리고 우리 마음속에 품고 있는 것이 무엇인지를 나타냅니다. 돈과 자원들을 그리스도인답게 사용함으로써 우리 자신이 그리스도를 닮았다는 것을 입증하게 됩니다.

시간 사용 훈련에 대해 이야기한 모든 것이 돈과 소유물의 사용에 또한 적용됩니다. (시간과는 달리 이러한 것들은 잃어버렸다가도 원상 회복이 될 수도 있다는 점만 다릅니다.) 그것들을 하나 하나 다시 살펴보며, 이를 일반적인 돈의 사용에 관련시키면 좀 장황해질 것입니다. 그 대신, 그리스도와 그 나라를 위해 우리의 돈을 드리는 것에 관한 성경의 가르침들을 살펴보도록 합시다.

경건함에서 자라 가면 드리는 삶에 대한 신약성경의 열 가지 원리에 대한 이해가 깊어질 것입니다.

당신이 소유하고 있는 모든 것은 하나님의 것이다

고린도전서 10:26에서, 사도 바울은 시편 24:1을 인용했습니다. "이는 땅과 거기 충만한 것이 주의 것임이니라." 하나님께서는 모든 것, 당신이 소유하고 있는 것 전부를 포함하여 모든 것을 소유하고 계십니다. 하나님께서 그 모든 것을 창조하셨기 때문입니다. 하나님께서는 출애굽기 19:5에서 "세계가 다 내게 속하였다"고 말씀하십니다. 하나님께서는 욥기 41:11에서 같은 진리를 다시 한 번 말씀하십니다. "온 천하에 있는 것이 다 내 것이니라."

이 말은 우리는 하나님께서 맡겨 주신 것들의 관리자, 또는 성경의 용어를 사용하자면, 청지기라는 것을 의미합니다. 노예였던 요셉은 보디발이 그에게 집안 일을 맡겼을 때 청지기가 되었습니다. 그는 아무것도 소유한 게 없었습니다. 노예에 지나지 않았기 때문입니다. 그러나 그는 주인의 모든 소유를 주인을 위해 관리했습니다. 주인의 재산을 관리한다는 것은 그것을 자신의 필요를 채우는 데 사용하는 것도 포함했지만, 요셉의 주된 책임은 그것을 주인인 보디발의 이익을 위해 사용하는 것이었습니다. 우리도 마찬가지입니다. 하나님께서는 맡겨 주신 것들을 우리가 사용하며 누리기를 원하십니다. 그러나, 청지기로서 우리는 그 모든 것들이 하나님께 속해 있으며 기본적으로 하나님의 나라를 위해 사용되어야 한다는 점을 명심해야 합니다.

그러면, 당신이 살고 있는 집은 하나님의 집입니다. 당신의 뜰에 있는 나무는 하나님의 나무입니다. 당신이 깎는 잔디는 하나님의 잔디입니다. 당신이 꾸며 놓은 정원은 하나님의 정원입니다. 당신이 타고 다니는 자동차는 하나님의 자동차입니다. 당신이 입고 있는 옷과 옷장에 걸려 있는 모든 것은 하나님께 속합니다. 당신의 찬장에 들어 있는 음식물은 하나님께 속해 있습니다. 당신 서가의 책들은 하나님의 책입니다. 당신의 집에 있는 모든 가구와 그 외 모든 것들이 다 하나님 것입니다.

우리 것은 아무것도 없습니다. 하나님께서 모든 것을 소유하고 계시며, 우리는 하나님 앞에서 관리자입니다. 지금 "우리 집"이라고 부르고 있는 집은 과거 언젠가는 다른 사람이 "우리 집"이라고 불렀을 것입니다. 그리고 이후 어느 시점에는 다른 사람이 "우리 집"이라고 부를 것입니다. 당신 땅이 있습니까? 언젠가는 다른 사람이 그것을 "내 땅"이라고 부를 것입니다. 우리는 하나님께 속한 것들에 대한 일시적인 청지기일 뿐입니다. 당신이 머리로는 그 사실을 알고 있겠지만, 드리는 삶은 당신이 얼마나 진정으로 그 사실을 믿고 있는지를 나타낼 것입니다.

하나님께서는 우리가 집에 간직하고 있는 것들뿐 아니라 은행에 우리 이름으로 들어 있는 돈과 우리 지갑 속의 돈도 소유하고 계신다고 구체적으로 말씀하셨습니다. 학개 2:8에서 하나님께서 "은도 내 것이요, 금도 내 것이니라. 만군의 여호와의 말이니라"라고 말씀하신 것입니다.

그러므로, 우리는 "내 돈 가운데 얼마를 하나님께 드려야 하는

가?"라고 묻지 말고, "하나님의 돈 가운데 얼마를 나를 위해 가지고 있어야 하는가?"라고 물어야 합니다.

헌금을 할 때, 우리는 자신이 지니고 있는 모든 것이 하나님께 속해 있다는 믿음과 그리고 그 모든 것을 하나님이 원하시는 대로 사용하겠다는 헌신 가운데 물질을 드려야 합니다.

드리는 것은 예배하는 행위이다

빌립보서 4:18에서, 사도 바울은 빌립보에 사는 그리스도인들이 자신의 선교 사역을 지원하기 위해 보내 준 재정적인 선물에 대해 그들에게 감사를 표했습니다. 그는 이렇게 적고 있습니다. "내게는 모든 것이 있고 또 풍부한지라. 에바브로디도 편에 너희의 준 것을 받으므로 내가 풍족하니, 이는 받으실 만한 향기로운 제물이요 하나님을 기쁘시게 한 것이라." 그는 그들이 보내 준 돈을, 사람들이 하나님께 예배하면서 드렸던 구약 시대의 제물에 비유하여, "받으실 만한 향기로운 제물이요, 하나님을 기쁘시게 한 것"이라고 불렀습니다. 다른 말로 하면, 바울은 하나님의 일을 위해 물질을 드리는 것은 하나님을 예배하는 행위라고 말하고 있는 것입니다.

당신은 물질을 드리는 것을 예배로 생각한 적이 있습니까? 당신은 하나님께 찬송을 드리는 것, 기도하는 것, 감사드리는 것, 그리고 하나님이 성경을 통해 말씀하시는 것에 귀를 기울이는 것이 모두 예배라는 것을 알고 있습니다. 그러나 하나님께 물질을 드리는 것을 하나님을 찬양하고 예배하는 성경적이고 실제적인 방법이라고 생각한 적이 있습니까?

드리는 삶에 대한 저서에서 웨인 와츠는 다음과 같이 썼습니다.

> 드리는 것에 대한 성경적인 원리들을 탐구하면서, 나는 예배라는 주제를 깊이 생각했습니다. 솔직히, 나는 하나님의 관점을 알아 내기 위해 예배를 자세하게 연구해 본 적이 이전에는

없었습니다. 나는 드리는 것은 우리의 감사와 찬양과 더불어 예배라는 결론에 도달했습니다. 과거에는, 내가 다니는 교회에 1년 단위로 헌금 약속을 했습니다. 매월 한 번씩, 나는 교회에 머무르는 동안 수표를 써서 그것을 헌금함에 넣곤 했습니다. 때때로는 수표를 내 사무실에서 우편으로 부치기도 했습니다. 나의 목표는 연말이 되기 전에 내가 작정한 총액수를 교회가 받도록 하는 것이었습니다. 비록 나는 드리는 삶의 기쁨을 이미 경험하고 있었지만, 드리는 나의 행위는 예배와는 별로 관련이 없었습니다. 내가 이 책을 쓰고 있는 동안, 하나님께서는 내가 교회에 갈 때마다 드리도록 하라고 깨우쳐 주셨습니다. 신명기 16:16을 통해서입니다. "공수(空手)로 여호와께 보이지 말고," …처음에는, 드린 금액이 작정한 액수에 미치는지에 대해서 생각했습니다. 그때 하나님께서는 다시 깨우쳐 주셨습니다. 이렇게 말씀해 주시는 것 같았습니다. "너는 드린 금액의 총액에 대해 생각할 필요가 없다. 단지 사랑의 마음으로 내게 주며, 네가 그러한 섬김을 얼마나 즐기는지 생각해 보도록 해라." 나의 헌금 습관은 이렇게 바뀌었으며, 이로 인해 예배의 즐거움은 크게 향상되었습니다.

예배 시간 전에 소그룹 성경공부 모임에 참석하는 사람들은 예배 시간이 아니라 그 시간에 헌금을 하는 경우가 많습니다. 그렇게 할 수도 있지만, 예배 시간 중에 헌금을 할 때 당신의 드리는 행위가 보다 더 예배답게 느껴지는 것을 알게 될 것입니다.

대부분의 사람들은 매월 수입이 생기는 횟수만큼 자주 헌금을 합니다. 다른 말로 하면, 매월 첫째 날 월급을 받는다면 그들은 매월 한 번 그 달의 첫 번째 주일에 헌금을 합니다. 만약 1일과 15일 두 번 급여를 받는다면 매월 두 번 헌금을 합니다. 빈손으로 나오지 말라는 하나님의 말씀을 생각하여, 당신은 월급을 받은 직후의 주일날 모두를 드리기보다는 그 일부를 떼어 두었다가 매주 드리기를 원할 수도 있습니다. 물론, 모든 액수를 한꺼번에 드리지 않을 때에 수반되는 위험은 다음 주일에 드리려고 했던 헌금의 일부를 써버릴 수도 있다는 점입니다. 이를 방지하기 위해 어떤 사람들은 그 달 동안 드릴 헌금을 나누어 봉투에 넣어 두고 매주 하나씩을 성경에 끼워 두었다가 주일날 가져 갑니다. 그렇게 하면, 예배의 한 부분으로 주님께 드리기 위해, 매주일 그들은 만질 수 있는 어떤 것을 가지고 갈 수 있습니다.

헌금은 의무 그 이상의 것이요, 주님을 예배하는 행위입니다.

드리는 삶은 하나님의 공급에 대한 믿음을 반영한다
수입 가운데서 하나님께 되돌려 드리는 분량은 당신이 자신의 필요를 위해 하나님을 얼마나 의뢰하고 있는지를 잘 보여 주는 지표입니다.

가난하고 평범한 한 여인이 대단한 믿음을 가지고 헌금을 한 이야기가 마가복음 12:41-44에 나옵니다.

> 예수께서 연보궤를 대하여 앉으사 무리의 연보궤에 돈 넣는 것을 보실새, 여러 부자는 많이 넣는데, 한 가난한 과부는 와서 두 렙돈 곧 한 고드란트를 넣는지라, 예수께서 제자들을 불러다가 이르시되, "내가 진실로 너희에게 이르노니, 이 가난한 과부는 연보궤에 넣는 모든 사람보다 많이 넣었도다. 저희는 다 그 풍족한 중에서 넣었거니와 이 과부는 그 구차한 중에서 자기 모든 소유 곧 생활비 전부를 넣었느니라" 하셨더라.

이 가난한 과부는 하나님께서 공급해 주시리라 믿었기에 "자기 모든 소유 곧 생활비 전부"를 기꺼이 드릴 수 있었습니다.

우리는 하나님께서 공급해 주시리라고 믿는 정도만큼 드리게 될 것입니다. 하나님께서 우리의 필요를 공급해 주실 것을 믿으면 믿을수록 우리는 기꺼이 하나님께 더 많이 드리는 모험을 하게 됩니다. 그리고 하나님에 대한 신뢰가 적으면 적을수록 우리는 더 적게 하나님께 드릴 것입니다.

목사인 친구가 있는데, 그는 언젠가 자신의 월급 전체를 주님께 드리고 자신들의 필요를 위해 주님의 공급을 의뢰하기로 아내와 함께 결정했습니다. 한 자매가 식료품 꾸러미 몇 개를 가지고 왔을 때는 그들의 양식이 거의 동이 났을 때였습니다. "어떻게 아셨습니까?"라고 목사 부부는 물어 보았습니다. 자신들의 사정을 다른 사람에게 알린 적이 없었기 때문이었습니다. 그 자매는 그들의 사정에 대해 아무것도 아는 바가 없었습니다. 그는 단지 주님께서 목사에게 식료품을 가지고 가기를 원하시는 것 같다는 느낌이 들었다는 것이었습니다.

당신의 헌금은 하나님께서 공급해 주실 것이라는 데 대해 당신이 얼마나 믿음을 가지고 있는지를 나타내는 지표이며 또한 그런 지표가 될 수 있습니다.

희생적으로 후하게 드려야 한다

예수님께서 칭찬하신 그 과부는 하나님께 드리는 삶은 그럴 만한 여유가 있는 사람들에게만 해당되는 것이 아님을 보여 주는 좋은 예입니다. 사도 바울은 고린도후서 8:1-5에서 또 다른 예를 보여 주고 있습니다. 그는 가난한 마게도냐 성도들이 후하게 드리기 위해 얼마나 희생을 했는지를 설명하고 있습니다.

> 형제들아, 하나님께서 마게도냐 교회들에게 주신 은혜를 우리가 너희에게 알게 하노니, 환난의 많은 시련 가운데서 저희 넘치는 기쁨과 극한 가난이 저희로 풍성한 연보를 넘치도록 하게 하였느니라. 내가 증거하노니, 저희가 힘대로 할 뿐 아니라

힘에 지나도록 자원하여, 이 은혜와 성도 섬기는 일에 참여함에 대하여 우리에게 간절히 구하니, 우리의 바라던 것뿐 아니라 저희가 먼저 자신을 주께 드리고 또 하나님 뜻을 좇아 우리에게 주었도다.

이 마게도냐 성도들은 바울의 말처럼 "극한 가난" 중에 있었습니다. 그럼에도 "극한 가난이 저희로 풍성한 연보를 넘치도록 하게 하였습니다." 그들은 "힘대로 할 뿐 아니라 힘에 지나도록" 드렸습니다. 그들처럼 우리의 드리는 삶도 희생적이고 후해야 합니다.

그러나 희생적인 헌금이란 희생을 수반하는 것임을 상기시켜 드리고 싶습니다. 그리스도인이라 자처하는 많은 사람들이 하나님 나라의 일에 형식적으로 조금밖에 드리지 않습니다. 제대로 헌금을 하는 사람은 그보다 훨씬 더 적습니다. 그리고 희생적으로 드리는 사람은 극히 소수에 불과합니다.

1988년 10월의 갤럽 여론 조사는 미국 사람들은 돈을 많이 벌수록 헌금에 인색하다는 것을 보여 줍니다. 일년에 1만불 이하를 버는 사람들은 수입의 2.8%를 교회, 자선 단체, 및 기타 비영리 기관들에 헌금을 합니다. 1만불에서 3만불 사이를 버는 사람들은 2.5%를, 3만불에서 5만불 사이를 버는 사람들은 2.0%를, 5만불에서 7만 5천불 사이를 버는 사람들은 수입의 고작 1.5%를 교회와 기타 비영리 그룹들에 헌금을 합니다.

우리가 과거보다 더 많은 돈을 벌고 있는데 이전보다 더 작거나 혹은 같은 %로 헌금을 한다면 덜 희생적으로 헌금을 하는 것이라는 말에 동의하겠습니까? 우리는 이전보다 더 많은 금액을 헌금하고 있을 수는 있으나 실제로는 하나님의 나라를 위해 재정적으로 덜 희생을 하고 있는 셈입니다.

희생적으로 헌금을 하고 - 한 번을 하든 꾸준히 하든 - 후회를 하는 사람을 본 적이 없습니다. 분명, 그들은 그 돈을 자신을 위해 사용했더라면 그 어떤 것을 소유하고 있었을 것입니다. 그러나 헌금을 함으로 인해 그것을 소유하고 있지 않습니다. 그러나 그들이 궁극적으로 붙잡고 있을 수 없는 것을 줌으로 말미암아 얻는 기쁨과 만족은 그것보다 훨씬 더 가치가 있었습니다. 이러한 사람들은 "난 희생을 한 것이 아닙니다. 나는 그 보상으로 내가 드린 것보다 언제나 큰 것을 얻었습니다"라고 말합니다.

자녀가 고등학교나 대학을 졸업하거나, 자녀가 경건한 배우자를 만나 결혼을 하거나, 기타 기쁨의 눈물을 흘리게 하는 어떤 일을 치르고 있는 부모를 상상해 보십시오. 만약 그 부모에게 "여보세요, 그 애 때문에 잠 못 이루었던 모든 밤들, 지겨웠던 기저귀 빨기, 당신들을 위해 사용할 수도 있었는데 그 애가 까먹은 엄청난 금액의 돈, 당신들이 원하는 것을 하는 데 들일 수도 있었는데 그 애가 앗아가 버린 그 어마어마한 시간들을 좀 생각해 보십시오"라고 말한다면, 그들은 "그 모든 희생은 할 만한 가치가 있었답니다. 그렇게 한 결과로 얻은 보람과 기쁨은 우리가 치렀던 대가를 훨씬 능가하니까요"라고 대답할 것입니다. 당신이 희생적으로 그리고 후하게 드릴 때도 마찬가지입니다. 결코 후회하지 않을 것입니다.

드리는 삶은 영적인 신뢰도를 반영한다

예수님께서는 누가복음 16:10-13에서 하나님 나라의 생활 방식을 보여 주십니다.

> "지극히 작은 것에 충성된 자는 큰 것에도 충성되고, 지극히 작은 것에 불의한 자는 큰 것에도 불의하니라. 너희가 만일 불의한 재물에 충성치 아니하면 누가 참된 것으로 너희에게 맡기겠느냐? 너희가 만일 남의 것에 충성치 아니하면 누가 너희의 것을 너희에게 주겠느냐? 집 하인이 두 주인을 섬길 수 없나니 혹 이를 미워하고 저를 사랑하거나 혹 이를 중히 여기고

저를 경히 여길 것임이니라. 너희가 하나님과 재물을 겸하여 섬길 수 없느니라."

11절을 다시 살펴보십시오. "너희가 만일 불의한 재물에 충성치 아니하면 누가 참된 것으로 너희에게 맡기겠느냐?" 이 구절은 당신의 드리는 삶은 당신의 영적 신뢰도를 반영한다고 말하고 있는 것입니다.

우리의 돈을 하나님의 나라를 위해 드리는 것을 포함하여, 우리가 돈 사용에 있어서 충성스럽지 못하다면, 하나님께서는 우리가 영적인 부를 관리할 수 있을 정도로 신뢰할 만하지는 않다고 결론을 내리실 것이라는 말입니다.

예를 들어 설명하면 다음과 같습니다. 목재 회사의 사장이 어떤 사원에게 장차 그 회사를 물려주기를 원하고 있습니다. 물론, 그는 그 사원이 그 회사를 제대로 경영할 수 있을지 알아 보기를 원합니다. 그래서 사장은 그 사원에게 그 사업과 관련된 일의 일부, 즉 새로운 목재를 주문하는 일과 검품하는 일을 맡깁니다. 이는 그 일을 회사에 이익이 되는 방향으로 잘 수행하는지를 보기 위함입니다. 사장은 그 사원이 그 일을 어떻게 수행하는지 몇 개월에 걸쳐 유심히 관찰합니다. 이는 회사의 이익을 위해서가 아니라 그의 신뢰도와 능력을 알아 보기 위함입니다. 만약 그가 그 목재 회사의 일의 작은 부분에서 신뢰할 만하지 않다는 것이 드러나면 사장은 회사 전체를 그에게 맡기지 않을 것입니다. 그러나 그가 그 일에서 충성되다는 것이 입증되면, 사장은 그 회사의 모든 것을 그에게 맡길 것입니다.

당신의 돈 사용과 드리는 삶을 살펴보는 것은 그리스도와 당신의 관계 및 당신의 영적 신뢰도를 평가하는 가장 좋은 방법입니다. 만약 당신이 전심으로 그리스도를 사랑한다면, 드리는 삶은 그것을 반영할 것입니다. 만약 당신이 다른 어떤 것보다 주님과 주님의 나라의 일을 귀중히 여긴다면, 당신의 드리는 삶은 그것을 나타낼 것입니다. 만약 당신이 그리스도의 주재권에 진정으로 굴복하고 있다면, 그리고 삶의 모든 영역에서 기꺼이 전폭적으로 그리스도께 순종하고 있다면, 당신의 드리는 삶은 그것을 드러낼 것입니다. 우리는 자신이 가지고 있는 모든 돈에 대한 권리를 다른 누구에게, 또는 그리스도께 드리기 전이라면, 우리 마음대로 사용할 것입니다. 그러나 그 권리를 그리스도께 드렸다면, 이는 당신의 드리는 삶에서 표현될 것입니다.

이 때문에 당신의 금전출납부가 다른 어떤 것보다 더 당신에 대해 많은 것을 이야기해 준다는 말이 있는 것입니다. 당신이 이 세상을 떠난 후에 전기 작가나 당신의 자녀가 당신이 어떤 그리스도인이었는지 알기 위해 당신의 금전출납부를 살펴본다면, 그들은 어떤 결론에 도달하겠습니까? 당신의 그리스도와의 동행에 대해 어떤 사실을 밝혀 내게 될까요? 그 금전출납부는 당신의 높은 영적 신뢰도에 대한 살아 있는 증거가 될까요?

드리는 삶 - 율법이 아니라 사랑으로

하나님께서는 당신에게 청구서를 보내지는 않으십니다. 교회는 당신에게 청구서를 보내지 않습니다. 하나님과 그분의 나라를 위해 물질을 드리는 것은 무슨 "제 11계명"을 지키는 것이 아닙니다. 마땅히 하나님께 대한 당신의 사랑이 동기가 되어 드려야 합니다. 얼마나 드리는지는 당신이 얼마나 하나님을 사랑하는지를 반영해야 합니다.

고린도후서 8장에서, 사도 바울은 이 편지를 받는 고린도 성도들에게 마게도냐에 있는 그리스도인들이 얼마나 충성스럽게 드렸는지를 설명하고 있습니다. 7절에서, 그는 고린도 성도들에게 "오직 너희는 믿음과 말과 지식과 모든 간절함과 우리를 사랑하는 이 모든 일에 풍성한 것같이 이 은혜에도 풍성하게 할지니라"고 말합니다. 다른 말로 하면, "마게도냐 성도들처럼 여러분들도 드리는 이 은혜에서 뛰어나도록 하라"라는 말입니다. 그러나 8절을 주목해 보십시오. "내가 명령으로 하는 말이 아니요, 오직 다른 이들의 간절함을 가지고 너희의 사랑의 진실함을 증명코자 함이로라." 그는 드리도록 명령하기 위해 예수님의 사도로서의 권위를 사용하지 않았습니다. 헌금을 해야 한다는 무슨 율법을 강요한 것이 아니라, 그것이 하나님을 향한 그들의 사랑을 입증하는 방법이 되어야 한다고 한 것입니다.

그 다음 장에서 이 원리를 보다 명확하게 했습니다. 고린도후서 9:7에서 "각각 그 마음에 정한 대로 할 것이요"라고 했는데, 그는 드리는 삶을 위한 동기로 종교적인 무슨 명령을 제시하고 있지 않음을 주목하십시오.

비슷한 교훈이 고린도전서 16:2에도 나옵니다. 그는 "각 사람이 이를 얻은 대로" 드려야 한다고 했습니다.

바울은 결코 그들에게 헌금에 대한 무슨 측정 가능한 외적 표준을 제시하지 않았습니다. 그는 하나님께 얼마나 드릴 것인지는 각자 마음속에서 정해야 하는 것이며, 그 표준은 하나님께 대한 그들의 사랑이라고 했습니다.

이전에 사용되었던 예화 하나를 소개하고 그것을 드리는 삶에 대한 우리의 동기에 적용해 보도록 하겠습니다. 결혼 기념일에 내가 아내에게 가서, 등뒤에 감추고 있던 아내가 좋아하는 노란 색 장미 한 묶음을 내밀며 "결혼 기념일을 축하하오!"라고 말했다고 가정합시다. 그러자 아내는 "어머, 너무 아름다워요! 여보, 정말 고마워요! 당신 돈 많이 쓰셨군요"라고 말합니다. 나는 즐거워하는 아내에게 무뚝뚝하게 "무슨 천만의 말씀을. 오늘은 결혼 기념일이고 당신에게 선물을 하는 것은 남편으로서 나의 의무란 말이오"라고 대꾸합니다. 아내의 기분이 어떨까요? 아마 장미를 그대로 내던지고 싶을 것입니다. 그러나 내가 그 대신 다음과 같이 대답했다고 합시다. "난 당신을 너무나 사랑하기 때문에 내 돈을 당신을 위해 쓰는 것보다 더 즐겁고 기쁜 일이 없다오." 똑같은 돈으로 산 똑같은 선물입니다. 그러나 전자는 율법적인 동기에 의한 것이고, 후자는 사랑의 동기에 의한 것입니다. 이 둘은 엄청난 차이가 납니다.

하나님께도 마찬가지일 것입니다. 하나님께서는 당신의 헌금이 율법주의에 의한 것이 아니라, 하나님을 향한 사랑의 표현이기를 원하십니다.

드리는 삶 - 자원하여, 감사하는 마음으로, 그리고 기쁨으로

고린도후서 9:7을 다시 한 번 살펴봅시다. "각각 그 마음에 정한 대로 할 것이요, 인색함으로나 억지로 하지 말지니, 하나님은 즐겨 내는 자를 사랑하시느니라."

하나님께서는 당신이 원치는 않으면서도 아까워하며 마지못해 드리거나, 올바르지 못한 마음으로 드리는 것은 그것이 아무리 많은 헌금일지라도 원치 않으십니다. 하나님은 탐욕스런 손바닥을 내밀며 소작료를 요구하는 하늘에 계신 지주가 아닙니다. 또한 어쨌든 하나님이 모든 것의 소유주라는 것을 알기 때문에 마지못해 드리는 것도 원치 않으십니다. 하나님께서는 당신이 원해서 드리기를 원하십니다.

어떤 사람이 이렇게 말했습니다. "세 종류의 헌금이 있습니다. 마지못해 하는 헌금, 의무로 하는 헌금, 그리고 감사로 하는 헌금. 마지못해 드리는 자는 '나는 드리지 않을 수 없어서'라고 말하고, 의무로 하는 자는 '난 마땅히 해야 하니까'라고 말하며, 감사로 드리는 자는 '내가 원하므로'라고 말합니다."

하나님께서는 당신이 드리는 삶을 즐기기 원하십니다.

마치 회계감사 후에 국세청에 세금을 내듯이 하나님께 헌금을 하는 사람이 있습니다. 전기 회사에 전기 요금을 납부하듯이 하나님께 드리는 사람도 있습니다. 그러나 어떤 사람들은 약혼자에게 약혼 반지를 끼워 주듯이, 혹은 크리스마스 아침에 기뻐 즐거워하는 네 살짜리 아들에게 선물을 주듯이 하나님께 헌금을 합니다.

간직하고 있을 수가 없으니까 드린다는 사람들도 있습니다. 하나님께 빚을 지고 있으니까 드린다는 사람들도 있습니다. 그러나 드리지 않고는 견딜 수가 없어서 드린다는 사람들이 있습니다.

감사함과 기쁨으로 드리기 위해서는 이유가 있어야 한다고 생각합니다. 그렇지 않으면, 침체 상태에 있는 사람에게 다가와서는 단지 "힘을 내세요!" 하고 말하는 것과 다름이 없습니다. 침체 상태에 있을 때는 힘을 낼 수 있게 하는 이유가 있어야 합니다. 그러나 한참 동안 골똘히 생각해 봐야 감사함으로 그리고 기쁨으로 드리게 해주는 이유들이 생각나는 것이 아닙니다. 하나님께서 그의 아들 예수 그리스도 안에서 당신에게 얼마나 큰 선물을 주셨는지를 생각할 때, 하나님께서 당신에게 베풀어 주신 자비와 은혜를 생각할 때, 하나님께서 어떻게 당신이 가지고 있는 모든 것을 공급해 주셨는지를 생각할 때, 그리고 당신은 하나님께 드리고 있다는 것을 생각할 때, 당신은 감사함으로 그리고 기쁨으로 드릴 수 있게 될 것입니다.

만약 어느 주일날 아침에 교회에서 목사님이 "지금 이 자리에는 세계에서 가장 큰 마약 조직의 두목께서 와 계십니다. 우리는 그의 군대를 위해 기부금을 내려고 합니다"라고 한다면, 당신은 틀림없이 기꺼이 내지는 않을 것입니다. 그러나 만약 "주 예수 그리스도께서 바깥 현관에 와 계십니다. 오늘 여러분이 드리는 것은 모두 그분께 드릴 것이며, 그분의 나라를 위해 사용될 것입니다"라는 말을 듣는다면, 당신은 즐거운 마음으로 지갑에 있는 것을 다 털어 예수님께 드릴 것입니다. 당신은 자신이 하나님께 드리고 있다는 것을 알기 때문입니다.

하나님께 드리고 있다는 것을 깨달을 때는 인색함으로나 억지로 드리지 않을 것입니다. 대신 당신은 기꺼이, 감사함으로, 그리고 기분 좋게 드리게 될 것입니다.

드리는 삶 – 진정한 필요들에 대한 온당한 반응으로

진정한 필요들이 교회를 통해 알려지고 교회의 회중들이 그러한 필요들을 위해 자발적으로 드리는 것이 필요할 때가 있습니다.

사도행전에는 그리스도인들이 구체적인 필요들에 응답하여 교회를 통해 드린 실례가 적어도 세 번 소개되어 있습니다.

처음 것은 교회가 탄생한 직후의 일입니다. 사도행전 2:43-45에는 이렇게 기록되어 있습니다. "사람마다 두려워하는데, 사도들로 인하여 기사와 표적이 많이 나타나니, 믿는 사람이 다 함께 있어 모든 물건을 서로 통용하고, 또 재산과 소유를 팔아 각 사람의 필요를 따라 나눠 주고."

오순절날, 성령께서 예수님을 믿은 사람들 위에 임하시고 교회가 태어났을 때, 예루살렘에는 유대 절기를 지키기 위해 로마 제국의 각처로부터 온 수많은 사람들이 있었습니다. 3천 명의 사람들이 그날 그리스도인들이 되었는데, 그들 중 많은 사람들이 그 당시 예루살렘을 방문하고 있었던 사람이었습니다. 이내 수천 명이 더 교회에 합류했습니다. 이 방문자들 가운데 많은 이들은 예수님을 믿음으로써 예기치 않게 예루살렘에 오래 머물게 되었습니다. 그들은 집이 없었고, 예루살렘에 직장을 가지고 있지도 않았으며, 자신들의 필요를 채울 수단을 가지고 있지도 않았습니다. 목전의 그러한 문제를 해소하기 위해, 예수님을 믿은 모든 이들은 자신들의 자원을 공동 소유로 했으며, 재산을 팔았고, 그들의 필요들을 채워 주었습니다.

사도행전 4:32-35의 상황도 비슷합니다.

> 믿는 무리가 한마음과 한뜻이 되어 모든 물건을 서로 통용하고 제 재물을 조금이라도 제 것이라 하는 이가 하나도 없더라. 사도들이 큰 권능으로 주 예수의 부활을 증거하니, 무리가 큰 은혜를 얻어, 그중에 핍절한 사람이 없으니, 이는 밭과 집 있

는 자는 팔아 그 판 것의 값을 가져다가 사도들의 발 앞에 두매 저희가 각 사람의 필요를 따라 나눠 줌이러라.

이러한 진정한 필요를 채우기 위해 드리는 것은 그리스도의 교회에 속한 사람들에게는 올바른 반응이었습니다.

또 다른 예가 사도행전에 나와 있는데, 이번에는 그 필요가 어떤 좁은 장소의 필요가 아닙니다. 그리고, 드리는 사람들은 궁핍한 가운데 있는 사람들을 육안으로는 볼 수가 없었습니다. 지리적으로 떨어진 곳에 있었기 때문입니다. 사도행전 11:27-30에는 이렇게 기록되어 있습니다. "그때에 선지자들이 예루살렘에서 안디옥에 이르니, 그중에 아가보라 하는 한 사람이 일어나 성령으로 말하되 '천하가 크게 흉년 들리라' 하더니, 글라우디오 때에 그렇게 되니라. 제자들이 각각 그 힘대로 유대에 사는 형제들에게 부조를 보내기로 작정하고, 이를 실행하여 바나바와 사울의 손으로 장로들에게 보내니라." 예루살렘에서 북쪽으로 300마일 떨어진 곳에 있는 안디옥의 그리스도인들은 자신들이 알지도 못하는, 예루살렘의 그리스도인들의 양식과 기타 다른 필요들을 돕기 위해 드렸습니다.

이것이 교회에서 하는 특별 헌금, 예를 들면 국외 및 국내 선교, 세계의 굶주리는 지역 등을 위한 헌금에 대한 성서적인 기초가 됩니다. 이러한 사례들에서 그 누구도 헌금을 하도록 강요받거나, 혹은 얼마 혹은 몇 %를 하도록 지시를 받지 않았다는 점을 주목해 보십시오.

특별한 필요를 위해 헌금을 하는 것에 대한 다른 지침들이 있으나 여기서 토의하지는 않겠습니다. 그런 것들 가운데는 사실들을 확실히 파악하는 것, 돈이 얼마나 책임감 있게 사용될 것인지를 아는 것 등등이 있습니다. 그러한 자발적인 헌금은 타당한 것이나, 대부분의 우리 헌금이 이런 형태이어야 하는 것은 아닙니다.

드리는 삶은 계획적이고 규칙적이어야 한다

고린도전서 16:1-2에서 사도 바울이 어떻게 드리도록 그리스도인들에게 지시하고 있는지 주목해 보십시오. "성도를 위하는 연보에 대하여는 내가 갈라디아 교회들에게 명한 것같이 너희도 그렇게 하라. 매주일 첫 날에 너희 각 사람이 이를 얻은 대로 저축하여 두어서 내가 갈 때에 연보를 하지 않게 하라."

이 "성도를 위하는 연보"란 기근으로 인해 고통받고 있는 예루살렘의 가난한 그리스도인들을 위한 특별 헌금입니다. 그러나 비록 그 헌금이 특별한 필요를 위한 것이긴 하지만, 바울은 그들에게 자기가 가기 전에 일정 기간 동안 매주 그 필요를 위해 드리라고 했습니다. 그는 어떤 필요가 발생할 때마다 되는 대로 드리는 것보다는, 계획적으로 규칙적으로 드리는 것이 더 좋다는 것을 알고 있었습니다. 선교를 위한 지원, 가난한 자들을 돕는 것, 지역 교회의 사역을 유지해 나가는 것 등 많은 필요들이 지속적으로 존재하는 것들이기 때문에, 늘 특별 헌금을 하는 것보다는, 규칙적으로 헌금을 하고 때때로 특별 헌금을 하는 것이 더 낫습니다.

이 계획적이고 규칙적인 헌금에 대한 세 가지 사실을 눈여겨보십시오. 그는 그들에게 "매주일 첫 날에" 드리라고 했습니다. 아마도 이 사람들은 매주 혹은 매일 급여를 받았던 것 같습니다. 우리도 대부분 매주, 격주, 혹은 매월 한 번씩 급여를 받습니다. 그러나 "매주일 첫 날에" 드려야 한다는 것은 우리가 주님께 예배하기 위해 올 때 빈손으로 오지 않고 드릴 것을 가져와야 한다는 것을 성경적으로 뒷받침해 주는 말씀이 될 수도 있습니다. 그것은 급여 주기 동안의 주일 숫자로 헌금을 나누어서 매주일에 같은 금액의 헌금을 드리는 것을 의미할 수도 있고, 혹은 급여 주기 중의 주된 헌금을 하지 않는 주일들에는 적은 금액의 별도의 헌금을 하는 것을 의미할 수도 있습니다.

둘째, 그는 "너희 각 사람이" 이를 행해야 한다고 말하고 있는 점을 주목하십시오. 그리스도인이라 자처하는 모든 사람은 이러한 방법으로 자신이 하나님의 돈에 대한 청지기라는 사실을 나타내야 합니다. 이 말은, 시간이나 재능을 드렸으니 돈은 드리지 않아도 된다고 변명할 수 없다는 것을 의미합니다. 시간이나 재능을 드리는 것은 훌륭한 일이며, 그것들에 대한 청지기 역할을 잘 하는 것이지만, 그것이 돈에 대한 청지기 역할을 대신하는 것은 아닙니다. 이 말은 우리는 경제적으로 어려움을 겪고 있기 때문에, 혹은 퇴직했기 때문에, 혹은 십대이니까, 혹은 시간제로만 일할 뿐이니까 드리지 않아도 된다고 말할 수 없다는 것을 의미합니다. 기억하십시오. 하나님께서는 우리가 가진 모든 것의 소유주이시며, 비록 우리 손에 많은 것을 맡기시지 않았다 해도 그러합니다. 그리고 하나님께서는 그것을 어떻게 사용해야 할지를 말씀해 주십니다. 또한 기억하십시오. 우리는 돈을 하나님의 방법으로 사용할 때 가장 만족스러울 것입니다. 하나님의 방법은, 계획적으로 규칙적으로 드리는 것입니다.

셋째, 바울은 각 사람이 "이를 얻은 대로" 드려야 한다고 말합니다. 당신은 번영하면 할수록 더 많은 분량을 드려야 합니다. 몇 %까지만 드려야 한다는 것은 없습니다. 수입의 10%를 드렸다는 것이 반드시 당신이 하나님의 뜻을 이행했다는 것을 의미하지는 않습니다. 그것은 드리는 삶에서 더 이상 올라갈 수 없도록 막는 천장이 아니라, 딛고 올라가기 시작해야 할 방바닥입니다.

나는 누가 얼마나 헌금하는지 전혀 모릅니다. 다만 대화를 통해 한 가정은 수입의 약 20%를 드린다는 것을 알고 있습니다. 그리고 어떤 가정은 20~25%을 정기적으로 드리고 있었습니다. 이 두 가정은 부자가 아니라 그저 평범한 가정입니다. 우리 교회 교인들 중에 이런 가정이 여럿 더 있는 것으로 짐작은 하고 있습니다. 그들에게도 자녀가 있고, 집세를 내야 하고, 우리 대부분의 가정처럼 매월 청구서가 날아옵니다. 그러나 그들은 하나님께서 가정에 물질적 축복을 더하여 주심에 따라 헌금의 비율을 더 높이기로 계획하고 꾸준히 실행해 온 것입니다.

아내의 친척 중에 부자는 아니지만 생활비가 적게 들어가는 편이어서 수입의 90%를 하나님께 드리고 나머지 10%로 살아가고 있는 사람이 있습니다. 우리가 알고 있는 한 사업가는 사업가치고는 그리 부자는 아니지만 주님께서 계속 그의 사업을 번창케 하심에 따라 자기 수입의 90%를 하나님 나라의 일에 드리게 되었습니다. 이들 가운데 자신의 행동에 대해 후에 천국에서 후회할 사람이 있겠습니까?

조지 뮐러는 다음과 같이 물었습니다.

당신은 주님의 일을 위해 계획적이고 규칙적으로 드리고 있습니까? 아니면 감정이나, 특별한 환경을 통해 받는 감동, 혹은 주의를 끄는 호소 등에 의존하여 드립니까? 주님은 자기의 보혈로 우리를 사셨기에 우리의 모든 것은 주님의 소유입니다. 따라서 우리의 모든 것으로 주님께 영광을 돌려야 합니다. 만약 계획적이고 규칙적으로 드리는 원리를 따라 드리지 않는다면, 우리는 훗날 우리의 짧은 생애가 어느새 다 흘러가 버렸고, 주님을 위해 한 것이 별로 없음을 알게 될 것입니다.

월급이 오를 때마다, 특별한 사정이 없는 한, 이전에 드리던 것보다 더 많이 드리기 위해 계획을 세우십시오. 올리는 비율은 많을 수도 있고 적을 수도 있지만, 당신의 수입이 증가할 때마다 하나님께 규칙적으로 더 많이 드리기 위해 목표를 가져야 합니다.

우리 부모님은 내게 매주 15센트의 용돈을 주시기 시작하던 어린 시절부터 일정한 비율로 헌금하는 것을 가르치셨습니다. 나는 세 개의 상자를 받았는데, 하나에는 "헌금", 또 하나에는 "저축", 그리고 나머지 하나에는 "쓸 것"이라고 씌어 있었습니다. 매주 5센트짜리 동전 하나는 "저축" 상자에 들어갔고, 또 하나는 "헌금" 상자에 들어갔는데, 그것은 내가 주일날 교회로 가져 갈 때까지 거기에 있었습니다. 그러나 나머지 하나는 "쓸 것" 상자에 들어간 적이 없었습니다. 나는 용돈을 받자마자 자전거를 타고 한참 달려 시내로 가서 야구 게임 입장권을 샀습니다! 그러나 나는 규칙적으로 드리는 삶을 배웠습니다.

뮐러의 말을 다시 들어 봅시다.

> 그러므로 나는 나의 사랑하는 그리스도인 친구들에게 이것을 마음에 새기도록 사랑의 마음으로 부탁하고 또한 바라는 바입니다. 나는 그들이 지금까지 엄청난 영적 축복들을 잃어 왔다고 생각합니다. 이는 그들이 규칙적으로 드리고, 하나님께서 그들에게 축복해 주시는 대로 드리며, 계획에 따라 드리는 원리를 따르지 않았기 때문입니다. 즉 단순히 충동에 의해서가 아니라, 어떤 선교사나 자선 단체 사람의 설교에 의해서가 아니라, 하나님께서 할 수 있게 하심에 따라, 원리를 따라 규칙적으로 늘 드려야 하는 것입니다. 만약 주님께서 그들에게 1파운드를 맡기신다면, 그것에 맞추어 한 부분을 드리며, 만약 그들이 1천 파운드의 유산을 상속받는다면, 그것에 맞게 드리며, 만약 주님께서 그들에게 1만 파운드를 맡기시면, 혹은 그것이 얼마이든 간에, 그에 따라 드려야 합니다. 오, 나의 형제들이여, 나는 우리가 그 축복을 깨닫는다면 원리를 따라 드릴 것이라고 믿습니다. 그리고 그렇다면, 우리는 지금 드리고 있는 것보다 100배는 더 드려야 할 것입니다.

후하게 드리는 삶은 풍성한 축복을 가져온다

우리 주 예수님께서는 누가복음 6:38에서 "주라. 그리하면 너희에게 줄 것이니, 곧 후히 되어 누르고 흔들어 넘치도록 하여 너희에게 안겨 주리라. 너희의 헤아리는 그 헤아림으로 너희도 헤아림을 도로 받을 것이니라"라고 말씀하셨습니다.

이것이 신약성경에서 이런 축복에 대해 가르치고 있는 유일한 구절은 아닙니다. 고린도후서 9:6-8을 살펴봅시다. 거기서 하나님께서는 이렇게 약속하고 계십니다. "이것이 곧 적게 심는 자는 적게 거두고, 많이 심는 자는 많이 거둔다 하는 말이로다. 각각 그 마음에 정한 대로 할 것이요, 인색함으로나 억지로 하지 말지니, 하나님은 즐겨 내는 자를 사랑하시느니라. 하나님이 능히 모든 은혜를 너희에게 넘치게 하시나니, 이는 너희로 모든 일에 항상 모든 것이 넉넉하여 모든 착한 일을 넘치게 하게 하려 하심이라."

당신이 만약 하나님께 드린다면 하나님께서 당신에게 주실 것입니다. 만약 하나님께 풍성하게 드린다면, 하나님께서도 당신에게 풍성하게 주실 것입니다.

나는 당신이 하나님께 많은 물질을 드린다고 반드시 하나님께서 당신을 이땅에서 재정적으로 부자가 되게 해주실 것이라고 믿지는 않습니다. 그러나 나는 이러한 구절들과 다른 구절들이 하나님의 돈에 대해 충성된 청지기의 역할을 한 사람들에게는 이 지상에서 모종의 축복이 주어진다는 것을 가르친다고 믿습니다. 8절의 마지막에는 "이는 너희로 모든 일에 항상 모든 것이 넉넉하여, 모든 착한 일을 넘치게 하게 하려 하심이라"라고 되어 있습니다. 그것은 이 땅에서의 축복에 대해 명백히 말하고 있습니다. 하나님께서는 당신이 충성스럽게 드리면 많은 돈이나 혹은 기타 이땅의 무슨 특정한 축복을 주시겠다고 결코 말씀하시지 않습니다. 그러나 당신이 하나님께 후히 드릴 정도로 하나님을 사랑하고 신뢰한다면, 이생에서 당신을 축복하시겠다고 말씀하고 계십니다.

우리는 하나님께서 진정으로 우리를 사랑하신다면(그리고 하나님의 사랑의 깊이는 십자가에서 확증하셨음), 우리 마음대로 돈을 사용했을 때보다 더 큰 축복과 더 큰 기쁨을 맛볼 수 있게 돈을 사용하는 법을 가르쳐 주실 것으로 믿어야 합니다. 그러나 세상은 하나님의 돈을 앗아가고자 합니다. 온갖 광고들을 보면 알 수 있습니다. 우리는 또한 여느 사람들처럼 돈을 이기적으로 사용하고자 하는 욕망을 가지고 있습니다. 성경은 이러한 욕망을 육신의 욕망이라고 부릅니다. 그리고 마귀는 우리와 하나님 나라의 대적인 까닭에 돈을 허비하게 하려고 애쓰며, 우리 삶과 하나님의 일을 망치고 싶어합니다. 그러나 하나님께서는, 궁극적으로 볼 때 가장 큰 유익과 기쁨을 얻게 해주는 방식으로 우리 돈을 사용하는 법을 말씀해 주십니다.

그러나 드리는 삶으로 말미암은 하나님의 축복은 대부분 이 세상에서는 경험하지 못할 것입니다. 그리고 이땅에서 돈을 드리는 것이 천국에서 보물을 쌓는 것임을 믿는 믿음이 필요합니다(마태복음 6:20). "주는 것이 받는 것보다 복이 있다"(사도행전 20:35)는 예수님의 말씀을 믿으려면 믿음이 필요합니다. 그러나 만약 이 구절들이 진실이라면(실제로 그렇습니다!), 우리는 후하게 그리고 즐거이 드린 것에 대해 하나님께서 실제로 언젠가 어딘가에서 반드시 갚아 주실 것이라는 것을 믿을 수 있습니다.

이러한 구절들을 당신이 어떻게 해석하든, 당신의 드리는 삶에 대해 하나님께서 이땅과 하늘나라에서 얼마나 보상해 주시든, 결론은 명확합니다. 당신이 후하게 드린다면 하나님께서 풍성하게 축복해 주실 것이다.

추가 적용

당신은 일생이라는 시간의 끝을 대비하고 있습니까? 70년대 초반의 인기 있던 음악가요 작사가였던 짐 크로스의 가장 유명한 음반은 "병 속의 시간"이었는데, 시간을 병 속에 저축해 두었다가 나중에 사랑하는 사람과 사용하고픈 열망을 노래한 것입니다. 그런데 무서운 사실은 그 노래가 히트할 무렵 그는 이미 이 세상 사람이 아니었다는 것입니다. 그가 만약 시간을 병 속에 저축할 수 있었다면, 저축해 둔 그 시간을 자기 생명을 연장하는 데 사용했을 것으로 생각됩니다. 그러나 물론 그는 시간을 저축해 둘 수가 없었습니다. 그리고 그가 만약 그렇게 할 수 있었다 해도, 그것은 오래 전에 어떤 식으로든 다 써버렸을 것입니다.

모든 사람의 모래 시계에는 많은 모래알이 들어 있으나 어떤 사람은 좀 일찍, 어떤 사람은 좀더 있다가 다 흘러 내릴 것입니다. 이 장을 쓰고 있는 도중에도 막 부친상을 당했다는 사람으로부터 좀 와달라는 요청을 받았습니다. 만약 그리스도께서 재림하시지 않는 한, 언젠가는 당신의 시간은 다 가고, 이와 함께 당신도 이 세상을 떠나가게 될 것입니다.

당신은 이를 위한 대비가 되어 있습니까? 당신은 유서를 작성해 두었을 수도 있고, 자신의 장례를 위한 계획을 세우고 비용을 미리 지불했을 수도 있으며, 많은 보험에 들었을 수도 있으나, 하나님 앞에서 당신의 죄가 해결되지 않았으면 준비가 된 것이 아닙니다. 또한 당신이 하나님을 위해서가 아니라 자신을 위해서 사는 데 낭비해 온 시간, 하나님께 불순종하는 데 쓴 시간, 세상과 함께 멸망해 버릴 세상 것을 추구하는 데 허비한 시간, 하나님의 나라의 일에 투자하는 데 사용할 수도 있었는데 그렇지 못했던 시간에 대해서는 설명할 준비가 되어 있지도, 준비가 될 수도 없습니다.

당신은 그리스도께 나아와 일생 전체를 잘못 사용했다는 것을 고백하지 않았으면 하나님 앞에 설 준비가 되어 있지 않습니다. 당신은 그리스도의 죽으심에 의지하여 당신을 용서해 달라고 하나님께 요청하기까지는 죽음에 대해 준비가 되어 있지 않습니다. 당신은 부활하신 그리스도께 남은 여생의 통제권을 넘겨 드리지 않았으면 이생을 마감할 준비가 되어 있지 않습니다.

"오늘날 너희가 그의 음성을 듣거든 너희 마음을 강퍅케 말라"고 히브리서 4:7에 기록되어 있습니다. 지옥은, 회개하고 그리스도를 믿을 시간이 아직도 있을 때 자신들의 마음을 강퍅케 했던 사람들로 가득 차 있습니다. 지옥은, 시간이 많이 있다고 생각하여, 혹은 좀더 있다가 예수님을 믿겠다고 생각하여, 마음을 강퍅케 했던 사람들로 들끓고 있습니다. 지옥은 당신이 지금 가지고 있는 것과 같은 그런 기회를 가지기만 했어도 자신들의 마음을 강퍅케 하지는 않았을 사람들로 만원을 이루고 있습니다. 지옥은 당신처럼 복음에 반응할 기회를 한 번만 더 가질 수 있다면 온 세상이라도 바칠 사람들로 가득 차 있습니다. 지옥은 히브리서 4:7에 동의하는 가운데, 그리스도 바깥에 있는 사람들에게 "오늘날 너희가 그의 음성을 듣거든 너희 마음을 강퍅케 말라"고 외치는 사람들로 발 디딜 틈이 없는 것입니다.

하나님의 뜻대로 당신의 시간을 사용하고 있습니까? 다음과 같은 각 영역에서 당신의 시간 사용을 평가해 보고, 하나님께서 원하시는 대로 시간을 들이고 있는지 자문해 보십시오(너무 많이 들이거나 너무 적게 들이는 양극단이 있다는 것을 기억하십시오). 일, 가정 내부 및 주변의 일, 취미 활동, 텔레비전 시청, 스포츠, 주일, 가족, 운동, 레크리에이션, 수면, 성경 말씀 섭취, 기도, 전도와 선교, 그리고 샤워와 몸 치장 등.

아마도 당신의 시간 사용은 미세한 조정을 필요로 할지 모릅니다. 어쩌면 하나님께서는 구조적인 조정을 요구하실지도 모릅니다. 훈련된 삶이란 시간 사용 훈련을 하지 않고는 불가능하다는 것을 명심하십시오. 이러한 훈련의 긍정적인 효과들을 생각해 보십시오. 시간 사용 훈련을 통해 훈련된 삶을 살 수 있습니다.

오해의 여지를 없애기 위해 한 마디 덧붙이고자 합니다. 여기서 설명하고 있는 훈련된 시간 사용을, 몹시 엄격하고, 휴식도 없고, 죽기 살기로 뭔가를 하는 그런 생활 양식을 장려하는 것으로 이해해서는 안 됩니다. 조나단 에드워즈의 전기를 읽어 보니 그가 시간 사용과 관련하여 이 장에서 소개한 원리대로 살았다는 것을 확신할 수 있었습니다. 그럼에도 그의 전기 작가는 그를, 숨도 제대로 쉴 수 없을 정도로 정신없이 바쁘게 산 사람, 언제나 예정보다 늦게 일을 끝낼 정도로 일에 빠져 있었던 사람으로 그리고 있지 않습니다. 또한 그는 차갑고, 계산적이고, 사람보다 "생산"에 더 관심을 기울이는 그런 사람이 아니었습니다. 그는 대개 매일 아내와 함께 말을 타고 멀리 여행하며 교제를 즐기기도 했고, 아침마다 말을 타고 숲 속으로 가서 기도 시간을 갖기도 했습니다. 그는 많은 자녀들과 함께 시간을 보냈으며, 그들과 함께 웃고 즐기는 법도 알고 있었습니다. 그런 것들이 옳은 것이었으며, 또한 하나님을 기쁘시게 하는 것이었기 때문에 그는 그 모든 것들을 행했습니다.

시간 사용 훈련의 핵심은 하나님의 뜻을, 그것이 행해져야 할 때에 행하는 것입니다. 전도서 3:1은 "천하에 범사가 기한이 있고, 모든 목적이 이룰 때가 있다"고 말합니다. 이 책에서 소개된 구체적인 종류의 훈련들을 해야 할 때가 있습니다. 그러나 휴식을 취하며, 올바른 레크리에이션을 통해 육체적 감정적 에너지를 충전하며, 인간 관계들을 살찌우기 위해, 훈련해야 할 때도 있습니다. 비록 예수님께서 흔히 오랜 시간 동안 하나님의 일을 하시며, 흔히 많은 도움을 요청받는 상황 가운데 처하기도 하셨지만, 그럼에도 예수님은 휴식을 취하고, 재충전을 하며(아마도 이곳 저곳으로 이동하는 동안), 인간 관계를 맺어 가신 한 사람의 인간이셨습니다. 예수님은 결코 시간을 헛되이 사용하지 않으셨지만, 그럼에도 우리는 성경에서 정신없이 바쁘게 사는 예수님의 모습을 읽을 수가 없습니다. 그리고 예수님은 시간 사용 훈련에 있어서 우리에게 본을 보여 주십니다.

당신은 성령 충만한 가운데 시간 사용 훈련을 함으로 보다 그리스도를 닮은 삶을 살 수 있습니다. 하나님께서는 은혜 안에서 자라가는 것을, 늘 유혹은 하나 결코 누리지는 못하는 무슨 영적 미끼처럼 당신 앞에 매달아 놓지는 않으십니다. 하나님께서는 경건한 삶에서 실제적으로 진보를 보이는 것은 가능하며 영적 훈련들이 그 수단이라고 말씀하셨습니다. 그리고 각각의 영적 훈련들 뒤에 있는 실제적인 단계는 시간 사용 훈련입니다.

당신은 드리는 삶을 위한 하나님의 원리들을 기꺼이 받아들입니까? 당신은 이미 그 원리들에 대해 읽었고 생각하기도 했습니다. 그러나 그것들을 믿으며 당신을 위한 하나님의 뜻으로 받아들입니까?

당신은 진정으로 드리는 삶을 삽니까? 당신의 돈 사용은 당신이 그리스도를 따르고 있으며 경건함을 추구하고 있다는 것을 명확히 보여 줍니까? 당신의 돈은 당신 삶의 많은 부분을 투자하여 얻은 것입니다. 그러므로 돈을 주님께 드리는 것은 당신의 삶을 주님께 드리는 것이라고도 볼 수 있습니다. 오늘부터 당신은 드리는 삶이 예수 그리스도께서 당신 삶의 중심에 계신다는 것을 나타내게 하기로 하겠습니까?

월 스트리트 저널 지의 100주년 기념호(1989년 6월 23일 판)에는 "위대한 사람들의 전시관"이라는 기사가 있었습니다. 그것은 그 신문이 사업에서나 재정적으로 성공한 사람으로 선정한 몇 사람, 즉 카네기, 포드, 모건 등등에 관한 것이었습니다. 수백만 달러의 재산에도 불구하고, 자신들의 돈으로 행한 그 모든 자선 사업에도 불구하고, 그 기사에 나오는 대부분의 사람들은 하나님께서 원하시는 대로 돈을 사용하지는 않았습니다. 그러나 당신은 하나님께서 원하시는 대로 사용할 수 있습니다. 그들은 이미 늦었지만, 당신은 다릅니다. 당신이 얼마나 가지고 있든, 그리스도인으로서 당신은 지상에서 가장 위대한 목적을 위해 자신의 돈을 사용하기 위해 훈련할 수 있습니다. 바로 하나님의 영광을 위해, 그리고 "경건한 삶을 위하여" 돈을 사용하는 것입니다.

제 9 장

조용히 혼자 있는 시간

> 훈련이라는 말은 우리의 마음에서, 입에서, 강단에서,
> 그리고 문화에서 사라져 버렸다. 우리는 현대 미국 사회에서
> 훈련이 의미하는 바를 제대로 알고 있지 못하다.
> 그럼에도, 경건함에 이르는 다른 길은 없다.
> 훈련은 경건에 이르는 길이다.
>
> 제이 애덤즈

나는 19세기 후반의 러시아 작가인 안톤 체호프가 쓴 "내기(The Bet)"라는 단편을 좋아합니다. 그것은 두 사람이 독방 감금형에 관해 내기를 하는 것을 줄거리로 하고 있습니다. 돈 많고, 중년의 나이인 은행가는 사형이 독방 감금형보다 더 자비로운 형벌이라고 믿고 있었습니다. 이유인즉, 사형은 단번에 죽이지만, 독방 감금은 서서히 죽이기 때문이라는 것이었습니다. 그의 파티에 참석했던 스물다섯 살의 젊은 변호사는 그 말을 반박하면서, "어떤 조건 하에서라도 사는 것이 그래도 죽는 것보다는 낫다"고 했습니다.

화가 난 그 은행가는 충동적으로 그 젊은이가 독방 감금 상태에서 5년을 버틸 수 없다는 데 200만 루불을 걸었습니다. 그 변호사는 자신의 지구력에 대해 너무나 자신이 있은 나머지 단지 5년이 아니라 15년 동안을 갇혀 있겠다고 공언했습니다.

계약이 체결되었고, 그 젊은이는 은행가 소유의 널따란 토지에

위치한 한 외딴 건물로 이사를 했습니다. 그에게는 아무도 방문해서는 안 되며 신문도 넣어 줄 수 없게 했습니다. 그는 편지를 쓸 수는 있으나 누구로부터 편지를 받아서는 안 되었습니다. 그가 합의 사항을 깨지 않도록 감시인들을 두었습니다. 그러나 그들도 그 젊은이가 창문을 통해 아무 사람도 볼 수 없게끔 보이지 않는 장소에 있었습니다. 그는 조그만 구멍을 통해 음식물을 공급받았는데, 누가 음식물을 가지고 왔는지 볼 수도 없었고 아무 대화도 해서는 안 되었습니다. 그가 원하는 다른 것들, 예를 들면 책, 다른 음식물, 악기 등은 글로 써서 요청할 수 있었습니다.

그 이야기는 전개되어 가면서 그 변호사가 그 기간 동안 요청했던 것들과 감시인이 창을 통해 가끔씩 훔쳐 본 광경들을 묘사하고 있습니다. 첫 해에는 거의 언제나 피아노 소리를 들을 수 있었고, 그는 많은 책들을 넣어 달라고 요청했는데, 대부분은 소설들과 가볍게 읽을 수 있는 것들이었습니다. 그 다음해에는 피아노 소리는 들려 오지 않고, 여러 고전적인 작가들의 작품들을 요청했습니다. 6년째 되는 해에는 언어 공부를 시작하더니 이내 6개 언어를 통달했습니다. 10년째 되는 해부터는 책상에 꼼짝 않고 앉아 신약성경을 읽었습니다. 1년 이상 성경을 실컷 읽고 나서는 그는 종교의 역사와 신학에 관한 저술들을 공부하기 시작했습니다. 마지막 2년 동안 그의 독서의 폭은 더 넓어져 신학뿐만 아니라 많은 주제들에 대해 두루 섭렵했습니다.

그 이야기의 후반부는 그 변호사가 내기에서 이기게 되는 시각인 약속된 날 정오를 앞둔 그 전날 저녁에 있었던 일에 초점을 맞추고 있습니다. 은행가는 이제 성공 가도의 종착점에 도달해 있었습니다. 위험스런 투기와 성급한 행동들로 말미암아 그의 사업은 서서히 기울었습니다. 한때 의기양양하던 백만장자는 이제 2류 은행가에 지나지 않았고, 더구나 내기에 지는 바람에 약속된 돈을 지불하고 나면 파멸에 이를 지경이었습니다. 자신의 어리석음에 화가

났고, 곧 부자가 될 이제 겨우 40세밖에 되지 않은 사람에게 시샘도 생겨, 그 늙은 은행가는 그 사람을 살해하고 감시원에게 그 죄를 뒤집어씌우기로 결심했습니다. 이를 위해 그 사람의 방에 살금살금 들어가 보았더니 그는 책상에 엎드려 잠이 들어 있었는데, 그가 그 은행가에게 쓴 편지가 바로 옆에 있는 것이 눈에 띄었습니다. 은행가는 그 편지를 집어들고 읽어 보았습니다. 다음과 같은 내용이었습니다.

내일 정오가 되면 나는 자유로워집니다.… 그러나 이 방을 떠나기에 앞서… 나는 당신에게 몇 마디 남길 필요를 느꼈습니다. 청결한 양심으로, 그리고 나를 보고 계시는 하나님 앞에서, 나는 자유와 생명과 건강, 그리고 당신이 넣어 준 책들에서 이 세상의 즐거움이라고 불렀던 그 모든 것들을 경멸한다는 것을 당신에게 선언합니다. 열다섯 해 동안 나는 이 세상에서의 삶을 주의 깊게 연구했습니다. 내가 바깥 세상도, 그곳의 사람들도 보지 못한 것은 사실이지만, 당신이 넣어 준 책들 속에서 살았습니다.… 나는 노래를 불렀고, 숲속에서 사슴들과 멧돼지들을 사냥했습니다.… 당신이 준 책들 속에서 나는 엘부르쯔 산과 몽블랑의 정상에 올라가기도 했으며, 그 꼭대기에서 아침의 일출을 관찰하기도 했고, 저녁에는 그 태양이 하늘과 대양과 산꼭대기들을 자주 빛깔로 물들게 하는 것도 보았습니다. 나는 내 아래쪽에서 번쩍이는 번개가 구름들을 가르는 것을 보았습니다. 나는 푸른 들과 숲과 강과 호수들, 그리고 마을들도 보았습니다. 나는 요정들의 노래 소리와 목동들의 갈대피리 소리도 들었습니다. 나는 하나님에 대해 이야기해 주기 위해 날아온 아름다운 [천사들의] 날개 촉감을 느꼈습니다.… 당신이 넣어 준 책들은 내게 지혜를 주었습니다. 오랜 세월 동안 인간의 지칠 줄 모르는 두뇌 작용에 의해 이룩되었던 모든 것이 압축된 덩어리가 되어 내 머리 속에 저장되어 있습니다.… 내가 알기로 나는 당신들 모두보다 더 지혜롭습니다.… 그리고 나는 당신의 모든 책들을 경멸합니다. 나는 이 세상의 모든 복과 지혜를 경멸합니다. 모든 것은 무가치하며, 그릇되었고, 알맹이가 없으며, 신기루처럼 속입니다. 당신은 당당하며, 현명하고, 멋이 있으나 죽음이 이 지상에서 당신을 쓸어 갈 것이며, 이는 당신의 마루 밑에 사는 생쥐와 다름이 없습니다. 그리고 당신의 상속자들도, 당신의 역사도, 당신의 영속적인 재능들도 지구의 파멸과 함께 얼어 붙거나 불타 버릴 것입니다. 당신은 미쳤으며 옳은 길을 따르지 않고 있습니다. 당신은 거짓을 진리로, 추함을 아름다움으로 생각하고 있습니다. 당신이 귀중하게 여기는 모든 것을 내가 얼마나 경멸하는지를 보여 주기 위해, 한때는 나를 낙원으로 이끌어 줄 것으로 여겼으나 지금은 경멸하는 그 200만 루불을 포기합니다. 그 돈을 받을 수 있는 권리를 스스로 상실하기 위해 나는 약속 시간보다 다섯 시간 일찍 이 방을 떠나고자 합니다. 그리고 그렇게 함으로 우리가 맺은 계약상의 조건을 파기하겠습니다.

그 은행가는 이 편지를 읽고는 다시 책상 위에 놓고, 잠들어 있는 이 낯선 사람에게 입을 맞추고는, 눈물을 흘리며 조용히 그 집을 떠났습니다. 체호프는 "그 이전에는 결코, 심지어 거래소에서 엄청난 손해를 본 다음에도, 그 순간만큼 그 은행가가 자신을 경멸한 적은 없었습니다"라고 쓰고 있습니다. 흐르는 눈물로 인해 그는 그 밤에 눈 한 번 붙여 보지 못했습니다. 그리고 다음날 아침 7시에 감시인으로부터, 그 사람이 창문을 통해 기어나와 출입구로 가더니 사라지는 것을 보았다는 보고를 받았습니다.

나는 이런 식으로 격리된 삶을 사는 것을 권장하는 것이 아니며, 그 변호사의 모든 결론에 동의하는 것도 아니지만, 나는 체호프가 그리스도인이라면 누구나 때때로 그 안에 살아 봤으면 하고 꿈꾸는 그러한 방 속을 들여다보고 있다고 믿습니다.

조용히 혼자 있는 것에는 변화를 일으키는 그 무언가가 있습니다. 또한 그러한 시간을 갖는 것에 우리의 마음이 끌립니다. 예수님을 제외하고, 아마도 각각 구약과 신약을 통해 가장 위대한 사람이라고 볼 수 있는 모세와 바울은 멀리 떨어진 광야에서 보낸 사실상의 격리 기간을 통해 변화를 받았습니다. 그리고 과중한 압력 속에서 살아가다 보면 은밀한 장소로 피하여 몇 년을 보내는 것이 그리스도인들에게도 꼭 필요한 것처럼 느껴질 때가 있습니다.

곰곰 생각해 보면, 하나님께서 주신 책임들, 그것도 다른 사람들과 관련이 있는 책임들을 팽개치고 조용한 곳에 오랫동안 틀어박혀 있다는 것이 옳지도 바람직하지도 않다는 것을 깨닫게 됩니다. 성경적으로 살고자 하면, 가정을 돌보며, 그리스도인들과 교제를 가지며, 전도를 하며, 주님과 주님의 나라를 위한 사역에 참여해야 합니다. 그럼에도 성령으로 말미암아, 우리 영의 한 부분은 조용히 혼자 있는 것을 갈망합니다. 영적인 훈련들 가운데 어떤 것은 다른 사람들과 함께 어울리는 것을 필요로 하지만, 일시적으로 물러나와 조용히 혼자 있는 훈련을 해야 할 때도 있습니다. 이 장에서는 이 훈련이 무엇인지를 알아보며, 그런 훈련을 해야 할 성경적인 이유를 살펴보고, 시작을 위한 적절한 제안을 하는 것으로 마무리하고자 합니다.

조용히 혼자 있는 것이란?

조용히 있는 훈련은 어떤 영적 목표를 추구하기 위해 자발적으로 일시적으로 말을 삼가는 것입니다. 때때로 읽고, 쓰고, 기도하고, 기타 등등을 하는 과정에서 침묵을 하기도 합니다. 입으로는 말을 하지 않지만, 자신 및 하나님과의 내적인 대화는 진행됩니다. 이러한 것은 "외적인 침묵"이라고 부를 수 있을 것입니다. 또 다른 경우에는, 외적으로뿐만 아니라 내적으로도 침묵을 하는데, 이는 하나님의 음성을 좀더 명확하게 듣기 위해서입니다.

혼자 있는 것이란 영적인 목적을 위해 자발적으로 일시적으로 물러나 독거하는 것입니다. 혼자 있는 기간은 몇 분 정도일 수도 있고 며칠간 계속될 수도 있습니다. 조용히 있는 것과 더불어, 혼자 있는 것은 다른 것에 의해 방해됨이 없이 어떤 영적 훈련에 드려지고 싶을 때나 단지 하나님과 단둘이 있기 원할 때 실행합니다.

깊이 다루기 전에 세 가지 간단한 사실을 알아 둘 필요가 있습니다. 첫째, 조용히 침묵하는 것과 혼자 있는 것을 그리스도인들과의 교제의 보완적인 훈련으로 생각하십시오. 조용히 혼자 있는 시간이 없으면 교제에 깊이가 없습니다. 교제가 없으면 고여 있는 물처럼 되어 정체 상태에 머무르게 됩니다. 두 가지의 균형이 필요합니다.

둘째, 조용히 침묵하는 것과 혼자 있는 것은 대개 함께 이루어집니다. 그 둘을 구분할 수도 있지만, 이 장에서는 그 둘을 한 쌍으로 생각하겠습니다.

셋째, 서구 문화는 조용히 침묵하는 것과 혼자 있는 것보다는 왁자지껄하는 소리와 북적대는 것에 더 편안함을 누리도록 만든다는 것을 아십시오. 자신의 저서에서 진 플레밍은 "우리는 시끄럽고 분주한 세상에서 살고 있습니다. 조용히 침묵하는 것과 혼자 있는 것은 20세기에 어울리는 말이 아닙니다. 그것들은 텔레비전, 비디오 가게가 있고, 이어폰을 끼고 조깅을 하는 우리 시대보다는 빅토리아풍의 레이스, 등유 램프가 있던 시대에 어울리는 것입니다. 우리는 조용한 것을 싫어하고 혼자 있는 것을 거북해 하는 사람들이 되었습니다"라고 했습니다. 그러므로 세상의 영향으로 이 문제에 대해 성경의 관점에 반하는 선입견을 갖지 않도록 주의하십시오. "귀 있는 자는 들을지어다"(마태복음 11:15).

조용히 혼자 있는 이유

조용히 혼자 있는 훈련에 대한 성경적인 이유들이 많이 있습니다.

예수님의 본을 따르기 위하여

성경은 예수님께서 조용히 혼자 있는 시간을 가졌다고 가르쳐 줍니다. 다음 네 구절을 주목해 보십시오.

1. 마태복음 4:1, "그때에 예수께서 성령에게 이끌리어 마귀에게 시험을 받으러 광야로 가사." 성령께서는 예수님께서 40일 동안 금식하며 혼자 계시도록 이끄셨습니다. 이 일에 대한 누가의 설명에는, 예수님께서 이 특별한 훈련을 하시게 되었을 때는 "성령이 충만했으며"(누가복음 4:1), 그 기간이 끝난 후에는 "성령의 권능으로"(누가복음 4:14) 갈릴리로 돌아가셨다고 되어 있는 것이 흥미롭습니다.

2. 마태복음 14:23, "무리를 보내신 후에 기도하러 따로 산에 올라가시다. 저물매 거기 혼자 계시더니." 예수님은 아버지와 단둘이 있을 수 있도록 무리와 제자들까지 보내셨습니다.

3. 마가복음 1:35, "새벽 오히려 미명에 예수께서 일어나 나가 한적한 곳으로 가사 거기서 기도하시더니." 앞 구절들을 보면, 저물었을 때 "온 동네"가 예수님께서 머물고 계신 집의 문 앞에 모인 것을 알 수 있습니다. 거기서 예수님께서는 많은 병자들을 고치셨고 귀신들을 쫓아내셨습니다. 그러나 다음날 새벽에 예수님께서는 혼자 시간을 보내기 위해 한적한 곳으로 가셨습니다. 아침이 될 때까지 기다리다가는 결코 조용히 혼자 보내는 시간을 가질 수 없다는 것을 알고 계셨던 것입니다.

4. 누가복음 4:42, "날이 밝으매 예수께서 나오사 한적한 곳에 가시니 무리가 찾다가 만나서 자기들에게서 떠나시지 못하게 만류하려 하매." 잠시 예수님의 입장에 서 보십시오. 사람들은 당신의 도

움을 받고자 아우성이고 실제로 많은 필요들을 가지고 있습니다. 당신은 그들의 모든 필요를 채워 줄 만한 능력이 있습니다. 당신이 그들을 떠나 조용히 혼자 있는 것을 정당하다고 느끼겠습니까? 예수님께서는 그렇게 느끼셨습니다. 우리는 자신이 쓸모 있는 사람이라고 느끼기를 좋아합니다. 우리는 그 누구도 할 수 없는 어떤 것을 행함으로 자기가 중요하며 능력이 있으며 꼭 필요한 사람이라고 느끼기를 좋아합니다. 그러나 예수님께서는 그러한 유혹에 넘어가지 않으셨습니다. 예수님께서는 혼자 있기 위해 자신을 훈련시키는 것의 중요성을 알고 계셨습니다.

이제 요점은 분명해졌습니다. 예수님처럼 되려면 조용히 혼자 있는 시간을 갖기 위해 우리 자신을 훈련해야 합니다. 그러면 우리는 예수님처럼 그 훈련을 통해 영적으로 강한 삶을 살 수 있습니다. 댈러스 윌러드는 같은 주제에 대해 다음과 같이 말했습니다.

> 우리가 다시 강조하건대, 그리스도와 바울에게 그러했듯이, "광야"나 "골방"은 시작하는 사람에게 필요한 힘을 얻기 위한 기본적인 장소입니다. 그들은 우리가 무엇을 해야 하는지를 본을 통해 보여 줍니다. 혼자 있음으로써 침묵하며, 조용히 있으며, 여호와께서 진정으로 하나님이심을 알며(시편 46:10), 강하게 그리고 지속적으로 주님께 우리 마음을 고정시킴으로 사무실이나 가게나 가정에 있을 때도 계속 주님을 중심으로 지낼 수 있습니다. "그는 흉한 소식을 두려워 아니함이여, 여호와를 의뢰하고 그 마음을 굳게 정하였도다. 그 마음이 견고하여 두려워 아니할 것이라.…"(시편 112:7-8).

하나님의 음성을 더 잘 듣기 위하여

이 세상의 소리와 인간의 음성으로부터 떨어져 지내는 보다 명확한 이유들 가운데 하나는 하늘나라로부터의 음성을 더 잘 듣기 위해서입니다. 성경의 예로는, 엘리야는 호렙산으로 갔을 때 거기서 하나님의 세미한 음성을 들었으며(열왕기상 19:11-13), 하박국 선지자는 파수하는 곳에 서서 하나님께서 자신에게 어떻게 말씀하실지 귀를 기울였으며(하박국 2:1), 사도 바울은 예수님을 믿은 후 아라비아로 가서 하나님과 함께 있을 수가 있었습니다(갈라디아서 1:17).

물론, 하나님의 음성을 듣기 위해서는 반드시 소음들과 사람들로부터 멀리 떠나야 하는 것은 아닙니다. 그렇지 않다면, 우리는 일상생활을 해나가고 있을 때는, 그리고 심지어 사람들이 모여 함께 예배를 드리고 있을 때도 하나님의 음성을 듣지 못하게 될 것입니다. 그러나 보다 명확한 하나님의 음성을 듣기 위해서는 이 세상의 소리들을 물리쳐야 할 때가 있습니다.

조나단 에드워즈에 따르면, 이것은 자기 아내 사라의 경건함의 비결이었습니다. 아직 결혼하기 전, 그러니까 그녀가 아직 십대였을 때 쓴 그녀에 관한 첫 번째 기록에서, 그는 "사라는 주님에 대해 묵상하는 것 외엔 거의 어떤 것에도 신경을 쓰지 않는다.… 그녀는 들이나 작은 숲속을 산책하면서 혼자 있는 것을 좋아하는데, 마치 언제나 그녀와 함께 대화를 나누는 보이지 않는 누군가가 있는 것처럼 보인다"라고 썼습니다. 사라가 "들이나 작은 숲속"에서 산책하듯, 우리는 공원이나, 한적한 골목길을 산책하며 그런 시간을 가질 수 있으며, 혹은 정기적으로 혼자 있기 위한 장소를 물색해 보아야 할 것입니다. 거기가 어디이든, 우리는 하나님의 음성을 듣기 위해 혼자 있을 수 있는 장소를 찾을 필요가 있으며, 거기서 그분의 임재는 눈으로 볼 수는 없지만 그 어떤 것보다도 더 실제적입니다.

많은 사람들이 자신이 소리 중독에 걸려 있다는 것을 깨달을 필요가 있습니다. 다리미질을 하거나 기타 허드렛일을 하면서 텔레비전을 시청하거나 녹음기나 라디오를 틀어 놓는 것과, 이런 소리를 듣기 위해 방에 들어서자마자 습관적으로 그런 것을 켜는 것은 별개의 문제입니다. 후자는 문제가 있습니다. 더욱 나쁜 것은 성경 말씀을 섭취하거나 기도를 할 때도 반드시 배경 음악이 있어야 한다고 생각하는 것입니다. 나는 현대 서구 기독교가 영적 깊이가 없게 된 데는 소리가 한 몫을 담당하고 있다고 믿고 있습니다. 쉽게 구입할 수 있고 휴대가 간편한 음향 기기의 출현은 좋은 점도 있고 나쁜 점도 있습니다. 부정적인 측면으로는, 우리는 사람들의 소리가 들리지 않는 곳을 찾기가 어렵게 된 것입니다. 그 결과, 우리는 오직 자신의 생각과 하나님의 음성에만 초점을 맞추면서 혼자 있는 그런 경우가 드뭅니다. 이 때문에, 그리고 우리는 대부분 소음 공해가 있는 도시에 살고 있기 때문에, 과거 어느 때보다도 더 조용히 혼자 있는 훈련을 필요로 합니다.

하나님께 예배하기 위하여

하나님을 예배하려면 언제나 말이나 소리 혹은 무슨 행동이 있어야 하는 것은 아닙니다. 때때로 예배는 하나님께 초점을 맞추는 가운데 조용히 입다물고 있는 것으로 이루어지기도 합니다. 성경에서 보여 주는 예로는 "오직 여호와는 그 성전에 계시니, 온 천하는 그 앞에서 잠잠할지니라"라는 하박국 2:20과 "주 여호와 앞에서 잠잠할지어다"라고 한 스바냐 1:7이 있습니다. 단순히 잠잠히 침묵을 지키고 있으라는 것이 아니라 "그 앞에서", "주 여호와 앞에서" 잠잠히 있으라는 것입니다. 그런 것은 잠잠히 있는 예배입니다. 하나님께 말씀드려야 할 때가 있으며, 단지 말없이 하나님을 바라보며 찬양해야 할 때가 있습니다.

조지 휫필드의 일기에 보면, 자기 집에 혼자 있으면서 잠잠한 예배를 드린 일이 기록되어 있습니다. 그는 그 경험을 통해 "기꺼이 하나님께서는 나의 영혼 속에 간구하고 싶은 심령, 값없이 베푸시는 자비의 느낌을 부어 주셨으며, 나는 사랑, 겸손, 그리고 기쁨과 거룩한 황홀감으로 충만하여 마침내 경외하는 마음으로 잠잠히 하나님 앞에 나의 마음을 쏟아 놓을 수 있을 뿐이었다. 나는 너무도 벅차서 말도 제대로 할 수 없었다"라고 기록했습니다.

횟필드의 경우처럼, 침묵 가운데 하나님을 예배하는 것은 당신의 마음이 너무나 벅차서 하나님을 향한 당신의 사랑을 말로는 다 표현할 수 없을 때 일어나기도 합니다. 또는, 당신은 정반대의 느낌으로 인해 가만히 있게 될지도 모릅니다. 즉 아무런 열정이 없어서 그 어떤 말도 위선으로 보여 가만히 있는 것입니다. 당신의 감정이 어떤 상태에 있든, 아무 말을 하지 않는 예배를 위한 여지는 언제나 있습니다.

하나님께 대한 믿음을 표현하기 위하여

말을 많이 하며 안달복달하면서 하나님께 나아오는 것과는 반대로, 주님 앞에 잠잠히 있는 것은 주님께 대한 믿음의 표현이 될 수 있습니다.

시편 62편에서 다윗은 두 번이나 이러한 종류의 믿음을 표현했습니다. 1-2절에서 그는 "나의 영혼이 잠잠히 하나님만 바람이여, 나의 구원이 그에게서 나는도다. 오직 저만 나의 반석이시요, 나의 구원이시요, 나의 산성이시니, 내가 크게 요동치 아니하리로다"라고 단언했습니다. 그리고 나서 5-6절에서, 그는 다시 "나의 영혼아, 잠잠히 하나님만 바라라. 대저 나의 소망이 저로 좇아 나는도다. 오직 저만 나의 반석이시요, 나의 구원이시요, 나의 산성이시니, 내가 요동치 아니하리로다"라고 말합니다.

많은 사람들이 좋아하는 이사야 30:15은 잠잠히 있는 것과 하나님께 대한 믿음을 결부시키고 있습니다. "주 여호와 이스라엘의 거룩하신 자가 말씀하시되, '너희가 돌이켜 안연히 처하여야 구원을 얻을 것이요, 잠잠하고 신뢰하여야 힘을 얻을 것이어늘…'" 믿음은 종종 기도를 통해 표현되었습니다. 그러나 때때로 우리는 또한 주님 앞에 말없이 있는 것으로 믿음을 표현할 수도 있습니다. 아무 염려 없이 가만히 있는 것은 주님의 절대주권적인 통치에 대한 신뢰의 표현이기 때문입니다.

　인디언들에게 선교사로 간 데이비드 브레이너드의 삶 가운데서 이에 대한 좋은 실례를 발견했습니다. 그는 1742년 4월 28일자 일기에 이렇게 기록했습니다.

　　내가 보통 물러나 있는 장소로 갔다. 나는 큰 평화와 고요함을 느꼈다. 주님께 대한 은밀한 의무들을 행하면서 두 시간을 보냈으며 어제 아침처럼 많은 것을 느꼈는데, 더 연약함을 느끼며 더 압도되는 듯한 느낌을 받았다. 나는 사랑하는 주님께 전폭적으로 의존하게 되었으며, 내가 의존하고 있는 다른 모든 것들로부터 완전히 벗어났다. 나는 나의 하나님께 뭐라 말씀드려야 할지 몰랐다. 주님의 품에 의지하여, 모든 것들에서 주님과 완전히 하나가 된 후에야 나의 바라는 것들을 속삭였다. 나의 영혼이 온전히 거룩해진 다음에는 주님을 향한 목마름과 그칠 줄 모르는 갈망이 나의 영혼을 사로잡았다. 하나님은 나의 영혼에 너무나 소중한 분이었기에 세상은 그 모든 쾌락과 함께 한없이 혐오감을 불러일으켰다. 나는 사람들의 모든 호의에 조약돌보다 더 가치를 부여하지 않았다. 주님이야말로 나의 모든 것이었다. 그리고 주님께서 모든 것을 다스리신다는 사실은 내게 큰 기쁨을 주었다. 이전에는 그처럼 하나님을 믿고 의지한 적이 없었던 것 같다. 모든 선하심의 원천이신 주님을 보았기에, 주님을 또다시 신뢰하지 않는다는 것은 불가능하게 보였다. 또한 내게 일어날 어떤 것에 대해 염려를 하는 것은 있을 수 없는 일로 여겨졌다.

　브레이너드만큼 우리 자신의 마음을 일기에 표현할 수 없을지 모르지만, 침묵을 통해 하나님께 대한 우리의 믿음을 표현할 수 있습니다. 이를 하나님께서는 아름답게 생각하십니다.

주님의 구원을 바라기 위하여

주님의 구원을 바라며 조용히 혼자 있는 것은, 그리스도 안에서 죄로부터 구원받고자 하는 불신자들이나, 혹은 어떤 환경으로부터 하나님의 구원을 바라는 그리스도인들에게 다 해당됩니다. 예레미야애가 3:25-28에 나오는 예레미야의 말은 두 경우 다에 해당됩니다. "무릇 기다리는 자에게나 구하는 영혼에게 여호와께서 선을 베푸시는도다. 사람이 여호와의 구원을 바라고 잠잠히 기다림이 좋도다. 사람이 젊었을 때에 멍에를 메는 것이 좋으니, 혼자 앉아서 잠잠할 것은 주께서 그것을 메우셨음이라."

스펄전은 이 구절을 가지고 한 설교에서, 하나님을 구하는 방법에 대해 다음과 같이 말했습니다.

> 나는 구원을 원하는 누구에게나 혼자 있는 것을 권장하는 바입니다. 첫째, 하나님의 시야에서 당신의 실상을 잘 살펴보도록 하십시오. 자신들의 참모습을 진정으로 알고 있는 사람은 많지 않습니다. 대부분의 사람들은 거울을 통해 자신들을 보아 왔으나, 진정한 모습을 비춰 주는 또 다른 거울이 있는데, 이를 들여다보는 사람은 별로 없습니다. 하나님의 말씀에 비추어 자신을 돌아보며 자신의 상태를 주의 깊게 살펴보는 것은 매우 건전한 훈련입니다. 마음속으로 범한 것이든 겉으로 표현된 것이든 자신의 모든 죄를 살펴보십시오. 성경에서 제공한 모든 테스트 방법을 사용하여 자신을 시험해 보십시오. 그러나 그런 과정을 거치는 것을 좋아하는 사람들은 얼마나 적은지요!

그 당시나 지금이나 어떤 이들은 예배시 설교가 끝난 후 찬송가를 부를 때, 즉 오르간이나 피아노 소리에 맞추어 회중들이 찬송가를 부를 때가 바로 사람이 하나님의 구원을 바라는 유일한 시간이라고 믿어 왔습니다. 그러나 우리는 자기 영혼의 상태를 돌아볼 때, 마음이 분산되지 않도록 하나님 앞에 조용히 있는 것의 가치를 과소평가하지 말아야 합니다. 조용히 혼자 있는 것은 일상생활의 여러 가지 소리들 때문에 종종 우리 의식에서 사라지는, 죄, 사망, 심판 등등의 주제들을 붙잡고 진지하게 씨름하는 데 도움이 됩니다. 우리는 사람들에게 "하나님과 단둘이" 있는 시간을 더 많이 가짐으로, 스펄전의 말처럼 "하나님의 말씀에 비추어 자신을 살펴보도록" 격려할 필요가 있습니다.

영육간의 회복을 위하여

모든 사람은 정기적으로 영적인 힘과 신체적인 힘을 회복할 필요가 있습니다. 예수님과 가장 가까이 지냈던 제자들의 경우에도 마찬가지였습니다. 며칠간 온 힘을 쏟아 육적으로 그리고 영적으로 수고한 제자들에게 예수님께서 재충전의 수단으로 말씀해 주신 것을 주목해 보십시오. "너희는 따로 한적한 곳에 와서 잠깐 쉬어라"(마가복음 6:31).

일상적인 스트레스를 활의 줄에 비유한다면, 우리는 모두 그 줄을 늦추고 혼자 조용하게 있는 시간을 가짐으로 몸과 마음에 활력을 회복할 필요가 있습니다.

1982년 10월 어느 저녁, 나는 피아니스트였던 글렌 고울드의 삶과 죽음에 대한 기사를 읽은 적이 있습니다. 십대였던 그가 50년대에 음악계에 데뷔했을 때 대단한 음악가로 불리었습니다. 그는 전 세계를 여행하면서 가는 곳마다 연주 솜씨로 듣는 이들을 놀라게 했습니다. 그러나 1964년 그는 공중 앞에서 연주하는 것을 돌연 중단했습니다. 그때부터, 그는 비록 세계에서 가장 위대한 피아니스트 가운데 하나였음에도 불구하고 공개되지 않은 장소에서, 그리고 녹음을 위해서만 연주를 했습니다. 그리고 녹음을 하는 것도 완전히 은밀히 행해졌습니다. 그는 무리로부터 따로 떨어져 있는 것이 창조를 위한 유일한 길이라고 믿었습니다. 그의 관행에는 수도사적인 면이 있고, 우리는 그러한 것을 흉내내기를 원하지는 않을 것입니다. 그러나, 조용히 혼자 있는 것이 신체적으로 영적으로 재충전에 도움이 된다는 점은 간과하지 마십시오.

영적인 시야를 얻기 위하여

조용히 혼자 있는 훈련을 통해 한 걸음 뒤로 물러서서 어떤 문제에 대해 보다 균형 잡히고 덜 세상적인 시야를 얻을 수 있습니다.

가브리엘 천사가 사가랴에게 나타나 그의 나이 많은 아내가 아들을 기적적으로 낳을 것이라고 말해 주었을 때 그는 의심했습니다. 그러자 가브리엘은 "보라. 이 일의 되는 날까지 네가 벙어리가 되어 능히 말을 못하리니, 이는 내 말을 네가 믿지 아니함이어니와 때가 이르면 내 말이 이루리라"(누가복음 1:20)라고 했습니다. 이 강제 침묵의 기간 동안 이러한 일들에 대한 사가랴의 관점에는 어떤 변화가 일어났습니까? 아기가 태어났을 때 그의 반응을 살펴보십시오. "저가 서판을 달라 하여 '그 이름은 요한이라' 쓰매 다 기이히 여기더라. 이에 그 입이 곧 열리고 혀가 풀리며 말을 하여 하나님을 찬송하니"(누가복음 1:63-64). 비록 자의에 의한 것은 아니었지만, 그의 예는 입을 닫고 있는 것이 우리 마음을 여는 데 도움이 될 수 있다는 것을 보여 줍니다.

빌리 그래함의 생애에 있어서 삶을 변화시켰던 유명한 사건은 그를 유명하게 만든 로스앤젤레스 전도 집회 직전이었던 1949년 8월에 있었습니다. 많은 사람들은 북아메리카에서 가장 유명한 전도자가 잠시 척 템플턴이라는 사람의 영향을 받았다는 것을 모르고 있을 것입니다. 그러나, 당시에 템플턴은 성경이 하나님의 영감으로 되었다는 것을 의심하는 사람들의 영향을 받고 있었는데, 이로 인해 그는 마침내 믿음을 완전히 잃어버리게 되었습니다. 그는 자기에게 영향을 주었던 책들의 내용들과 사상들을 그래함과 나누기 시작했습니다. 그리고 그래함이 캘리포니아로 오기 며칠 전에는 그에게 성경을 계속 믿는 것은 지적인 자살을 하는 것이라고 말하기까지 했습니다.

샌베르나디노 마운틴즈에서의 청년 수양회에 연사로 참석하고 있는 동안, 그래함은 그 문제에 대한 하나님의 시야를 얻어야 한다는 것을 알았고, 그는 혼자 있는 시간을 통해 그런 시야를 얻게 되었습니다. 그 밤에 있었던 일을 그는 이렇게 설명하고 있습니다. "나는 혼자서 숙소로 돌아가서 성경을 잠시 읽고, 그리고 숲속을 산책하기로 결심했다." 거기서 그는 "여호와의 말씀이 임하니라," "여호와께서 말씀하시기를" 등과 같은 말이 성경에 2천 번 이상 나온다는 것을 생각했습니다. 그는 율법과 예언들을 성취하셨고, 그것들로부터 계속 인용하셨으며, 그것들이 틀릴지도 모른다는 암시를 한 번도 주신 적이 없는 그리스도의 태도에 대해 묵상했습니다. 그는 천천히 걸으면서 "주님, 저는 어떻게 해야 합니까? 무엇이 제 인생의 길잡이가 되어야 할까요?" 하고 물었습니다. 그는 지적 능력만으로는 성경의 영감과 권위에 대한 의문을 해결할 수 없다는 것을 알았습니다. 그것은 궁극적으로 믿음의 문제로 귀결되었습니다. 그는 일상적으로 만나는 것들, 예를 들면 비행기나 자동차에 대해 완전히 이해하고 있지는 못해도 그것들을 믿고 있다는 것을 생각했고, 왜 성령에 의한 것들에 대해서만 그러한 믿음이 그릇된 것으로 간주되어야 하는지 자문해 보았습니다. "그래서 나는 되돌아와서 성경을 들고 달빛 아래로 나가 나무의 그루터기가 있는 곳으로 가서 성경을 그 위에 놓고 무릎을 꿇었다. 그리고는 '오, 하나님, 저는 어떤 것들은 그것이 진리임을 입증할 수가 없습니다. 저는 척이 제기하는 질문들과 다른 사람들이 제기하는 질문들 가운데 어떤 것에 대해서는 답할 수가 없습니다. 그러나 저는 믿음으로 이 성경을 하나님의 말씀으로 받아들입니다'라고 말씀드렸다"라고 그는 계속 기록했습니다. 그리고 혼자 있는 그 시간을 통해, 그리고 그날 밤에 얻은 그러한 영적 시야를 통해, 빌리 그래함은 온 세상이 알고 있는 그런 사람이 되었습니다.

그래함의 경험은 청교도 신학자 존 오웬이 혼자 있는 것에 대해 말한 내용을 입증합니다. "혼자 있을 때의 우리의 모습이 진정한 우리의 모습이며, 그 이상은 아닙니다. 그러한 시간은 우리의 가장 좋은 시간이거나 가장 나쁜 시간이며, 그러한 시간에 우리 속의 지배적인 원리가 드러나며, 그 원리대로 행동하게 됩니다."

하나님의 뜻을 구하기 위하여

아마 그리스도인들이 가끔씩이라도 하나님과 단둘이 조용한 시간을 갖는 가장 일반적인 이유는 어떤 문제에 대한 하나님의 뜻을 분별하기 위해서일 것입니다. 예수님께서는 함께할 제자들로 누구를 선택해야 할 것인지를 결정하실 때 이러한 시간을 가지셨습니다. "이때에 예수께서 기도하시러 산으로 가사 밤이 맞도록 하나님께 기도하시고, 밝으매 그 제자들을 부르사 그중에서 열둘을 택하여 사도라 칭하셨으니"(누가복음 6:12-13).

기독교 역사를 통해 볼 때, 주님의 뜻을 알기 위해 다른 사람들로부터 떠나 혼자 시간을 가진 사람들에 관한 인상적인 이야기들이 많이 있습니다. 그 가운데 하나가 중국 선교를 위해 혼신의 노력을 경주한 젊은 선교사 허드슨 테일러의 이야기입니다. 1865년, 영국으로 돌아와 휴식을 취하면서 의학 공부를 계속하고 있을 때, 그는 한 가지 결정을 두고 씨름했습니다. 그는 하나님께서 새로운 선교 사역을 시작하도록 자신을 이끄시는 것 같은 느낌을 받았습니다. 그 사역이란, 광활하고 복음이 전파되지 않은 중국 내륙의 수백 수천만의 사람들에게 복음을 전하는 것이었는데, 그때까지 아무도 손을 댄 적이 없는 일이었습니다. 수십 년 동안, 선교사들은 대부분 해안 도시들에서만 사역을 했고, 내륙으로 들어가는 일은 거의 없었습니다. 그러나 테일러는 중국 내지 선교라는 큰 사역을 이끄는 것에 대해 두려움을 느꼈습니다. 선교사들에게 재정적인 지원을 계속 유지하는 것뿐만 아니라, 선교사들을 모집하는 것까지 자기가 책임져야 한다는 것을 알고 있었기 때문이었습니다.

여름날이었던 6월 25일, 그날은 조용하기만 했던 주일날이었습니다. 허드슨 테일러는 그런 불확실한 상태에 있는 것을 더 이상 견딜 수가 없었습니다. 지칠 대로 지치고, 병까지 든 그는 친구들과 함께 휴식을 취하기 위해 브라이턴으로 갔던 터였습니다. 그러나 그들과 함께 어울리는 것을 즐기는 대신, 자신이 혼자 조용한 시간을 가져야 한다는 것을 알았던 그는 썰물이 남기고 간 모래사장을 따라 이리저리 왔다갔다했습니다. 눈에 보이는 광경은 평화로웠지만 마음은 결코 평화롭지 못했습니다. 결정이 이루어져야만 했습니다. 그는 하나님의 뜻을 알아야 했습니다. 걷고 있을 때, 다음과 같은 생각이 들었습니다.

"그렇지. 우리가 주님께 순종하고 있다면, 책임은 주님께 있는 것이지 우리에게 있는 게 아니잖아! 주님, 주님께서 모든 짐을 지실 것입니다! 주님의 명령을 따라, 주님의 종으로서 저는 나아가겠으며, 결과는 주님께 맡깁니다." 그 시간에 경험한 해방감을 돌이켜보면서 그는 "나는 얼마나 평안을 누리며 그 모래사장으로부터 돌아왔는지 모릅니다. 갈등은 끝나고, 기쁨과 평화만이 가득했습니다. 나는 날아갈 듯한 기분이었습니다. 그리고 그날 밤에야 제대로 잠을 이룰 수 있었습니다! 사랑하는 아내는 브라이턴에서 내게 놀라운 일이 일어난 것 같다고 생각했는데, 정말이었습니다"라고 말했습니다.

조용히 혼자 있는 시간을 통해 하나님의 뜻을 찾은 결과, 하나님께서는 그에게 중국 내지 선교의 문을 열어 주셨습니다. 그 사역은 계속 하나님께 쓰임을 받아, 지금은 세계적 선교 단체 가운데 하나인 해외선교회(OMF)로 발전했습니다.

하나님께서는 다른 사람들과 함께 있을 때 자기의 뜻을 보여 주시기도 하지만, 은밀히 혼자 있을 때 보여 주시는 경우도 있습니다. 그래서 조용히 혼자 있는 훈련이 필요합니다.

혀를 제어하는 것을 배우기 위하여

오랜 기간 동안 조용히 침묵을 지키는 것은 혀를 제어하는 데 도움이 될 수 있습니다.

혀를 제어하는 것을 배우는 것이 그리스도를 닮아 가는 데 중요하다는 것은 의심의 여지가 없습니다. 성경은 혀를 제어하지 않는 사람의 경건은 헛것이라고 했습니다(야고보서 1:26 참조). 잠언 17:27-28은 경건한 지식, 명철, 지혜, 슬기 등과 같은 그리스도를 닮은 자질들을 혀를 제어하는 능력과 결부시키고 있습니다. "말을 아끼는 자는 지식이 있고, 성품이 안존한 자는 명철하니라. 미련한 자라도 잠잠하면 지혜로운 자로 여기우고, 그 입술을 닫히면 슬기로운 자로 여기우느니라."

구약의 전도서 3:7은 조용히 혼자 있어야 할 때가 있다는 것을 보여 줍니다. "잠잠할 때가 있고, 말할 때가 있으며." 전자를 배우면 후자를 배우는 데 도움이 됩니다. 언제 어떻게 잠잠해야 할지를 모르는 사람은 언제 어떻게 말해야 할지를 모르기 때문입니다.

야고보서 1:19도 잠잠하는 것을 배우는 것과 혀를 제어하는 것을 배우는 것, 이 둘 사이의 관계를 보여 줍니다. "내 사랑하는 형제들아, 너희가 알거니와 사람마다 듣기는 속히 하고, 말하기는 더디 하며, 성내기도 더디 하라."

조용히 혼자 있는 훈련이 어떻게 혀를 제어하는 것을 배우는 데 도움이 됩니까? 조용히 혼자 있다 보면, 말해야 한다고 생각했던 많은 것들이 말할 필요가 없는 것임을 깨닫게 됩니다. 침묵하는 것을 통해, 보통 때는 말하고 싶어 배길 수 없는 상황이나 너무 말을 많이 하게 될 상황에서, 하나님의 통치를 보다 더 의뢰하는 것을 배우게 됩니다. 우리는 한때 자신의 개입이 불가피했다고 생각했던 상황을 하나님께서 능히 해결하실 수 있다는 것을 깨닫습니다. 조용히 혼자 있는 것을 배운 사람은 관찰하고 경청하는 기술이 향상되어 말에 신선함과 깊이가 있습니다.

야고보서 3:2은 다음과 같이 교훈합니다. "우리가 다 실수가 많으니, 만일 말에 실수가 없는 자면 곧 온전한 사람이라. 능히 온 몸도 굴레 씌우리라." 잠잠히 있는 훈련을 통해 혀를 더 잘 제어할 수 있기 때문에 그리스도를 더 닮아 가게 됩니다. 그리고 이 구절을 통해, 혀를 제어하는 것이 "온 몸을" 주님께 합당하게 제어하는 데 도움이 된다는 것을 알 수 있습니다. 이와 같이 삶 전반에 미치는 잠재적 영향력 때문에, 댈러스 윌러드는 조용히 혼자 있는 훈련을 "영으로 사는 삶을 위한 훈련들 가운데 가장 근본적인 것"이라고 했습니다.

조용히 혼자 있는 것이 그토록 변화를 주는 이유 가운데 하나는, 그것이 다른 영적 훈련을 하는 데 도움을 줄 수 있기 때문입니다. 예를 들면, 그것은 개인적인 성경 말씀 섭취와 기도의 한 부분이 됩니다. 또한 그것은 개인적으로 드리는 은밀한 예배의 필수 요소입니다. 조용히 혼자 있음으로 우리는 배우는 훈련과 일기를 쓰는 훈련을 위한 시간의 효과를 극대화할 수 있습니다. 그러나, 그 무엇보다도, 조용히 혼자 있는 훈련은 삶에 대해 생각하며 하나님께 귀를 기울이는 시간을 갖게 해주기 때문에 그토록 변화를 줍니다. 대부분의 사람들은 그런 시간을 충분히 갖지 못하고 있습니다. 여러 세대 전 우리 선조들은 소리라고는 자연의 소리와 사람들의 소리밖에는 들리지 않는 들이나 집에서 일하면서 하루를 보내곤 했습니다. 전자 매체들이 없었기에 양심의 소리와 하나님의 조용하고 세미한 음성을 듣는 데 방해되는 것이 별로 없었습니다. 이 말은 옛날을 그리워해야 한다거나 옛날로 돌아가기 위하여 힘써야 한다는 말이 아닙니다. 이것은 그리 좋은 태도가 아닙니다. "옛날이 오늘보다 나은 것이 어찜이냐 하지 말라. 이렇게 묻는 것이 지혜가 아니니라"(전도서 7:10). 단지 이 장의 서두부터 이야기해 온 것을 강조하고 있을 뿐입니다. 즉 과학 기술의 발전은 고요함을 회피하려는 유혹을 가중시켜 왔다는 것입니다. 뉴스를 위시한 갖가지 정보들을 점점 더 많이 받아들이게 되었고, 그 결과, 의도적으로 조용히 혼자 있는 시간을 갖지 않는다면 영적 깊이를 더할 수가 없게 되었습니다.

이러한 훈련을 하는 목적은 경건해지기 위한 것, 예수님을 닮기 위한 것, 보다 더 거룩해지기 위한 것임을 기억하십시오. 이에 관하여 오스틴 펩스는 다음과 같이 썼습니다.

> 문학이나 과학에서의 위대한 저술들 치고 혼자 있는 시간을 사랑하지 않는 사람에 의해 이루어진 것이 없다는 말이 있습니다. 우리는 하나님과 함께 종종 오랜 시간을 보내기 위해 시간을 내지 않는 사람이 거룩함에서 괄목할 만한 성장을 이룬 적이 없었다는 것을 하나의 기본적인 영적 원리로 삼을 수 있을 것입니다.

조용히 혼자 있는 시간을 위한 제안들

조용히 혼자 있는 훈련을 위대한 모험담을 읽거나 그런 모험을 지켜보는 것처럼 취급하는 사람들도 있습니다. 자신을 위해 그런 습관을 발전시키지는 않고, 다만 다른 사람들의 경험을 자신의 것으로 여기거나, 실제로 갖지는 않고 그런 시간을 갖는 것은 좋은 일이라고 생각만 합니다. 이러한 훈련에 대해 꿈은 꾸나, 실제로 행하지는 않습니다. 실제로 조용히 혼자 갖는 시간을 가지며 습관으로 만들기 위한 제안을 몇 가지 하고자 합니다.

"1분 침묵"

"1분 침묵"을 실행하여 보십시오. "1분 침묵"이란 하루 중 수시로 단 몇 초, 몇 분이라도 조용히 혼자 있음으로써 우리의 마음과 생각과 시선을 주님께로 향하며 주님 앞에서 자신을 돌아보는 시간을 말합니다. 우리 지방의 기독교 방송은 잠잠히 있는 것의 유익점을 강조하는 30초짜리 광고를 하고 있습니다. 그리고는 그 주장을 입증하기 위해 10초 동안 아무 소리도 내보내지 않습니다. 간단하게 들리지만, 예기치 않았던 고요한 순간의 효과는 상당합니다.

하루를 지내는 동안 당신도 때때로 그러한 종류의 신선함을 맛볼 수 있습니다. 교통 신호가 바뀌기를 기다리고 있을 때, 엘리베이터 안에서, 혹은 줄을 서서 기다릴 때 등을 조용히 혼자 있는 시간으로 성별한다면 "1분 침묵"의 시간을 가질 수 수 있습니다. 식사 기도 시간을 영적 휴식을 위한 시간으로 활용하십시오. 전화 통화 중에 잠시 기다려야 할 때 당신의 생각이 얼마나 고요해지는지 살펴보십시오.

나는 모든 사람의 각각의 상황에 적합한 제안들을 다 할 수는 없습니다. 그러나 일상적인 시간을 거룩한 시간으로 바꾸는 시간, 그리고 눈코 뜰새 없는 날에도 잠시 한숨을 돌리며 능력을 얻는 "1분 침묵"의 시간을 갖기 위한 기회들을 적극적으로 찾도록 권하고 싶습니다.

물론, 한숨 돌리는 것과 차분히 마음을 가라앉히는 것이 중요하기는 하지만 단지 그렇게 하는 것이 목적은 아닙니다. 내가 강조하고 싶은 것은 그리스도를 바라보는 것과 성령의 음성에 귀를 기울이는 것입니다. 그것은 "매일 매순간들을 끊임없는 찬양으로 보내리라"라는 찬송가 가사대로 사는 것입니다. 예기치 않게 당신에게 주어지는 이러한 기회들을 붙잡아 오직 주님과, 그리고 성령으로 사는 삶에 생각을 집중하도록 하십시오. 비록 몇 초 정도의 짧은 시간일지라도, 혹은 완전히 조용하지는 않거나 당신 혼자만 있는 것이 아닐지라도, 의식적으로 그리스도의 임재를 생각하는 가운데 영혼의 소생과 회복(시편 23:3 참조)을 경험하며 누리십시오.

매일 혼자 조용한 시간을 가짐

내가 알고 있는 사람들 중에, 그리스도 안에서 빠른 속도로 꾸준하게 괄목할 만한 성장을 거듭하고 있는 사람들은 예외 없이, 매일 하나님과 단둘이 있는 시간을 발전시키는 사람들이었습니다. 매일 조용히 말없이 보내는 이 시간은 성경 말씀을 섭취하고 기도하는 시간이요, 이렇게 혼자 있는 시간은 개인적인 예배의 시간입니다.

이러한 습관을 발전시키는 것이 쉬운 것은 아닙니다. 우리의 삶은 분주하기 그지없고, 우리의 적 사탄은 그러한 습관의 유익을 잘 알고 있기 때문입니다. 순교한 선교사 짐 엘리어트는 그 싸움에 대하여 알고 있었습니다. "나는 마귀가 소음, 허둥댐, 군중, 이 세 가지를 독점해서 사용하는 것을 자신의 임무로 하고 있다고 생각한다.… 사탄은 우리가 주님과 단둘이 조용히 있는 시간의 능력을 잘 알고 있다." 우리의 하루 하루는 시끄러운 소리, 서둘러 해야 할 일들, 이것 저것을 요구하는 사람들로 대개 가득 차 있습니다. 하나님 앞에서 조용히 혼자 보내는 시간을 계획적으로 갖지 않으면, 타이타닉 호에 물이 밀려들어오듯 이러한 다른 것들이 밀려들어와 우리의 시간을 다 채우고 말 것입니다.

매일 이러한 시간을 확보하는 것이 혼자 조용한 시간을 갖는 훈련의 열쇠입니다. 매일 그러한 시간을 잘 갖는 사람들은 때때로 갖는 시간들, 예를 들면, "1분 침묵," 기도의 하루, 주일, 그리고 보다 장기간 동안 갖는 시간 등도 잘 가질 것입니다. 별로 운동을 하지 않는 사람은 계단을 올라가는 것이나 단거리 경주를 하는 것에도 어려움을 느낍니다. 그러나 매일 조깅을 하는 사람에게는 그 어떤 것도 문제가 되지 않습니다. 마찬가지로, 매일 영적인 훈련을 위한 시간을 갖는 사람은 "1분 침묵"도 즐기고 장기간 동안 혼자 조용한 시간을 갖는 것도 즐겁니다.

혼자 조용한 시간을 갖기 위해 떠나 있기
보다 장기간 동안 혼자 조용한 시간을 갖기 위해 물러나 있는다는 것은 오후나 저녁 혹은 토요일을 보내기 위해 교회의 빈방을 찾는 것을 의미할 수도 있습니다. 또는 수양관, 별장 등에서 하루 밤이나 주말을 보내는 것일 수도 있습니다.

이러한 시간을 가질 때는 성경과 노트와 필기 도구만을 가지고 가야 할 때도 있을 것입니다. 때로는, 당신의 삶에 지대한 영향을 줄 수 있는 신앙 서적을 가지고 갈 수도 있습니다. 이렇게 물러나 있는 시간은, 계획을 세우며 자신의 목표들을 평가하기에 좋은 시간입니다.

만약 혼자서 조용히 저녁 시간 전체나, 한나절이나, 혹은 그보다 더 긴 시간을 지내 본 적이 없다면, 당신은 아마도 그 긴 시간 동안 무엇을 해야 할지 의아해 할지도 모릅니다. 조언하고 싶은 것은, 사전에 혹은 해당 장소에 도착하자마자 스케줄을 짜라는 것입니다. 시간이 얼마나 빨리 흘러가 버리는지 깜짝 놀라게 될 것이기 때문입니다. 당신의 스케줄에 얽매일 필요는 없습니다. 철야로 갖는 시간이 아닐지라도, 필요하다면 눈을 좀 붙일 수도 있습니다. 그러나 계획을 짜두면, 시간을 허비하지 않고 의도한 목표를 따라 사용하는 데 도움이 됩니다.

멀리 떨어진 장소에 가서 밤을 새우며 시간을 갖는 것이 좋기는 하지만, 당신이 조용히 혼자 있는 훈련을 시작하기도 전에 엘리야가 호렙산에 가서 40일을 머문 것과 같은 그런 기회가 올 것으로 기대하지는 마십시오. 일반적으로, 이러한 훈련을 위시하여 모든 영적 훈련은 일상적인 삶을 사는 곳에서 행하게 되어 있는 것입니다. 이 사실을 명심하십시오.

특별한 장소들

혼자 조용한 시간을 갖는 데 이용할 수 있는 특별한 장소를 찾아보십시오. 그러한 장소를 집 안에서, 걸어서 갈 수 있는 거리 내에서, 또는 자동차로 몇 분 정도면 갈 수 있는 거리 내에서 찾아보되, 밤을 새울 수 있거나 더 장시간을 머물 수 있는 곳을 찾으십시오.

조지 횟필드의 친구요 웨일즈의 설교가인 호웰 해리스는 교회 건물 안에 조용히 혼자 보내기 위한 장소를 마련해 두었습니다. 횟필드의 전기 작가인 아놀드 댈리모어는 다음과 같이 썼습니다.

> 이 무렵 하나님의 것들에 대한 해리스의 지식은 보잘 것이 없었습니다. 그는 단지 자신이 주님을 사랑한다는 것과 그분을 더 사랑하기를 원한다는 것만을 알았고, 이러한 노력의 일환으로 기도로 하나님과 단둘이 보내기 위한 조용한 장소를 찾았습니다. 그가 좋아하는 장소는 자기가 가르치는 학교가 있는 마을인 랑캐스티에 있는 교회였는데, 회심 직후에 한번은 주님과 단둘이 좀더 많은 시간을 갖기 위해 그 교회의 종탑 위로 올라갔습니다. 거기서 몇 시간 동안 다른 사람들을 위한 중보기도를 할 때 그는 하나님의 임재와 능력을 분명하게 느끼는 경험을 했습니다. 교회의 외딴 종탑이 그에게는 지성소가 되었고, 그후에 그는 이렇게 썼습니다. "나는 불 앞에서 왁스가 녹아 내리듯 나의 구주 하나님을 향한 사랑으로 내 심령이 녹아 내리는 것을 갑자기 느꼈다. 그리고 나는 사랑과 평화를 느꼈을 뿐만 아니라 그리스도와 하나가 되고픈 열망을 느꼈다. 내 영혼 가장 깊숙한 곳에서는 이전에 결코 알지 못했던 외침이 있었다. '아바, 아버지!'… 나는 그분의 자녀이며, 그분은 나를 사랑하시며, 내 말에 귀를 기울이시는 것을 알고 있었다. 나의 영혼은 충만해지고 만족에 겨워 외쳤다. '충분합니다! 저는 만족합니다! 제게 힘을 주시면, 저는 물불을 가리지 않고 주님을 따르겠습니다.'"

조나단 에드워즈는 트인 들에서 혼자 있는 시간을 가졌습니다. 코네티컷 강을 여행하는 동안 그는 이렇게 썼습니다. "세이브룩에서 토요일을 보내기 위해 강기슭에 올랐다. 그리고 거기서 안식의 시간을 가졌다. 혼자서 들을 거니는 가운데 달콤하면서도 힘을 북돋는 시간을 가졌다." 그는 하나님과 단둘이 조용한 시간을 가지기 위해 숲속으로 들어가는 경우도 많았습니다. "나는 건강을 위해 숲속으로 말을 타고 들어갔다.… 내가 혼히 그렇게 해왔듯이, 호젓한 장소에서 말에서 내려서는 거룩한 묵상과 기도를 위해 거닐었다." 당신이 사는 곳 가까이에 들이나 숲이 없을 수도 있지만, 별로 방해를 받지 않고 거닐면서 묵상과 기도를 할 수 있는 공원은 그리 멀지 않은 곳에 있을 것으로 생각됩니다. 우리 교회에 나오는 한 약사는 어린 네 자녀를 두고 있는데, 저녁에 귀가하는 길에 종종 자기 집에서 두 블록 떨어진 곳에 있는 공원에 들러 혼자서 조용하게 몇 분간의 시간을 갖곤 합니다. 내가 좋아하는 장소는 우리 집에서 가까운 곳에 있습니다.

네비게이토 선교회의 창시자인 도스 트로트맨은 자기가 살고 있는 거리의 끝부분에 있는 동산으로 걸어가는 것이 일상화되어 있었습니다. 그의 전기에서 베티 리 스키너는 "거기서 그는 혼자서 보배로운 시간을 가졌는데, 소리를 내어 기도하며, 주님을 찬양하는 노래를 부르며, 마음으로 밀려들어 오는 약속과 도전의 말씀을 중얼거리기도 했으며, 긴급한 기도 제목으로 씨름을 하며, 동산 기슭을 말없이 천천히 왔다갔다했다"라고 기록하고 있습니다. 내 친구 하나는 기도 제목들을 적은 색인 카드를 가지고 나가 동네를 한 바퀴 돌면서 조용히 하나님 앞에 자신의 마음을 쏟아 놓습니다.

요한 웨슬리와 찰스 웨슬리의 어머니인 수산나 웨슬리는 대가족을 돌보고 있었기에 오랜 세월에 걸쳐, 혼자 떨어져 있는 시간을 갖기가 힘들었습니다. 조용히 혼자 있는 시간을 필요로 할 때는 앞치마를 뒤집어쓰고 그 속에서 성경을 읽고 기도했다는 이야기는 유명합니다. 그렇게 한다고 모든 소음을 차단하지는 못했을 것은 분명하지만, 그것은 자녀들에게, 그 시간 동안은 엄마를 방해해서는 안 되며 큰 애들이 동생들을 보살펴야 한다는 표시였습니다.

수산나 웨슬리의 경우처럼, 당신이 선택한 장소도 이상적이지는 않을 수 있고, 시시때때로 바꾸어야 할지도 모르지만, 조용히 혼자 있는 시간을 통해 경건을 추구하기 위해 적당한 장소를 찾을 수는 있을 것입니다. 당신의 특별한 장소는 어디입니까?

임무 교대를 시도해 보라

조용히 혼자 있는 시간을 확보하기 위해, 배우자나 친구가 일상적인 책임을 대신 맡아 주는 시스템을 도입해 보십시오.

조용히 혼자 있는 훈련을 위해 시간을 가지라는 말을 들었을 때 다음과 같은 생각이 떠올랐을지 모릅니다. "당신은 내 사정을 몰라서 하는 소립니다! 나는 식사를 차려 주고 돌보아야 할 가족들이 있지요. 그들을 제쳐놓고 한 번에 몇 시간씩이나 나 혼자 있을 수가 없답니다." 조용히 혼자 있는 시간을 갖는 사람들을 포함하여 대부분의 사람들은 결코 소홀히 할 수 없는 비슷한 의무들을 지고 있습니다. 이러한 문제를 해결하는 가장 실제적이고 비용이 절감되는 방법은, 혼자 있는 시간을 확보하기 위해 배우자나 친구에게 당신의 책임들을 대신 맡아 달라고 부탁하는 것입니다. 그리고 나서, 똑같은 방법이나 혹은 다른 방법으로 그들의 호의를 되갚으면 됩니다. 어린 자녀들을 둔 어머니들은 이 방법이야말로 이러한 시간을 확보하는 가장 좋고 현실적인 방법이었다고 했습니다.

한 마디 경고가 필요할 것 같습니다. 당신이 집으로 돌아왔을 때, 어려운 상황이 발생해 있을 수도 있습니다. 다섯 아이를 둔 한 어머니는 이러한 문제를 완화하기 위해 전자레인지에 데워 먹을 수 있도록 미리 음식을 장만해 두거나, 전기 밥솥 등에 넣어 둔다고 했습니다. 그렇게 해두면, 집에 돌아왔을 때 일이 엉망이 되어 있어도,

식사 준비에 신경 쓰지 않고 곧바로 그 일을 바로잡을 수 있습니다. 돌아오면 때때로 문제가 기다리고 있을 수도 있으나, 그럼에도 불구하고 우리는 혼자 조용한 시간을 가짐으로 얻는 영적 소성과 회복을 필요로 합니다.

추가 적용

당신은 조용히 혼자 있는 시간을 매일 갖기 위해 노력하겠습니까? 솔로몬의 성전이 건축될 때, "전 속에서는 방망이나 도끼나 모든 철 연장 소리가 들리지 아니하였다"(열왕기상 6:7)고 기록되어 있습니다. 마찬가지로, 성령의 전인 우리 몸은(고린도전서 6:19) 조용히 혼자 있는 시간이라는 막간과 함께 지어질 필요가 있습니다. 매일 그러한 시간을 계획하십시오. 당신이 바쁘면 바쁠수록, 당신의 상황이 복잡할수록, 조용히 혼자 있는 매일의 시간을 계획해야 할 필요성은 더 커집니다.

A. W. 토저는 이에 대해 다음과 같이 말했습니다.

> 매일 세상으로부터 은밀한 장소로 물러나되, 그곳이 침실뿐일 경우라도 그렇게 하십시오(한동안 나는 더 나은 장소가 없어 화덕이 있는 방에서 그런 시간을 가졌습니다). 그 은밀한 장소에 머물되 주위의 소음들이 당신의 마음에서 점차 사라지기 시작하고, 하나님의 임재에 대한 느낌이 당신을 감쌀 때까지 그리하십시오.… 당신이 알아들을 때까지 내적인 음성에 귀를 기울이십시오. 다른 사람들과 경쟁하기를 중단하십시오. 당신 자신을 하나님께 드리며, 다른 사람들이 어떻게 생각할까에 개의치 말고 있는 그대로의 당신 자신이 되도록 하십시오.… 매순간 속사람으로 기도하도록 하십시오. 얼마 후 당신은 일을 하면서도 이렇게 할 수 있게 됩니다.… 아무것이나 읽지 말

고, 당신의 내적인 삶에 중요한 것들을 많이 읽도록 하십시오. 너무 오랫동안 마음이 흐트러져 있는 채 있지 마십시오. 방황하는 당신의 마음을 안정시키십시오. 영혼의 눈으로 그리스도를 응시하십시오. 영적으로 집중하는 훈련을 행하십시오. 이 모든 것은 그리스도를 통한 하나님과의 올바른 관계와 성경 말씀에 대한 매일의 묵상에 달려 있습니다. 이런 것이 없으면, 아무것도 우리에게 도움이 되지 않을 것입니다. 이것들을 인정하면, 내가 권장한 훈련은 형식주의의 나쁜 영향을 상쇄시키고, 우리로 하여금 하나님과 우리의 영혼을 더 잘 알게 하는 데 도움이 될 것입니다.

우리 몸을 위해 매일 수면과 휴식이 필요하듯이, 우리 영혼을 위해서는 매일 조용히 혼자 있는 시간이 필요합니다. 이러한 훈련은 우리의 마음에 바람을 쐬며, 우리 영혼의 주름에 다리미질을 하게 될 것입니다. 말씀과 기도로 하나님을 만나기 위해 매일 조용한 장소로 갈 계획을 세우십시오.

당신은 조용히 혼자 있는 긴 시간들을 갖도록 하겠습니까? 그런 시간들을 계획하십시오. 달력에 표시를 하십시오. 결단력 있게 행하지 않으면, 일상적인 일과 책임들이 당신의 모든 시간을 앗아가고 하나님과 함께 단둘이 긴 시간을 갖지 못하게 할 것입니다.

의심을 풀기 위해서나 혹은 영적 토대를 새롭게 구축하기 위해서도 그러한 긴 시간을 갖는 것이 필요할 것입니다. 고(故) 프랜시스 쉐퍼는 1951년에 혼자서 조용히 보내는 기간을 가졌는데, 바로 이와 같은 것을 위해서였습니다. 그는 두 가지 문제로 인해 위기에 봉착했습니다. 그는 자신의 갈등을 다음과 같이 설명했습니다.

첫째, 내가 보기에는 정통적인 견해를 취하는 사람들 가운데 많은 사람들이 성경에서 기독교 신앙의 결과가 되어야 한다고 아주 분명하게 말하고 있는 것들을 삶에서 경험하지 못하고 있다는 것입니다. 둘째, 나 자신의 실제 삶은 내가 그리스도인이 된 직후보다 못하다는 생각이 점점 더 든다는 것입니다. 나는 내가 정직하게 그때를 회고하며, 나의 모든 견해를 재검토해야 한다는 것을 깨달았습니다.

이것은 혼자 조용한 시간을 길게 가져야 할 만큼 중요한 위기였습니다. 이 기간에 대해 그는 다음과 같이 말했습니다. "나는 맑은 날에는 산에서 거닐었고, 비가 오는 날에는 우리가 머물고 있는 오래 된 오두막의 다락에서 왔다갔다했습니다. 나는 내가 그리스도인이 된 이유들을 돌이켜볼 뿐만 아니라, 거닐었고, 기도했으며, 성경이 가르치고 있는 바를 죽 생각했습니다." 점차 그는 자신의 문제는 우리의 현재 삶을 위해 그리스도께서 이루신 일의 의미에 대한 이해 부족이라는 것을 깨닫기 시작했습니다. 그리고는 점차 태양은 다시 비춰고 찬양이 입술로 되돌아왔다고 그는 말했습니다. 조용히 혼자서 보낸 그날들은 그의 생애에 있어서 주된 전환점이 되었으며, 그의 독특한 라브리 사역의 발판이 되었습니다. 이 사역은 오늘날 널리 알려져 있습니다.

아마도 당신은 하나님과 단둘이 함께하며 의심이나 의문들을 다룰 필요가 있을 것입니다. 어쩌면 당신은 신앙의 위기에 처해 있어 기도하고, 깊이 생각하며, 자신의 영혼을 살펴보기 위한 시간이 필요할지도 모릅니다. 그 문제를 가볍게 생각하거나 피상적으로 다루기가 쉽습니다. 당신의 몸에 긴급 상황이 발생하면, 이를 해결하기 위해 필요한 시간을 낼 것입니다. 영혼의 긴급 상황에 대해서도 그렇게 해야 합니다.

조용히 혼자서 긴 시간을 갖는 것은 의심이나 긴급 상황을 다루기 위한 것이라고만 생각하지는 마십시오. 미국에서 파송한 첫 선교사인 아도니람 저드슨의 전기에는 다음과 같은 내용이 있습니다.

> 한번은 번역하는 일로 녹초가 되어 참으로 휴식이 필요했을 때 그는 언덕들을 넘어 빽빽한 정글 속, 사람들이 살고 있는 곳으로부터 멀리 떨어진 곳으로 갔습니다.… 그는 그곳으로 성경을 가지고 가 야생의 정글 나무들 아래 앉아서 성경을 읽고, 묵상을 하고, 기도를 하고, 그리고는 밤에는 "오두막"(그가 그 정글의 가장자리에 대나무로 지은 집)으로 돌아왔습니다.

저드슨은 버마의 위험스런 정글에서 이런 식으로 무려 40일을 보냈습니다. 그러나 전기에는 "그는 일시적으로 그러한 시간을 가졌다"고 되어 있습니다. 왜 그는 일상적인 삶에서 벗어나 조용히 혼자 그렇게 긴 기간을 보냈을까요? 그의 전기 작가는 그것은 "도덕적인 면에서의 향상을 위한 수단이었으며, 이를 통해 그의 장래의 전체 삶이 그가 예배하는 구세주의 온전한 본과 보다 더 조화를 이루게 될 것입니다"라고 적었습니다. 저드슨이 조용히 혼자 그렇게 긴 기간을 가진 것은 휴식과 장래의 유용성과 "경건한 삶"을 위해서였습니다. 당신도 그러한 시간을 가져야 하지 않겠습니까? (비록 당신에게는 40일보다는 40시간이, 아니 4시간이 더 현실적일테지만.)

당신은 지금 시작하겠습니까? 혼자 조용한 시간을 보내기 위한 계획을 당신의 스케줄에 집어넣는 것이 쉽지는 않을 것입니다. 세상과 육신과 마귀는 그러한 시간을 갖지 못하도록 방해할 것입니다. 그러나 당신이 그러한 시간을 갖는 훈련을 하게 되면, 진작 그런 시간을 갖지 않았던 것을 후회할 것입니다.

혼자 조용하게 갖는 시간이 여기서 소개한 사람들의 경우처럼 매번 당신의 삶에 지대한 영향을 미칠 것으로 기대하지는 마십시오. 항상 극적인 결과를 가져오거나 진한 감동을 체험하는 것은 아닙니다. 종종, 그러한 시간은 감정적으로 밋밋하고 잔잔한 가운데 진행됩니다. 그러나, 다른 모든 영적 훈련들과 마찬가지로, "보통의" 감정을 느끼는 가운데 그러한 시간을 끝낸다 해도 그것은 유익합니다. 이렇게 신선함과 활력을 주는 훈련을 지금 하기 시작하는 것이 좋지 않겠습니까?

이 장을 마치면서 조나단 에드워즈의 말을 상기시키고 싶습니다.

> 어떤 사람들은 다른 사람과 함께 있음으로 큰 영향을 받습니다. 그러나 그에 걸맞을 정도로, 혼자서, 그리고 세상으로부터 떨어져서, 은밀하게, 찬찬히 묵상하며, 기도와 하나님과의 대화를 하는 시간을 갖지는 않습니다. 진정한 그리스도인이라면 물론 그리스도인들과의 교제와 대화를 즐거워하며, 이를 통해 자신의 심령에 영향을 주는 많은 것을 얻기도 하지만, 또한 때때로 모든 사람들로부터 물러나 혼자 하나님과 대화하는 것도 즐거워할 것입니다. 그리고 이렇게 하는 것은 자신의 심령의 건강을 위해 그리고 자신의 감정적 즐거움을 위해서도 독특한 이점이 있습니다. 진정한 신앙을 가진 사람은 거룩한 묵상과 기도를 위하여 외딴 장소에서 혼자서 많은 시간을 갖고 싶어합니다.… 자신이 처한 곳에서 그리스도인과의 교제를 얼마나 좋아하든, 자기 나름의 독특한 방법으로, 물러나서 하나님과의 은밀한 대화를 즐기는 것은 진정한 은혜의 속성입니다.

조용히 혼자 시간을 갖는 훈련을 위해 힘쓰겠습니까? 만약 당신이 하나님의 구원하시는 은혜를 체험했다면, 혼자 조용한 시간을 갖는 것은 에드워즈의 말을 빌면, 기쁨과 즐거움이요, 활력과 변화가 끊임없이 흘러나오는 샘이 될 것입니다.

만약 내게 돈이 있다면, 나는 그런 시간의 유익에 대해 당신에게 200만 루불을 걸겠습니다.

제 10 장

영적 일기 쓰기

경건한 삶의 회복이라는 절박한 필요를 부인할 수가 없다.
현대 기독교 신앙을 특징 짓고 있는 것이 있다면,
그것이 바로 영적 훈련의 결핍이다.
그러한 훈련들은 헌신의 삶의 중추를 형성하고 있다.
현대 기독교 신앙이 잃어버린 것이
바로 이것이라고 해도 과장된 말이 아니다.

도널드 블로쉬

기타 다른 훈련들 이상으로, 일기[일지] 쓰기는 거의 모든 이의 귀를 솔깃하게 합니다. 한 가지는, 두 개의 커다란 강이 합류하듯, 일기[일지] 속에서 성경의 진리와 매일의 삶은 하나로 합쳐지기 때문입니다. 그리고 누구나 삶이라는 강을 따라 천성을 향해 여행하다 보면 이전에는 경험해 보지 못했던 물굽이와 위험들을 만나기 때문에, 이러한 여행에 대해 기록해 둔다는 것은 영적 성장에 아주 유익합니다.

일기[일지] 쓰기에 대해 성경에서 명령하고 있지는 않지만, 본은 나타나 있습니다. 그리고 하나님께서는 성경 시대 이래로 일기를 사용하는 사람들을 축복해 오셨습니다. 자, 그러면 영적 일기 쓰기란 무엇이며 어떤 유익이 있고 또 어떻게 쓰는 것인지 살펴보도록 하겠습니다.

일기 쓰기란?

일기[일지]란 개인이 다양한 사항들을 기록한 것입니다. 그리스도인으로서, 당신의 일기는 하나님께서 당신의 삶에서 무엇을 어떻게 행하셨는지에 대한 기록입니다. 당신의 일기는 또한 매일의 사건들의 설명, 인간 관계들에 대한 기록, 성경 말씀에 대해 깨달은 바의 기록, 기도 제목 등을 포함할 수도 있습니다. 그곳은 저절로 떠오른 영적인 생각들이나 보다 긴 영적인 묵상 내용 등을 간직할 수 있는 곳이 될 수도 있습니다. 일기에는 다른 영적 훈련들에서의 당신의 진보를 기록할 수도 있습니다. 또한 우리 목표에 깨어 있게 해주는 제일 좋은 것이 일기장입니다.

그날 일어났던 사건들과 함께 그런 것들에 대한 당신의 생각이나 느낌도 기록됩니다. 그러한 것들에 대한 당신의 반응, 그리고 당신 자신의 영적 시야를 통해 그것들을 어떻게 해석하는지가 또한 일기 쓰기의 핵심입니다.

성경 자체에도 하나님의 영감을 받은 일기들이 많이 포함되어 있습니다. 많은 시편들이 하나님과 함께했던 개인적인 영적 여행에 대한 다윗의 기록입니다. 예루살렘 멸망에 즈음하여 예레미야가 자신의 느낌들을 기록한 것이 예레미야애가입니다. 이 장을 읽어 나가는 가운데, "경건한 삶을 위하여" 일기 쓰기라는 훈련을 했던 이 사람들을 위시한 여러 하나님의 사람들의 대열에 참여하는 것에 대해 기도하는 가운데 생각해 보기 바랍니다. 이 훈련을 포함하여 그 어떤 영적 훈련이든, 주된 목적은 보다 더 예수님을 닮아 가기 위한 것이라는 점을 기억하십시오. 이것을 염두에 두고, 영국의 모리스 로버트가 일기 쓰기에 대해 한 말을 생각해 보십시오.

마음과 삶에서 그리스도의 패턴을 따르고자 열망하는 사람이라면 이 관행의 타당성을 부인할 수가 없습니다. 자신의 영적 성장을 위한 이 관행의 가치를 확신하지 않고는 그 자신의 내적 갈등, 두려움, 죄, 경험, 섭리와 영감들에 대한 기록을 유지하지는 않을 것입니다. 바로 이 확신으로 인해 이전부터 이것은 평범한 관행이 되었습니다. 그 관행은 다시 행해져야 하며, 그것을 옹호하기 위해 긴 말을 할 필요가 있습니다.

일기 쓰기의 가치

일기를 사용하는 것은 그것 자체가 영적 성장을 촉진할 뿐만 아니라, 영적 삶의 다른 많은 면에도 큰 도움을 줍니다.

자기 이해와 평가에 도움을 준다

로마서 12:3은 우리에게 균형 잡힌 자아상을 갖도록 권면합니다. "마땅히 생각할 그 이상의 생각을 품지 말고, 오직 하나님께서 각 사람에게 나눠 주신 믿음의 분량대로 지혜롭게 생각하라." 일기 쓰기가 자만이나 자기 경멸에 대한 확실한 방지책은 아닙니다. 그러나 그날에 있었던 일을 기록하고 그것들에 대한 나의 반응들을 기록하는 훈련은 보다 철저히 나 자신을 돌아보며 나의 실제 모습을 알게 해줍니다.

이렇게 하는 것은 우리 삶에서 결코 사소한 필요가 아닙니다. 칼빈도 이렇게 썼습니다. "자신에 대한 지식이 없이는 하나님께 대한 지식도 없다." 자신과 자신의 상태를 앎으로써 우리는 하나님을 찾고자 하게 된다고 그는 설명했습니다. 일기는 성령께서 우리에게 죄된 영역이나 취약한 영역들, 우리가 선택한 길의 공허함을 깨닫게 하며, 우리의 동기에 대한 통찰력을 주는 수단이 될 수 있습니다. 일기장을 하나님을 찾는 제단으로 바꿀 수 있습니다.

1803년에 런던의 복음적인 사역자들은 자신들의 생각을 예리하게 하고 교제의 깊이를 더하기 위해 신학적인 주제들에 대해 토의

하는 모임을 매주 가졌는데, 그때 조사이어 프래트는 자기를 돌아보는 일에 있어서 일기의 가치에 대해 다음과 같이 말했습니다.

> 일기를 쓰는 것은 깨어 있도록 도와줍니다. 많은 사람들이 위험스러운 삶을 살고 있습니다. 그들은 종교적 타성에 빠집니다. 그들은 무슨 강한 유혹들을 받고 있지는 않을 것입니다. 그들은 정기적으로 교회에 출석하며 성례에도 참여하고, 가정 생활도 합니다. 그들은 성경을 읽으며 매일 은밀히 기도도 합니다. 그러나 그것으로 끝입니다. 그들은 자기 속사람의 성장이나 퇴보에 대해서는 별로 아는 바가 없습니다. 그러므로, 그들은 성취가 적은 그리스도인들입니다. 죄의 활동이 마땅히 감지되어야 하나 그렇지 못하며, 그 결과 그 죄들에 대항하기 위한 은혜를 구하지도 않습니다. 그리고 따뜻한 은혜의 감정도 느끼지 못하며, 그래서 그것을 발전시키고 깊게 하지도 않습니다. 일기는 깨어 있게 함으로써 그런 사람들의 수준을 높여 주는 경향이 있습니다.

일기 쓰기를 통해 "속사람의 성장이나 퇴보"를 알 수 있는 방법 가운데 하나는, 당신 삶에서 이전에는 볼 수 없었던 패턴들을 관찰하는 것입니다. 한 달, 반 년, 혹은 일 년 동안의 일기에 있는 내용들을 돌아보면, 나는 자신과 사건들을 보다 객관적으로 보게 됩니다. 나는 당시의 감정에 영향을 받지 않고 나의 과거의 생각과 행동들을 분석할 수 있습니다. 이를 통해, 나는 어떤 특정 영역에서 영적 진보를 나타냈는지 혹은 뒷걸음질을 쳤는지를 보다 쉽게 알 수 있습니다.

하지만, 일기 쓰기는 자기 분석을 하기 위한 것은 아닙니다. 또한 그것은 세상의 여러 필요들을 제쳐 두고 자기 중심적이 되기 위한 구실이 될 수도 없습니다. 청교도들과 당시 사회와 그들의 관계에 대해 쓰면서, 에드먼드 모건은 한 경건한 젊은이가 1600년대에 병상에 있는 동안 기록한 일기에서 일부를 인용했습니다. 거기서 그 젊은이는 자신이 다른 사람들에게 충분한 사랑을 나타냈는지를 평가하고 있었습니다. 모건은 다음과 같이 말합니다.

> 많은 청교도들이 이러한 종류의 일기를 썼다는 사실은 그들이 사회적인 덕목을 추구했다는 것을 설명하는 데 도움이 됩니다. 일기는 믿음 안에서, 자신들의 영혼의 장점과 단점을 점검하는 결산서였습니다. 일기장을 열었을 때, 그들은 자신들의 도덕적인 잘못들을 기록하고, 이와 함께 적절한 회개를 표현했으며, 또한 그들의 믿음의 행동들을 기록함으로 그것들과 균형을 맞추었습니다. 카튼 마더는 날마다 일기에 적어도 한 가지씩의 선행을 기록하는 것을 잊지 않았습니다.

지나치게 자신에게만 집중하지 않고, 적절하게 사용하기만 한다면, 일기는 스스로 다른 사람들을 위한 행동을 하도록 촉진하는 수단이 될 수 있습니다.

일기는 성령의 손에 들린 거울이 되며, 성령께서는 이를 사용하여 당신의 태도, 생각, 말, 그리고 행동에 대한 그분의 관점을 보여 주십니다. 우리는 이 각각에 대하여 심판날 회계를 하게 될 것이므로, 매일 어떤 수단에 의해 그것들을 평가해 나가는 것은 지혜로운 일입니다. 그 수단으로 일기 쓰기가 좋습니다.

묵상을 도와준다

이전 어느 때보다 더 많은 그리스도인들이 성경 묵상(여호수아 1:8, 시편 1:1-3 참조)에 흥미를 나타내고 있는 것 같습니다. 그러나, 의미심장한 묵상은 집중을 필요로 합니다. 분주하고 빨리 움직이며, 여러 매체들에 의해 마음이 분산되기 쉬운 우리 사회에서 집중하기가 쉬운 것은 아닙니다.

뉴잉글랜드 지방에 살고 있는 어떤 사람에 대한 이야기를 읽은 적이 있습니다. 그는 해변에 있는 자기 집 주위의 안개보다 더 짙은 안개는 이 세상 어디에도 없을 것이라고 믿고 있었습니다. 한번은 자기 집의 지붕을 이고 있었는데, 안개가 너무나 짙어서 그는 부지중에 지붕의 가장자리를 넘어 안개에까지 널을 깔았다는 것이었습니다. 손에 펜을 들고 있지 않으면, 나는 묵상 중에 마음이 산만해져서 말씀과 무관한 생각들을 첨가해 가다가 마침내는 성경 말씀에 비추어 생각하기보다는 백일몽의 안개에까지 나아가기 시작하게 됩니다. 묵상한 것들을 일기에 기록하는 훈련은 생각을 집중하도록 도와줍니다.

하나님과 그분의 말씀에 대해 생각할 때, 내가 펜과 종이를 가지고 앉아 있으면, 하나님께로부터 듣는 것에 대한 기대감이 커집니다. 나는 학교에서도 노트에 기록할 때 더 잘 경청했습니다. 설교를 들을 때도 마찬가지였습니다. 나는 설교의 핵심 내용들을 적어 나갈 때 더 주의 깊게 듣습니다. 일기 쓰기에도 마찬가지 원리가 적용됩니다. 성경 말씀에 대해 묵상한 것을 일기에 기록할 때, 나는 하나님께서 그 구절을 통해 말씀하시는 조용하고 세미한 음성을 더 잘 알아듣습니다.

생각과 느낌을 주님께 표현하는 데 도움이 된다

배우자나 친구들과의 관계가 아무리 친밀하다 해도, 우리는 생각하는 바를 언제나 상대방에게 말할 수는 없습니다. 그럼에도 때때로 우리의 감정은 너무나 진하고, 우리의 생각은 너무나 분명해서, 그것들을 표현하기 위한 무슨 방법을 찾아야 합니다. 하나님 아버지께서는 언제나 우리 곁에 계시며 기꺼이 귀를 기울이십니다. 시편 62:8은 "그 앞에 마음을 토하라"고 권면합니다.

일기는 우리 마음의 샘에서 흘러나오는 것을 표현할 수 있는 장소를 제공하며, 거기서 우리 마음을 스스럼없이 하나님 앞에 토해 놓을 수 있습니다.

우리의 생각과 감정은 들뜨거나 낙심하는 두 극단 사이의 어딘가에 위치하므로, 우리 일기에서 그 두 가지 다를 찾아볼 수 있습니다. 교회 역사상 유명한 일기들에서도 마찬가지입니다. 데이비드 브레이너드가 자신에 대해 기록한 것을 주목해 보십시오.

> 1744년 12월 16일, 주일. 너무나 낙심이 되어 어떻게 살아가야 할지 모르겠다. 죽고 싶을 뿐이다. 내 영혼은 깊은 물 속에 빠져서 금방 익사할 것 같다. 너무나 짓눌려 내 영혼은 공포에 사로잡혀 있다. 내 생각을 기도로 1분 동안도 고정시킬 수가 없다. 마냥 생각은 방황하고 분산될 뿐이다. 하나님께 합당한 삶을 살지 못하고 있다는 것이 너무나 부끄럽다. 나 자신의 상태에 대한, 끔찍한 의심은 없었으나, 나는 (내가 알 수 있는 한) 기쁨으로 영생을 누리는 삶을 살지도 못했다. 인디언들에게 복음을 전하러 갈 동안, 나의 영혼은 고통 가운데 있었다. 실망감으로 압도된 나머지 어떠한 선을 행하는 것도 단념했고, 어찌할 바를 모르게 되었다. 무슨 말을 해야 할지, 어떤 길을 가야 할지 전혀 모르겠다.

한편, 얼마 후 그의 일기는 다음과 같이 기쁨을 표현합니다.

> 1745년 2월 17일, 주일. 내 일생에 있어서 오늘처럼 더 자유롭게 그리고 확실하게 하나님의 값없는 은혜를 멸망해 가는 죄인들에게 증거할 수 있는 능력을 힘입은 적은 없었다고 생각된다. 그후에, 나는 하나님의 자녀들에게 새로워지며 생수의 샘에서 마시도록 간절하게 초청할 수 있었다. 그 샘으로부터 그들은 지금까지 말로 다할 수 없는 만족을 얻어 왔다. 내게는

아주 편안한 시간이었다. 집회에 참석한 많은 사람들이 눈물을 흘렸고, 나는 하나님의 성령께서 임재해 계셔서 가련한 죄인들에게 그리스도의 필요성을 깨닫게 해주셨음을 의심하지 않았다. 저녁에는 고요함과 안락함을 느꼈고, 아주 피곤하기도 했다. 하나님의 뛰어나심과 영광에 대한 달콤한 인식이 있다. 그리고 내 영혼은 그분이 "모든 것 위에 뛰어나시며, 영원히 복되신 분이심"을 기뻐 외쳤다. 그러나 회합과 대화들로 너무나 분주했고 나는 하나님과 단둘이 좀더 있기를 갈망했다. 오늘의 자비로 인해 영원히 찬양할 만한 하나님. 그분은 내 마음의 기쁨으로 응답해 주셨다.

아마도 당신은 브레이너드의 일기를 읽을 때 자신의 경험과는 좀 동떨어진 느낌을 받았을 것입니다. 나도 그러했습니다. 그러나 그는 특별한 사람이었습니까? 그는 나 같은 그리스도인들은 감히 접근할 수 없는 더 높은 영적 세계에서 살았습니까? 하나님과의 관계에서 그의 경험과 나의 경험의 차이는 시대의 차이로만 설명될 수 있습니까? 하나님을 향한 감정들을 그처럼 글로 표현할 수 없기 때문에 내가 좀 이상한 사람입니까?

나는 하나님의 자녀들은 누구나 브레이너드가 여기서 표현하고 있는 그 이상을 경험할 수 있다고 생각합니다. 일기 쓰기가 이 일에 도움이 됩니다. 모리스 로버트는 다음과 같이 설명합니다.

영적인 일기는 하나님의 자녀의 정서 생활을 심오하게 하고 거룩하게 하는 경향이 있습니다. 믿음의 거대한 문제들에 대해 우리가 보다 깊은 감정을 경험하는 것은 가치가 있습니다. 우리 시대는 감정에 있어서 그리 깊지가 않습니다. 성경에 나오는 사람들은 많은 눈물을 흘리며, 탄식하며, 신음하며, 때때로는 말할 수 없는 기쁨으로 즐거워하는 것으로 그려지고 있습니다. 그들은 하나님에 대해 생각하는 것만으로도 황홀해 했습니다. 그들은 예수 그리스도 - 그분의 인격, 직무, 이름, 칭호들, 말씀과 일들 - 를 향한 열정을 가지고 있었습니다. 하나님께서 그리스도 안에서 우리에게, 그리고 우리를 위해 해 주신 그 모든 것들에도 불구하고, 우리가 그토록 냉담하고 무감각한 것은 수치입니다.… 일기를 쓰는 것은 이러한 면에서 우리가 바르게 되는 데 도움이 될 것입니다.

우리의 보조를 늦추고 하나님에 대해 보다 깊이 생각하도록 함으로써 일기 쓰기는 우리가 하나님에 대해 더 깊이(그리고 성경적으로) 느끼도록 도와줍니다. 그것은 머리와 가슴속의 회색 영역들을 흑백으로 분명하게 구분하게 하는 기회를 제공합니다. 그때 우리는 마음과 영으로 하나님과 더 잘 이야기할 수 있습니다.

주님의 역사를 기억하는 데 도움이 된다

많은 사람들은 새로운 곳으로 이사를 할 때에야 하나님께서 그 동안 자신들을 많이 축복해 주셨다는 것을 깨닫습니다. 마찬가지로, 우리는 하나님께서 얼마나 많이 우리의 구체적인 기도에 응답해 오셨는지, 시기 적절하게 공급해 주셨는지, 그리고 우리 삶에서 경이로운 일을 행하셨는지를 잊어버리는 경향이 있습니다. 그러나 이 모든 것들을 기록하고 모아 두는 장소가 있으면 잊는 것을 방지할 수 있습니다.

일기는 우리로 시편 77:11-12의 아삽처럼 되도록 도와줍니다. "곧 여호와의 옛적 기사를 기억하여 그 행하신 일을 진술하리이다. 또 주의 모든 일을 묵상하며, 주의 행사를 깊이 생각하리이다." 하나님께서는 이스라엘의 왕들에게도 그들을 위해 모세의 율법서들을 베껴 두도록 요구하셨습니다. 이는 그들의 열조의 삶을 통해 하나님께서 말씀하시고 행하신 것들을 기억하도록 돕기 위함이었습니다(신명기 17:18 참조).
　기독교 출판을 했던 해럴드 쇼우의 미망인인 루시 쇼우의 간증은, 주님께서 하시는 역사들이 당신에게 중요하다는 것을 생각한다면, 일기는 도움이 되는 정도가 아니라 필수적이라는 것을 보여 줍니다.

> 나는 살아오면서 일기를 써야겠다고 계속 생각했지만, 몇 년 전에 나의 남편 해럴드가 암에 걸렸다는 것을 알게 됨으로, 갑자기 우리가 대단한 배움의 과정 한가운데로 던져지고 이전에는 당면한 적이 없었던 것들을 직면하게 된 후에야, 일기를 쓰기 시작했습니다. 고통스러운 결정들에 직면할 때, 우리는 주님께 "주님께서는 이 모든 것의 와중에 어디에 계십니까?"라고 부르짖곤 했습니다. 일어나고 있는 것들을 기록해 두지 않으면 잊어버리게 될 것이라는 생각이 갑자기 들었습니다. 그 고통스러운 기간 동안의 사건들, 세부적인 일들, 그리고 사람들이 쉽게 기억에서 희미해질 수 있었습니다. 그래서 나는 그 모든 것들을 기록하기 시작했습니다.

　프랜시스 베이컨은 이렇게 말했습니다. "기록을 별로 하지 않는 사람이라면, 그는 대단한 기억력을 가지고 있어야 한다."
　주님의 역사하심을 기록해 두는 것의 유익점 가운데 하나는 그것이 믿음을 가지며 기도를 하도록 격려한다는 것입니다. 19세기 후반의 영국의 유명한 설교가인 스펄전은 이렇게 말했습니다. "의심에 사로잡히게 되면, 나는 종종 '난 감히 하나님이 계신지를 의심하지 않겠다. 내 일기를 다시 읽어 볼 수 있고, 그러한 날, 곤란의 와중에서 나는 하나님께 무릎을 꿇었고, 그리고 내 무릎을 폈을 때는 응답이 왔다고 말할 수 있기 때문이다'라고 스스로에게 말하곤 했습니다."

하나님의 존재와 속성에 관해 쓴 책에서 스티븐 차노크는 "새로운 것을 구하기 위해 나아갈 때 이전의 응답들을 기억하는 것은 얼마나 가치 있는 일인지 모릅니다"라고 말했습니다. 일기는 주님의 "이전의 응답들"을 생생하게 기억하는 데 가장 좋은 자료입니다.

영적 유산을 만들고 보존하는 데 도움이 된다
일기를 기록하는 것은 하나님에 관한 것들을 자녀들에게 가르치고 우리의 믿음을 후세에 전하는 효과적인 방법입니다(신명기 6:4-7, 디모데후서 1:5 참조).

오늘날 우리가 기록해 둔 것이 미래에 어떤 영적 영향을 미치게 될지 우리는 알지 못할 수도 있습니다. 나의 아버지는 1985년 8월 20일, 갑자기 세상을 떠나셨습니다. 아버지는 조그만 도시에서 라디오 방송국을 경영하셨는데, 매일 아침 음악과 지방 뉴스로 엮은 30분짜리 프로를 진행하기도 하셨습니다. 아버지의 책상에서 나는 아버지가 마지막 방송을 시작하기 위해 사용하셨던 신앙적인 자료들을 발견했습니다. 아버지는 윌리엄 쿠퍼의 찬송가 "하나님은 기이한 방법으로 역사하시네"의 가사를 읽으셨었습니다. 이 가사의 곁에 기록된 아버지의 이름의 약자와 "85. 8. 19."라는 날짜는 다른 누구가 말해 준 그 어떤 것보다도 내게 더 위로와 힘을 주었습니다. 아버지가 돌아가신 후 아버지의 낡은 기타는 내게 소중한 물건이 되었습니다. 아나운서였던 아버지의 초창기에는 라디오의 거의 모든 프로가 생방송으로 진행되었습니다. 아버지는 인기 있는 쇼를 진행했었는데, 그 프로에서 아버지는 이 기타를 치며 노래를 불렀습니다. 아버지가 세상을 떠나시고 나서 처음 맞는 추수 감사절에 나는 기타의 케이스를 뒤적이고 있었습니다. 그 속에서 내가 출생한 지 며칠 되지 않은 날짜의 소인이 찍힌 옛날 편지가 10통이 넘게 발견되었습니다. 그것들은 모두 아버지의 프로의 애청자들이, 난산에도 불구하고 어머니와 내가 건강한 것에 대해 아버지와 함께 기뻐하기 위해 보낸 것들이었습니다. 그 편지들을 통해, 나는 아버지께서 나를 매우 자랑스러워하셨다는 것과 나의 건강한 출생에 대해 감사하는 내용을 방송했다는 것을 분명히 알 수가 있었습니다. 나는 이 편지들을 들고 기타 케이스 곁 마루에 털썩 주저앉아 아버지의 삶의 이러한 유산에 대해 주님께 감사의 눈물을 흘리며 기도했습니다. 아버지가 하나님과 동행했던 것을 나를 위해 일기에 좀더 기록해 두셨다면 얼마나 귀중했을지 모릅니다.

영적인 타임 캡슐과 같은 역할을 하는, 기록의 능력을 과소평가하지 마십시오. 하나님에 대한 자신의 경험에 대해 이야기할 때 시편 기자는 이 사실을 알고 있었습니다. "이 일이 장래 세대를 위하여 기록되리니, 창조함을 받을 백성이 여호와를 찬송하리로다"(시편 102:18).

통찰과 감명을 명료케 하며, 명료하게 표현하는 데 도움이 된다
생각은 입술을 지나 연필 끝을 통하여 스스로 풀어진다는 속담이 있습니다. 프랜시스 베이컨에 따르면, 읽기는 알찬 사람을 만들고, 대화가 기지 있는 사람을 만든다면, 기록하기는 정확한 사람을 만듭니다. 나는 경건의 시간에 묵상한 것을 기록하면 그때 감명 받았던 것들이 훨씬 오래 간다는 것을 알았습니다. 기록을 하지 않으면, 하루가 끝나 갈 무렵에는 경건의 시간의 내용이 거의 기억이 나지 않았습니다.

기도와 믿음의 거장 조지 밀러는 성경 말씀에 대한 자신의 통찰과 영적인 감명들을 명료하게 표현하기 위해 일기를 사용했습니다.

1838년 7월 22일. 오늘 저녁 나는 "예수 그리스도는 어제나 오늘이나 영원토록 동일하시니라"라는 히브리서 13:8을 우리의 조그만 뜰을 거닐면서 묵상했다. 주님의 변치 않는 사랑과 능력과 지혜를 묵상하면서 나의 필요에 대해 기도하였다. 주님의 변치 않는 사랑과 능력과 지혜를 나의 현재의 영적 상황과 일상적 상황들과 연관하여 묵상할 때, 문득 고아원의 현재의 필요가 마음에 떠올랐다. 곧 나는 마음속으로 이렇게 말했다. "예수님께서는 사랑과 능력으로 지금까지 고아들에게 필요했던 것들을 공급해 주셨고, 동일한 사랑과 능력으로 앞으로 필요할 것들도 공급해 주실 것이다." 찬양받기에 합당하신 우리 주님의 이러한 불변성을 깨달았을 때 기쁨의 강물이 내 영혼 속으로 밀려들어 왔다. 약 1분 후 편지가 한 통 왔는데, 뜯어 보니 20파운드짜리 수표가 들어 있었다. 편지에는 이런 말이 적혀 있었다. "동봉한 수표의 금액을 당신이 운영하는 성경 지식 협회나 고아원, 혹은 당신이 기도할 때 주님께서 친히 가르쳐 주시는 일이나 목적을 위해 사용하시기 바랍니다. 큰 금액은 아니지만, 오늘의 긴급한 필요를 위해서는 충분한 공급일 것입니다. 그리고 보통 주님께서 공급해 주시는 것은 바로 오늘의 긴급한 필요입니다. 내일의 필요가 생기면 내일의 공급이 있게 될 것입니다."

경건의 시간을 통해 깨달은 것들이 기록을 통해 나의 마음에 명확하게 고정될 때, 또한 그것들을 나중에 대화할 때나 상담할 때, 격려할 때나 증거할 때에, 더 쉽게 사용할 수 있다는 것을 알았습니다(베드로전서 3:15 참조).

목표나 우선 순위를 설정하는 데 도움이 된다
일기는 우리가 하기를 원하거나 강조점을 두고 있는 것을 상기하는 좋은 방법입니다. 어떤 사람들은 일기에 목표들과 우선 순위들의 목록을 기록해 놓고 매일 훑어봅니다. 나는 그날 그날의 일기의 시작 부분에 조그만 직사각형을 그립니다. 그리고 그 직사각형에 가로 줄 하나와 세로 줄 두 개를 그어 여섯 개의 조그만 정사각형으로 만듭니다. 각각의 정사각형은 매일 내가 이루기 원하는 것들을 나타냅니다. 예를 들면, 적어도 한 사람에게 격려를 주는 것 등이 있습니다. 일기를 쓰기 전에 나는 그 전날의 일기로 돌아가서 성취한 목표들의 칸에는 색칠을 합니다. 율법적이라고 생각하는 사람들도 있을 것입니다. 내게 있어서 그것은 그리스도를 닮아 가는 목표를 향해 달려감에 있어서(빌립보서 3:12-16 참조), 내가 행하기 원하는 것들을 상기하는 방법입니다.

젊은 시절의 조나단 에드워즈가 했던 결단들은 유명합니다. 그것은 시간 사용, 먹는 것에서의 절제, 은혜 안에서의 성장, 의무, 자기 부인, 기타 여러 가지 것들과 관련한 마음의 결단들이었습니다. 이러한 것들은 요즘 사람들이 새해가 되면 하는 반마음으로 하는 결단과는 달랐습니다. 그것들은 에드워즈의 일생에 걸친 영적인 목표들이요 우선 순위들이 되었습니다. 그리 널리 알려지지 않은 사실은, 그는 매일 자신이 행한 것들을 이 결단들에 비추어 평가했으며, 그 결과를 일기에 기록했다는 것입니다. 1722년의 크리스마스 이브에 그는 다음과 같이 썼습니다. "그리스도의 뛰어나심과 그분의 나라에 대해 평소보다 더 깊은 생각을 하다. 매월의 마지막에는 결단대로 살지 못한 것들의 숫자를 살펴보기로 하다. 매일 평가하여 그것을 토대로 주간 평가를 하고, 다시 주간 평가를 토대로 하여 월간 평가를 하며, 다시 월간 평가를 기초로 하여 연간 평가를 하기로 하다. 새해 첫날부터 시작하기로 하다." 이런 방식으로 그의 일기를 사용한 실제 예가 다음해 1월 5일의 일기에서 발견됩니다. "오랫동안 성경을 읽을 때 무덤덤하여 안타까웠는데 약간 나아지다. 이번 주는, 애석하게도 주간 평가에서 낮은 평가가 나왔다. 그 이유는 무엇인가? 피곤하여 마음이 내키지 않았고, 게으름을 피운 적이 많았다. 이런 상태가 계속된다면, 다른 죄들도 고개를 내밀기 시작할 것이다."

전도자 조지 휫필드는 열정적이고 모방할 수 없는 설교로 아주 유명합니다. 동시대의 사람인 에드워즈처럼, 휫필드의 일기를 보면, 그의 영향력이 컸던 만큼 영적인 깊이도 있었던 것을 알 수 있습니다. 그의 일기의 서두에는 다음과 같은 일련의 평가 항목의 목록이 있었는데, 이것은 매일 밤 자신을 평가하기 위해 사용한 것이었습니다.

나는,
1. 간절하게 기도했는가?
2. 정해진 기도 시간에 기도했는가?
3. 매시간 절규하는 듯한 짧은 기도를 사용했는가?
4. 모든 의도적인 대화나 행동의 전이나 후에 그것이 어떻게 하나님을 영화롭게 하는지 생각해 보았는가?
5. 기쁜 일이 있었을 때, 즉시 하나님께 감사드렸는가?
6. 그날 할 일을 계획했는가?
7. 모든 일에서 단순하고 집중적인 태도를 유지했는가?
8. 맡은 일에 열정적이고 내가 행할 수 있는 선을 행하는 데 적극적이었는가?
9. 모든 말과 행동에서 온유하고, 유쾌하고, 상냥하고, 정중했는가?
10. 교만하거나, 허영심이 있거나, 정숙하지 못하거나, 다른 사람을 시샘하지는 않았는가?
11. 먹거나 마실 때 침착했는가? 감사했는가? 잠을 알맞게 잤는가?
12. 감사를 드리기 위한 시간을 냈는가?
13. 공부를 부지런히 했는가?
14. 다른 누군가에 대해 나쁘게 생각하거나 말하지는 않았는가?
15. 모든 죄를 자백했는가?

휫필드의 일기는 매일 두 부분으로 되어 있었는데, 한 부분이 한 면을 차지했습니다. 첫 번째 면에서는 그날의 구체적인 활동들을 기록하고 15개의 질문을 토대로 각각을 평가했습니다. 그의 전기 작가인 아놀드 댈리모어에 따르면, 두 번째 면에는 "그는 그날 하루 동안의 일상적이지 않은 활동들을 기록했으나, 그 무엇보다도, 자신의 내적 자아를 표현했다. 자신의 영혼의 갈망, 자신의 동기들의 검토, 사소한 잘못에 대한 준엄한 자기 질책, 그리고 하나님께 대한 찬양 등이 모두 여과 없이 기록되었다"고 했습니다.

에드워즈와 휫필드가 어떻게 그렇게 남다르게 그리스도를 닮은 삶을 살게 되었을까요? 그들의 비결 가운데 하나가 일기 쓰기를 통해 영적인 목표와 우선 순위들을 위해 자신들을 점검해 나간 것이었습니다. 왜 우리는 그들과 같은 사람이 될 수 없는지 이유를 생각해 내는 데 급급하지 말고, 그들이 행했던 것을 해보도록 합시다.

다른 영적 훈련을 하는 데 도움이 된다

나의 일기는 다른 모든 영적 훈련에서의 진보를 기록하는 장소입니다. 예를 들면, 나는 그 조그만 정사각형들을 성경 암송과 같은 훈련에서 자신을 점검하기 위해 사용하기도 합니다. 성경에서는 하나님의 말씀을 암송하는 것이 거룩한 삶에 필수적이라고 말하고 있음에도(시편 119:11), 나는 그 일에서 나태해지거나 기회를 흘려 보내기가 얼마나 쉬운지 모릅니다. 한 번 암송을 안 하기 시작하면 습관이 되어 계속 하지 않게 됩니다. 그러나, 일기와 같이 매일 자극을 주는 것이 있을 때는 "경건한 생활을 위해 나 자신을 훈련해야 한다"는 것을 상기하게 되고, 보다 쉽게 그 습관을 바꿀 수 있습니다.

육신, 즉 죄로 향하는 자연스런 경향은 우리의 영적 성장에 제동을 겁니다. 영으로써 몸의 행실을 죽이기 위해 애쓰지 않는다면(로마서 8:13 참조), 경건한 삶에서의 발전은 더딜 수밖에 없습니다. 영적 나태를 향하는 우리의 타고난 경향에 대항하여 성령과 협동하는 실제적인 방법을 찾지 않으면, 우리는 믿음 위에 자신을 건축하지 못하게 될 것이며(유다서 20), 결국 영적 무질서에 빠져들고 말 것입니다.

이것이 바로 모리스 로버트가 "성자들은 어디로 갔는가?"라는 글에서 지적한 사실입니다.

> 은밀한 영적 훈련을 거부하는 우리의 자연스런 경향을 극복하기 위해 노력하지 않는다면, 기독교적인 거룩함에서 가시적인 성장은 없게 될 것입니다. 우리 선조들을 솔직한 일기를 기록했는데, 거기에는 영혼의 전투들이 기록되어 있습니다. 메이플라워 호를 타고 미국으로 건너온 청교도들 중의 하나이며 하버드 대학의 설립자이기도 한 토머스 쉐퍼드는 "때때로 너무나 힘들어 기도하기보다는 차라리 죽고 싶을 때가 있다"라고 적었습니다. 누구나 그럴 때가 있습니다. 그러나 이러한 솔직성은 흔한 것이 아닙니다. 그러한 사람들은 자신들의 영혼을 가꾸기 위해 땀과 눈물을 흘리며 수고했기에 높은 경지에 도달했습니다. 우리도 또한 "경건에 이르기를 연습해야 합니다"(디모데전서 4:7).

선교사 짐 엘리어트는 삶에서 훈련에 대한 열정이 떨어질 때에는 그의 일기를 사용하여 훈련에 불을 붙였습니다. 1955년 11월 20일, 그러니까 그가 에콰도르의 아우카 인디언들에게 순교당하기 약 두 달 전, 그는 이렇게 적었습니다.

> Behind the Ranges라는 책을 좀 읽었는데, 나는 그 내용들 가운데 어떤 것을 나의 개인적인 신앙 생활과 기도 생활에서 행하기로 굳게 결심했다. 스페인어를 공부하느라 영어 성경을 읽는 것을 중단했고, 나의 성경 읽기 패턴은 깨어지고 말았다.

결코 이를 회복하지 못했다. 매일의 성경공부를 위해 번역하는 것과 준비하는 것은 내 영혼에 힘을 북돋기에는 충분치가 않다. 내가 기억하기로, 혼자 사는 남자로서 기도하는 것은 어려운 일이었다. 내 마음은 언제나 아내에게로 달려가기 때문이었다. 이제 아침에 일어나는 것 또한 힘들다. 이 문제에 대해 이전에 결심을 많이 했지만 제대로 지켜지지 않았다. 내일은 아침 6시까지 옷을 입고, 조반 전에 서신서를 공부하기로 한다. 하나님, 도와주소서.

자신의 헌신의 삶에 생기를 불어넣고자 하는 열망은 분명 이전에도 여러 차례 그의 가슴과 머리를 통해 밀려 왔을 것입니다. 그러나, 그러한 열망을 종이로 옮기는 것은 마치 한때는 단순히 물과 같은 유체로 되어 있던 열망을, 동력을 발생시키도록 터빈으로 이끌어들이는 것과 같았습니다.

영적 훈련들을 통해 경험하는 기쁨과 자유를 기록하는 것은 내가 그 훈련들을 지속적으로 행하는 데 도움을 줍니다. 일기를 펴서, 한 번도 예수님에 대해 들어 본 적이 없는 케냐의 오지의 노인들에게 복음을 전할 때의 말로 다 표현할 수 없었던 기쁨, 브라질의 십대들에게 복음을 전해서 그들이 심령주의의 의식에 빠져 있었던 것을 회개하는 것을 본 것 등에 대해 내 손으로 기록한 것을 읽을 때, 나는 아무리 큰 대가를 치를지라도 해외 선교지에서 복음을 전하는 훈련을 계속해야 하겠다는 결심을 하게 됩니다.

그리스도인의 삶이란 살아 움직이는 것입니다. 만약 우리가 성경 말씀 섭취라는 훈련을 그러한 삶을 위한 음식으로, 그리고 기도를 그러한 삶을 위한 호흡으로 생각할 수 있다면, 많은 그리스도인들은 일기 쓰기를 그러한 삶의 심장으로 삼았습니다. 그들에게 있어서, 일기 쓰기는 생명을 유지하는 혈액을 그 심장에 연결된 각각의 훈련들에 펌프질해서 보내는 역할을 했습니다.

일기를 쓰는 방법

어떻게 씁니까? "일기를 쓰는 방법이 올바르다면… 일기를 쓰는 데 무슨 규칙이 있는 것은 아니다!"라고 이야기한 사람이 있습니다.

오늘 나는 가까운 기독교 서점에서 일기 쓰기에 사용할 만한 노트를 열두 가지는 넘게 보았습니다. 단단하고 질긴 표지로 된 것도 있었습니다. 어떤 것들은 매 면마다 신앙심을 심어 주는 글이나 영감을 주는 어구 등이 실려 있었습니다. 어떤 것들은 간단하게 맨 윗줄에 "기도 제목"과 "성경 말씀에서 배운 것" 등만 있고, 나머지는 빈칸으로 되어 있었습니다. 문방구나 서점에 가 보면 아름답게 제본이 되어 있고 금도련이 되어 있는 노트들도 많이 팔고 있는데, 이런 것들도 일기장으로 사용하기에 좋은 것들입니다.

많은 그리스도인들은 보통의 노트를 사용하는 것이 가장 실제적인 방법임을 알았습니다. 어떤 사람들은 스프링 노트를 선호하지만, 나는 종이를 마음대로 갈아 끼울 수 있는 것이 더 좋았습니다. 가격도 저렴할 뿐 아니라, 나누어진 칸이나 표시가 없는 것을 사용하면, 미리 지정된 곳에 기재 사항을 제한시켜야 할 필요가 없어서 좋습니다. 다른 한 편, 아주 깔끔하게 생긴 일기장에 기록하는 것이 그 훈련을 더 매력적으로 만들어 성실하게 행하도록 도와준다는 사람들도 있습니다. (이러한 경우에는, 기재 사항이 그런 깔끔한 곳에 기록하기에는 좀 세속적인 것 같은 느낌이 들 때는 역효과를 나타냅니다. 그러면, 기록하는 빈도가 떨어지다가, 아예 그만둘지도 모릅니다.)

종이를 마음대로 갈아 끼울 수 있는 것을 내가 선호하는 또 하나의 이유는 간편성 때문입니다. 일기를 쓰기 위해 책으로 된 일기장이나 스프링 노트를 가지고 다니는 것도 그리 번거로운 것은 아니지만, 일기 용지 몇 장을 가지고 다는 것이 더 간편합니다. 나의 일기 용지는 가로가 5.5 인치 세로가 8.5 인치로 성경 속이나, 서류 가방, 책 또는 내가 가지고 다니는 거의 모든 것 속에 들어갈 수가 있습니다. 사실, 나는 일기 용지를 내 서류 가방과 집과 교회의 서재, 이렇게 세 곳에 보관하고 있습니다. 그래서, 나는 갑자기 떠오르는 어떤 생각이나 통찰, 감명받은 것, 대화 내용, 인용구 등을 그 즉시로 기록할 수 있습니다. 그리고 그렇게 기록한 것을 약 한 달에 걸쳐서 모읍니다. 새로운 달이 시작될 무렵에 모든 것을 바인더 노트에 끼웁니다. 바인더 노트는 집에 보관되어 있습니다. 이렇게 하면, 책 형태로 된 것이나 스프링 노트를 사용하는 것에 비해 두 가지 유리한 점이 있습니다. 첫째, 혹시 최근의 일기를 분실한다 해도, 한 달치 이상을 분실하는 경우는 없습니다. 둘째, 이전의 기재 사항들과 관련이 있는 내용들을 쉽게 첨가해 나갈 수 있습니다. 그렇긴 해도 다음과 같은 격언을 다시 상기하도록 합시다. "당신이 일기를 쓰고 있는 방법이 가장 옳은 방법이다." 당신에게 가장 좋은 방법을 선택하십시오.

 필기를 하기 위해 사용하는 수단이 또한 당신이 어떤 방법을 선택할 것인가에 영향을 미칩니다. 나는 워드프로세서로 일기를 기록하기를 좋아합니다. 나의 경우에는 손으로 쓰는 것보다는 타자하는 것이 더 빠르며, 또한 프린트해 놓으면 더 깔끔하기 때문입니다. 그러나, 교회의 서재에서 기록해야 할 경우가 있는데 그때는 타자기를 사용합니다. 그러나 손으로 써야 할 때도 많습니다. 손으로 직접 기록하기를 아주 좋아하는 사람들도 있습니다. 그렇게 하는 것이 그들에게 있어서는 더 자연스럽고 표현하기도 쉽기 때문입니다. 그러나 나의 경우도 그런 것은 아닙니다. 나는 손으로 쓰는 것보다는 워드프로세서나 타자기를 사용하는 것이 속도가 더 빠르기 때문에 표현을 더 자유롭게 할 수 있습니다.

 기술이 발전함에 따라 그것을 일기 쓰기에 활용할 가능성이 더 많아질 것 같습니다. 시카고 트리뷴지의 한 기사는 바쁜 사람들의 일기 쓰기를 도와주는 일본의 한 회사를 소개하고 있었습니다. 너무나 바빠서 하루가 끝날 때 일기를 쓸 수 없는 사람들은, 단지 다이얼을 돌려서 전화로 자기가 일기에 기재하기 원하는 내용을 이야기합니다. 이것은 테이프에 녹음이 됩니다. 매 월말에, 그 고객은 자기의 일기가 인쇄되어 멋있는 바인더에 정리된 것을 받습니다. 아마도 이것은 단지 그날의 여러 가지 사실들과 행사들을 기록해 두기 원하는 사람들에게는 좋을 것입니다. 그러나 주님과의 교제와 영적 성장을 위한 수단으로 사용하기에는 좀 문제가 있어 보입니다. 나는 통화료가 올라가는 것은 차치하고서라도, 주님께 대한 나의 깊은 생각과 느낌을 전화로 표현하는 것은 상상할 수가 없습니다. 또한 일기의 은밀한 내용들을 누군가가 녹음기로부터 인쇄된 형태로 바꾸는 것이 프라이버시 침해처럼 느껴지기도 합니다. 아무리 과학과 기술이 발전해도, 일기 쓰기에 있어서 펜과 종이라는 단순한 도구들이 차지해야 할 자리는 언제나 있을 것입니다.

컴퓨터나 타자기를 주로 사용하는 사람들은 그런 것이 있을 때만 일기를 기록하지 않도록 유의해야 합니다. 훌륭한 일기들 가운데 많은 것이 일상적인 환경으로부터 멀리 떨어진 장소에서 혼자 갖는 시간에 기록되었습니다. 나에게 있어서도, 두고두고 기억할 만한 내용들 가운데 많은 것이 여행 중이라서 손으로 쓸 수밖에 없었을 때 기록되었습니다. 이런 것들은 타자로 친 것만큼 깔끔하지는 않으나, 각 면들의 외형상의 다양성을 훑어 보면 그것들이 더욱 가치 있어 보입니다. 경고하고 싶은 것은 이것입니다. 일기를 쓸 때 한 가지 방법에 매이지 말라는 것입니다.

그날 그날의 첫 기재 사항으로는, 성경 읽기를 통해 가장 감명을 받았던 구절이나 내용들을 죽 적어 보십시오. 그것을 잠시 묵상하고, 당신이 깨달은 것과 인상 깊었던 것, 감명 받은 것 등을 기록하십시오. 이어서, 당신의 삶에 있었던 최근의 사건이나 행사들, 그것들에 대한 당신의 느낌이나 생각 그리고 반응들, 간단한 기도문, 기뻤던 것, 성공한 것과 실패한 것, 인용할 만한 말이나 글 등을 첨가

할 것이 있으면 첨가하십시오.

　매일 어떤 특정한 분량만큼은 반드시 기록해야 하거나, 또는 매일 기록해야 한다고 생각하지는 마십시오. 나는 매일 기록하려고 노력합니다. 그러나 기록하지 않은 날도 죄책감을 느끼지는 않습니다. 이유 없이 일기 쓰기가 장기간 침체에 빠지면, 나는 매일 적어도 한 문장이라도 기록하기 위해 노력합니다. 그러면, 그 한 문장이 한 문단으로 혹은 한 면으로 바뀝니다.

추가 적용

다른 훈련들과 마찬가지로, 일기 쓰기는 어떤 수준으로 하든 유익이 있다. 일기 쓰기는 당신의 글씨, 작문 실력, 맞춤법 실력이 어느 수준이든 상관없이 유익합니다. 매일 기록하든 않든, 많이 기록하든 적게 기록하든, 당신의 영혼이 시편 기자처럼 뜨겁든, 이 생각 저 생각 사이를 왔다갔다하든, 일기 쓰기는 당신으로 하여금 은혜 안에서 자라 가도록 도와 줄 것입니다.

　다른 훈련들과 마찬가지로, 일기 쓰기는 메마른 기간 동안에는 끈기를 필요로 한다. 처음으로 일기 쓰기를 시작했을 때 느끼던 신선함은 곧 사라집니다. 영적 사고력이 떨어지는 때도 있을 것입니다. 특별히 기록할 만한 말씀에 대한 깨달음이나 하나님과의 관계에서의 간증 거리가 없을 때도 있을 것입니다. 어떤 날 혹은 어느 기간 동안 조금만 기록하거나, 전혀 기록하지 않을 수도 있으나, 오래 오래 일기 쓰기의 유익을 누리기 위해서는 이러한 기간을 결국은 벗어나야 한다는 것을 기억하십시오. 처음 일기 쓰기를 시작했을 때의 흥이 점차 사라졌다고 일기 쓰기를 완전히 중단하지는 마십시오. 그런 때가 있을 것입니다. 대비하십시오. 또한 끈기 있게 쓰기 위한 계획을 세우십시오.

　다른 훈련들과 마찬가지로, 일기 쓰기도 그 가치를 경험하기

전에 먼저 훈련을 하기 시작해야 한다. 아일랜드 사람인 토머스 휴스턴은 1800년대에 54년간 지금의 벨파스트 근처의 한 장로교회에서 목사로 일했습니다. 그는 사역의 초기에 일기를 쓰기 시작했는데, 그것을 "가장 보잘것없는 한 죄인에게 대한 하나님의 역사와 섭리의 기록"이라고 불렀습니다. 1828년 4월 8일의 일기에서, 그는 자신의 내적 갈등에 대해 밝히고 있는데, 그 갈등은 결국은 일기 쓰기라는 영적 훈련을 시작하는 것으로 결론을 맺었습니다.

> 상당히 오랜 기간 동안 나를 향한 하늘의 아버지의 역사와 섭리들에 대해 기록을 유지해야 하겠다고 생각해 왔었지만, 적절한 계기가 없어서, 그리고 더 큰 원인일 것으로 생각되는 영적 나태로 인해 지금까지 게을리해 왔다. 이 일기 쓰기에 대해 처음 생각하기 시작했을 때, 여러 가지 반대 의견들이 떠올라 일기 쓰기를 아예 포기하도록 거짓말을 했다. 즉, 일기를 쓰는 것은 영적 교만에 빠지게 할 여지가 있다. 그것은 자신의 잣대로 자신을 평가하게 한다. 그리고, 영에 의한 행동과, 새로워지지 않은 양심의 자연적인 반응이나 속이는 자인 사탄의 교묘한 책략을 구분하는 것이 쉽지 않으므로, 그릇된 판단을 내릴 위험성이 존재한다는 것 등이다. 이런 것들과 기타 다른 이유들로 인해 나는 오랜 기간 이 일에 대한 결단을 내리지 못했다. 최근에 나는 이러한 반대되는 생각들을 완전히 극복했고, 이제는 일기가 기도와 자기 성찰을 위한 기회를 제공하며, 하나님의 성실하심에 대한 기념비가 된다는 견해를 가지게 되었다.

아마도 당신은 휴스턴의 갈등을 충분히 이해할 것입니다. 수많은 사람들이 걷기, 조깅, 자전거 타기, 혹은 기타 다른 형태의 운동을 시작하기 원하면서도 결코 시작하지는 않는 것과 똑같이, 일기 쓰기라는 영적 훈련을 하기 원하면서도 한 번도 하지는 않는 사람들이 많이 있습니다. 흥미 있게 들리고, 그 가치를 확신하기도 하지만, 생각이 종이 위로 옮겨지지는 않습니다. 단지 휴스턴이 "적절한 계기"라고 불렀던 그때가 아닌 것같이 보입니다. 그러나 "더 큰 원인"은 아마도 이 아일랜드 목사의 의지에 들러붙어 있던 것과 동일한 "영적 나태"라는 것을 잘 알고 있을 것입니다. "경건한 생활을 위해서"뿐만 아니라 당신의 삶에서의 "하나님의 성실하심에 대한 기념비"를 세우기 위한 방편으로 일기 쓰기를 생각해 보십시오.

제 11 장

배우는 삶

우리는 오늘날 많은 사람들이 자신의 삶에
지극히 무관심하다는 사실을 직시해야 한다.
이러한 태도는 교회에도 퍼져 있다.
우리는 자유를 가지고 있고, 돈을 가지고 있으며,
비교적 호사스럽게 지내고 있다.
그 결과, 훈련은 사실상 사라져 버렸다.
만약 바이올린의 모든 현들이 느슨하게 풀려 있고,
팽팽하게 매여져 있지 않고, "훈련되어" 있지 않다면,
바이올린 독주는 어떤 소리를 낼까?

A. W. 토저

10여 년 전 나는 두 개의 조그만 대학이 소재하고 있는 소도시 부근의 교회에서 목회를 했습니다. 한 학교는 그 주에서 가장 큰 복음주의적 교단의 주 교육 기관이었습니다. 그리스도의 나라를 위한 열심 있는 학생들을 배출하는 것으로 알려져 있는 이 학교는 사역지로 보내는 졸업생들의 숫자에서 교단의 다른 학교들을 압도하고 있었습니다. 신학과의 학생들로부터 내가 자주 듣는 불평 가운데 하나는 두세 명의 교수들에게 영적인 열정이 부족하다는 것이었습니다. 많은 학생들이 보기에, 이들은 신학적인 머리에서는 거인이었으나, 열정적인 가슴에 있어서는 난쟁이 같은 사람들이었습니다. 우리는 모두 신학적인 지식은 뛰어나나 신앙 생활 자체는 메마르고 맥이 빠져 있는 교사들이나 설교자들을 알고 있을 것입니다. 그러나 예수님과 사도 바울의 경우에는 그렇지 않았습니다.

한편, 교회의 집사 한 사람이 한번은 나에게 "나는 학교를 좋아

해 본 적이 없지요. 난 교회에 와서도 어떤 것을 배우기를 원하지는 않습니다"라고 했습니다. 어쨌든, 그러한 태도에는 예수님을 닮지 않은 데가 있습니다. 그렇지 않습니까?

왜 우리는 두 가지 중에서 하나를 선택해야 하는 것처럼 생각하고 있는 것 같습니까? 왜 많은 그리스도인들이 "지식과 헌신 중에서 어느 것을 중시할지를 택하라"라는 말을 들은 것처럼 살고 있습니까? 나는 성경적으로 균형을 이룬 그리스도인은 지식으로 가득 찬 머리와 열정으로 가득 찬 가슴을 지니고 있다고 생각합니다. 즉 영적인 빛과 열을 동시에 발산하고 있는 그리스도인인 것입니다.

만약 둘 가운데 하나만을 선택해야 한다면, 마땅히 불타오르는 가슴을 선택해야 합니다. 만약에 머리는 진리로 채워져 있는데, 우리의 가슴이 하나님께 합당하지 못하다면, 진리를 알고 있다는 것은 심판날에 하나님 앞에서 우리의 죄를 가중시킬 뿐입니다. 그러나 우리가 가슴으로 올바르게 복음에 응답한다면, 그 외의 교리적인 이해는 좀 분명치 않을지라도 결국 구원은 얻을 것입니다. 나 자신을 위해 가슴을 선택할 뿐만 아니라 내가 목회하는 사람들을 위해서도 그 쪽을 선택하겠습니다. 바다에 떠 있으나 항로를 벗어난 배를 바로잡는 것보다는 항구에서 배를 이끌어내는 것이 훨씬 더 어렵습니다.

그러나 우리는 항구에서 나와 바다에 떠 있고 또한 올바른 항로에 있도록 합시다. 그리고, 그리스도인들은, 연료가 없이는 불이 타오르지 않는 것과 똑같이 지식 없는 머리로는 가슴을 불타오르게 할 수 없다는 것을 깨달아야 합니다. 우리는 지식 없는 열정을 갖는 것으로 만족해서는 안 됩니다.

이 말은 그리스도인이 되려면 반드시 반짝이는 머리를 가져야 한다는 것을 의미합니까? 절대로 그런 말이 아닙니다. 그러나 예수님을 닮으려면 마땅히 배우는 사람이 되어야 한다는 의미입니다. 예수님께서는 겨우 열두 살 때도 배우는 자로서의 본을 보여 주셨습니다. "… 그가 선생들 중에 앉으사 저희에게 듣기도 하시며 묻기도 하시매, 듣는 자가 다 그 지혜와 대답을 기이히 여기더라"(누가복음 2:46-47). 이것은 일류 그리스도인이 되려면 수료증이나 졸업장을 몇 장 정도는 벽에 붙여 놓아야 한다는 말입니까? 물론 아닙니다. 그러나 예수님처럼 우리는 배우는 자가 되기 위해 훈련해야 한다는 의미입니다.

제자라는 말은 그리스도를 "따르는 자"일 뿐 아니라 "배우는 자"라는 의미도 가지고 있습니다. 그리스도를 따르며 그분을 더 닮기 위해서는, 배우기라는 영적 훈련을 해야 합니다.

배우는 것은 지혜로운 사람의 특성이다

우리에게 지혜를 주기 위해 기록된 잠언에 따르면, 지혜로운 사람의 특성 가운데 하나는 배우려는 열망입니다. 잠언 9:9에서는 이렇게 말합니다. "지혜 있는 자에게 교훈을 더하라. 그가 더욱 지혜로워질 것이요, 의로운 사람을 가르치라. 그의 학식이 더하리라." 지혜롭고 의로운 사람은 아무리 많이 배워도 자신이 충분한 지혜와 지식을 가졌다고는 생각지 않습니다. 가르침을 받기 싫어하거나 자신의 학식에 대해 교만한 사람은 자신들이 실제로는 얼마나 천박한지를 드러낼 뿐입니다. 진정으로 지혜로운 사람은 아직도 배우지 못한 것이 너무나 많이 있다는 것을 알기에 겸손합니다. 이 구절은 지혜롭고 의로운 사람들은 잘 배운다는 것을 말해 줍니다. 그들은 상대방의 연령에 관계없이 누구로부터도 배울 수 있습니다. 그런 사람에게 교훈을 하면 "그는 더욱 지혜로워지며, 그의 학식이 더할 것입니다!" 지혜로운 사람들은 언제나 배우기 위해 힘씁니다.

잠언 10:14은 "지혜로운 자는 지식을 간직하거니와"라고 되어 있습니다. 여기서 사용된 히브리어는 보물처럼 간직한다는 의미가 있습니다. 지혜로운 사람은 배우기를 좋아합니다. 그들은 지식이 귀중한 보배와 같다는 것을 잘 알고 있기 때문입니다.

　당신이 지식을 습득하고 싶어도 습득할 수 없는 처지에 있다고 생각해 보십시오. 2장에서 언급한 바 있는 케냐 선교 여행 중에, 나는 버나드라는 30대 초반의 교사를 만났습니다. 그는 킬레마 공동체에 있는 네 개의 건물 가운데 하나인 어떤 가게의 뒷쪽에 살고 있었습니다. 그는 매일 몇 마일씩 관목 지대를 걸어 자신이 근무하는 흙벽돌로 된 초등학교로 출근했습니다. 그리고는 아내와 어린 아들과 함께 살고 있는 단칸방으로 퇴근했습니다. 그 방은 가로와 세로와 높이가 모두 2.4미터씩이었습니다. 트윈 베드 하나가 한쪽에 놓여 있고, 천장으로부터 드리운 시트가 그 "침실"을 방의 나머지 부분으로부터 분리시키고 있었습니다. 방의 앞부분은 조그마한 탁자와 의자 한 개가 차지하고 있었습니다. 가장 흥미로웠던 것은 시멘트 벽들에 붙어 있는 것들이었습니다. 모든 벽에는 오래된 잡지의 낱장들이나 옛날 달력에서 오려 낸 사진들이 붙어 있었던 것입니다. 그의 설명에 의하면, 자기가 가지고 있는 읽을 거리라고는 그것이 전부였습니다. 그는 비록 그리스도인이 된 지 여러 해가 되었지만, 너무나 가난하여 성경 한 권도 가지고 있지 못했습니다. 그의 손에 들어온 유일한 책은 선생님들이 학교에서 사용하고 버린 헌 책들이었습니다.

　그래서 그는 어린 아들을 재울 때면 그 잡지의 낱장들에 있는 말들을 읽고 또 읽었습니다. 탁자에서 식사를 할 때나 침대에 누워 있을 때는 먼 곳에 있는 사람들이나 장소들의 사진들을 보면서 그 사람들은 어떤 사람들일까 생각해 보곤 했습니다. 콘크리트로 된 그 조그만 방의 가운데에 서서, 수많은 빛 바랜 사진들과 누르스름한 책 낱장들을 볼 때, 내 앞에는 지혜로운 사람이 한 명 서 있다는 것을 알았습니다. 버나드는 지식이 참으로 희귀한 보물과 같다는 것을 알고 있었습니다. 비록 그것이 금보다 더 희귀했지만, 그는 자기가 간직할 수 있는 모든 것을 간직했습니다. 그것이 바로 지혜로운 사람이라면 누구나 지닐 태도였습니다. 왜냐하면 "지혜로운 자는 지식을 간직하기" 때문입니다. (나중에 우리 교인 몇 명이 버나드에게 몇 상자의 책을 보내 주고, 잡지도 몇 가지 구독할 수 있게 해 주었습니다.)

잠언 18:15을 주목해 보십시오. "명철한 자의 마음은 지식을 얻고, 지혜로운 자의 귀는 지식을 구하느니라." 지혜로운 사람은 지식을 "얻을" 뿐만 아니라, 그것을 "구합니다." 그들은 배우기를 열망하며, 배울 수 있는 기회를 찾기 위해 스스로를 훈련합니다.

주의를 기울일 만한 또 다른 구절은 잠언 23:12입니다. "훈계에 착심하며, 지식의 말씀에 귀를 기울이라." 당신이 아무리 많이 알고 있다 해도, 특히 하나님, 그리스도, 성경, 그리고 그리스도인의 삶에 대해서는, 여전히 배우는 일에 착심할 필요가 있습니다. 당신은 아직도 다 배우지 않았기 때문입니다. 그리고 당신의 생각에 얼마나 당신의 머리가 좋든 혹은 나쁘든, 이 말씀에 의하면 당신은 배우기 위해 부지런히 마음을 쓰며 귀를 기울어야 합니다.

배우는 것은 일생에 걸친 훈련이요, 지혜로운 사람을 특징짓는 영적 훈련입니다. 조나단 에드워즈의 전기 작가 가운데 하나인 새뮤얼 홉킨스는 자기가 에드워즈를 만났을 때 그가 이미 그 사역을 20년째 해왔는데도 여전히 "지식에 대한 보기 드문 열정을 지니고 있었으며… 그는 많은 책들을 읽고 있었는데, 특히 이미 통달했을 것 같은 신학 서적들을 읽고 있었다"고 했습니다. 그는 그 사실에 감명을 받았습니다. 에드워즈는 많은 지식의 소유자였지만, 배우는 일에 계속 관심을 기울이고 있었습니다. 배우는 일에 대한 그의 열정은 동일하게 강했던 헌신의 마음과 합쳐져 그로 하나님의 나라를 위해 지혜롭고 위대한 사람이 되게 했습니다.

배움에 대한 끊임없는 열정은 진정으로 지혜로운 모든 사람의 특징이었습니다.

가장 큰 계명을 이룸

가장 큰 계명이 무엇이냐는 질문에 예수님께서는 "네 마음을 다하고 목숨을 다하고 뜻[생각]을 다하고 힘을 다하여 주 너의 하나님을 사랑하라"(마가복음 12:30)고 답변하셨습니다. 하나님께서 당신에게서 가장 원하시는 것이 당신의 사랑입니다. 그리고 하나님에 대한 사랑과 순종을 나타내는 방법으로 당신에게 원하시는 것 중 하나가 경건한 배움입니다. 하나님께서는 우리가 하나님이 만드신 머리로 하나님 자신과 하나님의 방법들과 하나님의 말씀과 하나님의 세계에 대해 배우는 데 사용할 때 영광을 받으십니다.

애석하게도, 많은 그리스도인들이 배우는 것과 하나님을 사랑하는 것을 결부시키지 않고 있습니다. 사실, 우리는 매우 반지성적인 시대에 살고 있습니다. 이 말은 세계의 전체 지식의 양이 몇 년마다 배로 증가하고, 과거 그 어느 때보다 더 많은 박사 학위들이 수여되고 있으며, 모든 것이 "하이테크"를 향해 움직이고 있는 요즈음 이상하게 들릴지 모릅니다. 현대가 반지성적이라는 것은, 그리스도인들을 포함하여 사람들이 지적인 것들에 혐오를 느끼기 때문일 것입니다. 영리한 아이들은 단지 영리하다는 이유로 미국에서는 인기가 없습니다. 그들은 "멍청이들"로 여겨지며, 도리어 "학업 성적이 떨어지는 아이들"이 사회적인 관심을 끕니다. 현대 미국 문화는 육체적인 것과 물질적인 것을 미화합니다. 거리에서 지도적인 신학자들의 사진은 고사하고 최고의 엔지니어들이나 건축가들의 사진을 파는 사람들은 없으나, 메이저 리그 야구 선수들의 사진을 파는 사람들은 많이 있습니다. 그 야구 선수들 가운데는 공으로 온갖 것을 할 수는 있으나 그 라벨은 읽지 못하는 선수들도 있습니다. (오해하지는 마십시오. 내가 운동선수들을 무시하는 것은 아닙니다.) 어떤 정치가는 너무 지적이어서 선거에서 당선될 수 없다고 합니다. 마치 우리는 명석한 생각을 하는 사람이 정부를 이끌기를 원하지 않는 것 같습니다. 미국 교회에서는 모든 것이 "현대적"이기를 원하며, 신학과 교리를 아주 시대에 뒤떨어지는 것으로 생각하는 경향이 있습니다.

그릇된 지식 추구가 있기는 하지만, 반지성적이 되는 것도 옳지 않습니다. 우리는 마음과 목숨과 힘을 다하여 하나님을 사랑하듯 또한 뜻[생각]을 다하여 하나님을 사랑해야 합니다. 어떻게 그것들이 조화될 수 있습니까? R. C. 스프라울은 다음과 같이 썼습니다. "하나님께서는 우리를 가슴과 머리가, 생각과 행동이 조화를 이룬 존재로 만드셨습니다.… 하나님을 더 많이 알수록 하나님을 더 많이 사랑할 수 있습니다. 하나님을 더 많이 사랑할수록 하나님을 더 알고자 하게 됩니다. 하나님께서 우리 마음의 중심을 차지하시려면 우리 머리에서 가장 중요한 위치를 차지하셔야 합니다. 하나님에 대한 생각은 하나님에 대한 사랑과 순종의 전제 조건입니다."

하나님에 대한 지식을 키워 가면서 하나님을 사랑해야 하며, 그렇지 않으면 사마리아 사람들처럼 될 것입니다. 그들에 대해 예수님께서는 "너희는 알지 못하는 것을 예배하고…"(요한복음 4:22)라고 말씀하셨습니다.

배우는 것은 경건함에서 자라기 위해 필수적이다

예수님을 닮아 가기 위해서는 어떻게 변화를 받아야 합니까? 성경은 그 과정에서 필수적인 요소가 배우는 것임을 보여 줍니다. "너희는 이 세대를 본받지 말고, 오직 마음을 새롭게 함으로 변화를 받아"(로마서 12:2). 경건함에서 자라기 위해서는 마음이 새로워져야 하는데, 배우지 않으면 마음이 새로워질 수 없습니다. 그리고 배우는 것을 통해 변화를 받지 않으면, 세상을 본받게 됩니다.

다음과 같이 생각하십시오. 어떻게 믿음이 발휘됩니까? 그것은 어떤 특정한 메시지, 즉 복음을 듣고 깨달은 이후에라야 표현되는 하나님의 선물입니다. 그래서 로마서 10:14은 "듣지도 못한 이를 어찌 믿으리요?"라고 묻고 있는 것입니다. 우리가 들어 보지도 못한 분을 믿고 사랑할 수 없는 것과 마찬가지로, 그분에 대해 더 많이 배워 가지 않으면 그분에 대한 믿음과 사랑에서 자라 가지 않을 것입니다. 경건하다는 말의 의미를 알지 못한다면 경건함에서 자라지는 않을 것입니다. 그리스도께서 어떠한 분이신지 더 알아 가지 않는다면 그리스도를 더 닮아 가지는 않을 것입니다.

작고한 런던의 설교자 마틴 로이드 존스는 "성경의 메시지는 기본적으로 마음에, 이해력에 호소한다는 것을 결코 잊지 맙시다"라고 상기시켰습니다. 읽지 않은 성경에 의해 변화되는 사람은 없습니다. 전혀 알지 못하는 어떤 경건한 성품에서 자라 가는 사람은 없습니다. 하나님의 말씀이 우리의 가슴과 삶을 변화시키고자 하면 먼저 우리 머리로 들어와야 합니다.

그리스도인이라 자처하는 많은 사람들이 경건함에서는 별로 성장하지 않는 이유는 배우는 훈련의 결핍 때문일 때가 많습니다. 리처드 포스터는 배우는 것을 공부하는 훈련으로 지칭하면서, 동일한 내용을 강조합니다.

> 많은 그리스도인들이 단지 공부하는 훈련에 자신을 드리지 않기 때문에 두려움과 염려의 노예가 되어 있습니다. 그들은 교회에 잘 출석하고 영적인 의무들을 수행하는 데도 열심일지 모르나 여전히 변화되지 않습니다. 나는 지금 종교적인 형식만을 취하는 사람들뿐 아니라 예수 그리스도를 주님으로서 예배하고 순종하기 위해 진정으로 노력하고 있는 사람들에 대해서도 이야기합니다. 그들은 즐겁게 찬송을 부르고, 성령 안에서 기도하며, 자기들이 알고 있는 대로 순종하면서 살고 있을 수도 있으나… 그럼에도 그들의 삶의 경향은 바뀌지 않은 채로 있습니다. 왜 그렇습니까? 이는 그들이 하나님께서 우리를

변화시키기 위해 사용하시는 핵심적 방법들 가운데 하나인 공부를 하지 않기 때문입니다.

배우는 훈련을 하지 않는 사람은 세상을 본받기 쉽고, 경건함에서 성장하지 않을 뿐 아니라, 영적 분별력이 떨어지고, 이단, 뉴에이지, 그리고 기타 다른 거짓 선지자들의 주된 과녁이 됩니다.

성경은 우리에게 그리스도를 닮아 가도록 이야기하고 있으며, 또한 어리석거나, 배우지 않거나, 순진하거나, 무지하지 말라고 경고합니다. 이 두 가지 진리를 합쳐 보면, 예수님을 닮아 가기 위해서는 배워야 한다는 것을 알 수 있습니다.

대부분 우연히 배우는 것이 아니라 훈련을 통해 배운다

먼지 속에 오래 머물다 보면 먼지가 점점 더 많이 묻는 것처럼, 우리가 이 세상을 오래 살다 보면 어느 정도의 지식은 얻습니다. 그러나 단지 나이를 먹어 가기만 하면 진정한 지혜를 얻는 것으로 여기지는 말아야 합니다. 욥기 32:9에서는 "대인이라고 지혜로운 것이 아니요, 노인이라고 공의를 깨닫는 것이 아니라"고 했습니다. 단지 나이와 경험만으로는 영적으로 성숙할 수가 없습니다. 생일을 한 번 두 번 계속 맞다 보면 부수적으로, 그리고 저절로 예수님을 닮게 되는 것이 아닙니다. 디모데전서 4:7에서 말하고 있듯이, 경건해지려면 의도적인 훈련이 필요합니다.

배우기 위해 애쓰지 않는 사람들은 영적인 지식과 성경적인 지식을 그저 우연히 얻을 뿐입니다. 이따금 그들은 성경의 내용이나 영적 원리들을 누군가로부터 듣게 될 것이고, 그것을 통해 유익을 얻을 것입니다. 간혹 그들은 어떤 주제에 대해 흥미를 느끼기도 할 것입니다. 그러나 이것이 경건에 이르는 길은 아닙니다. 배우는 훈련은 우리로 하여금 어쩌다 우연히 배우는 자들이 아니라 의도적으로 배우는 자들이 되도록 도와줍니다.

　의도적으로 배우는 사람이 되는 것보다는 우연히 또는 편의에 따라 배우는 사람이 되기가 훨씬 쉽습니다. 우리는 그렇게 타고났습니다. 그리고 텔레비전은 그러한 경향을 부채질하고 있습니다. 텔레비전을 보는 것이 좋은 책을 고르고, 그것을 읽고, 그것을 당신의 삶에 연관시키는 것보다 훨씬 더 쉽습니다. 당신이 아니라 텔레비전이 당신에게 주입할 것을 결정하고, 당신에게 그것을 말하며, 그 자체의 형상을 보여 주며, 그 형상을 따라 당신을 빚어 갑니다. 책을 읽는다는 것은 현대인들에게 부담을 주며, 대가를 치르게 합니다. 그래서, 의도적으로 배우는 자가 되기 위해서는 훈련이 필요한 것입니다.

　조 루이스와 고든 파머는 함께 쓴 책에서, 우연히 그리고 편리할 때만 배우는 사람들이 훈련을 통해 의도적으로 배우는 사람이 되어야 할 필요성에 대해 잘 설명하고 있습니다.

　　오늘날의 젊은이들은 Genesis(창세기)를 무슨 록 악단의 이름이나 영화 "스타 트렉"에 나오는 혹성 프로젝트의 이름으로는 알아도 성경의 첫 번째 책의 이름으로는 알지 못합니다. 그들은 펩시와 신세대에 대해서는 아나 하늘나라와 영원한 세대에 대해서는 모르며, "L.A. 법"은 알아도 하나님의 법은 모릅니다. 그들은 최신 유행가를 만든 사람이 누군지는 알아도 자신들을 만드신 알파와 오메가이신 분은 모릅니다. 그들은 나이키와 우승팀은 아나, 예수님 안에 있는 승리는 알지 못합니다.

　나는 최근에 이 사실을 보여 주는 비극적인 실례를 접한 적이 있습니다. 한 연구 기관에서 워싱턴에 살고 있는 8세에서 12세까지의 남녀 아동 180명을 대상으로 설문 조사를 한 적이 있습니다. 그 아이들에게 맥주 브랜드 이름과 역대 미국 대통령 이름을 아는 대로 모두 기록해 보라고 했습니다. 그 결과는 국제적으로 유명한 대통령 기념관 등이 모두 소재하고 있는 수도 워싱턴에서 자라난 이 아이들이 대통령 이름보다는 술 이름을 더 많이 댈 수 있다는 것을 보여 주었습니다. 열 살짜리 소녀는 대통령 이름으로는 "조지 워시"만을 댄 반면 맥주 이름은 네 가지나 대었습니다. 아홉 살 먹은 남자 아이 하나는 대통령으로는 "고지 부시"와 "레겐"을 열거하였으나, 맥주 이름은 철자까지 정확하게 기록했습니다. 아홉 살 먹은 또 한 명의 남자 아이는 아주 유명한 네 명의 대통령만을 기록할 수 있었으나, 맥주 이름은 주어진 15칸을 모두 채웠습니다. 충격적으로 들리겠지만, 당신의 자녀들에게 그런 테스트를 해보면 어떤 결과가 나올까요? 당신은 어떻겠습니까? 우연히 배우는 것으로 경건해지지는 않습니다. 예수님을 닮고자 한다면, 훈련을 통해 의도적으로 배우는 사람이 되어야 합니다.

조 루이스와 고든 파머는 이어서 젊은이들이 의도적으로 배우는 삶을 살아야 하나 그렇지 못한 이유는 부모들이 그런 삶을 살고 있지 않기 때문이라고 했습니다.

젊은이들은 책을 읽지 않습니다. 이것은 그들의 부모가 읽는 것을 별로 중요시하지 않았기 때문에 놀라운 일이 아닙니다. 어떤 기독교 계통의 학교에서는, 5분의 1의 학생들이 부모가 한 번도 자신들에게 책을 읽어 준 적이 없다고 했습니다. 독서의 부족은 부분적으로는, 미국 사람들의 직업 지향적인 경향으로 말미암은 결과입니다. 즉 부모들은 독서가 실용적이지 않은 것 같아서 독서를 별로 하지 않는 것입니다. 그들은 "우리 아이가 컴퓨터를 만질 수 있을까? 그리고 직장을 잘 잡을 수 있을까?"에 더 관심이 있습니다. 그것은 미국 사람들의 마음의 밑바탕에 깔려 있는 강박 관념으로 인한 것입니다. 부모들은 순수한 배움 그 자체를 위해 배운 적은 없으며, 자녀들도 마찬가지입니다. 이런 식으로 교육의 가치는 취업 시장에 의해 희석되고 상대화되었습니다. 그 결과로, 독서를 별로 하지 않게 된 젊은이들은 성경도 읽지 않게 되었습니다. 한 연구자는 아주 활기가 넘치는 복음적인 교회들을 대상으로 조사해 본 결과, 교인들은 매일 성경을 읽어야 한다고 믿고 있으나 약 15%만이 실제로 읽고 있음을 발견했습니다. 우리는 또한, 어른들도 젊은이들이 받고 있는 압력 가운데 많은 것들에 의해 동일하게 영향을 받고 있다는 점을 지적하고 싶습니다. 만약 그들이 텔레비전을 시청하며, 팝송이나 나오는 라디오를 들으며, 인기 있는 영화를 보러 다닌다면, 십대들을 대상으로 주입하고자 하는 가치관들을 받아들이게 될 것입니다. 그 결과, 20-30대의 성인들은 청소년층처럼 어느 정도이든 성경을 읽고 이해하는 능력이 저하되어 있습니다.

성경은 "형제들아, 지혜에는 아이가 되지 말고, 악에는 어린아이가 되라. 지혜에는 장성한 사람이 되라"(고린도전서 14:20)라고 권면합니다.

배우는 여러 가지 방법

읽기에 대해 어려움을 지닌 사람들 중에는 실제로 합당한 이유가 있는 이도 있으므로, 배움을 위한 여러 가지 방법들을 살펴보고자 합니다. 그리고, 읽기를 통해 배우는 데 대한 열망을 가지고 있는 사람들은 대개 가능한 다른 방법들을 통해서도 배우기를 원합니다. 녹음 테이프로 된 책을 청취하는 것을 고려해 보십시오. 이 분야는 기독교 서점들이나 일반 서점들에서 확대되고 있는 시장입니다. 대부분의 공공 도서관에는 테이프에 녹음된 책들을 소장하고 있으며,

녹음이 된 수백 가지의 책들을 갖추어 놓고 우편으로 주문만 하면 빌려 주는 기관들도 있습니다. 카세트 테이프들을 들으십시오. 기독교 서점들과 미국 도처에 널려 있는 큰 규모의 무료 대여 기독교 카세트 도서관들뿐만 아니라, 당신이 다니는 교회나 목회자들도 당신이 아침에 옷을 입을 때나 운전을 할 때, 또는 집 주위에서 일을 할 때 들을 수 있는 카세트 테이프들을 소장하고 있을지도 모릅니다. 비디오 테이프를 이용할 수도 있습니다. 요즈음 거의 대부분의 기독교 서점에서는 그런 것들을 대여해 줍니다. 물론, 기독교 방송의 성경 교육 프로를 들을 수도 있습니다. 이를 위해서는, 당신이 듣고 있는 프로가 믿을 만한 것인지에 대한 분별력이 필요합니다. 믿을 만한 프로라면, 이것은 배우는 좋은 방법이 될 수 있습니다. 성경공부 안내서들을 이용하여 공부를 할 수도 있습니다. 이러한 것들은 기독교 서점에서 구입할 수 있으며, 여러 교리적인 주제들이나 실제 생활과 관련된 주제들뿐 아니라 성경의 어느 책이라도 공부할 수 있게 도와줍니다.

배우는 방법으로서 내가 좋아하는 것 가운데 하나는 영적으로 성숙한 그리스도인들과 의미 깊은 대화를 나누며, 사전에 준비해 둔 질문들을 하는 것입니다. 최근에 나는 존경하는 아주 경건하고 경험 많은 한 그리스도인과 하루 종일 함께 차를 타고 다니는 특권을 두 번이나 누렸습니다. 여행을 시작할 때마다 나는 함께 토의할 질문들의 목록들을 만들었습니다. 그분과의 두 번에 걸친 여행을 통해 나는 귀중한 교훈들을 몇 가지 배웠습니다. 그리고 "주어진 기회를 충분히 살리시오"(에베소서 5:16, 새번역)라는 말씀을 상당히 잘 실행했다는 확신이 들었습니다. 나는 몇몇 사람들에게는 종종 우편으로 이러한 질문을 하기도 했습니다. 이러한 서신 교환은 아주 흥미롭고 유익합니다. 전화를 이용할 수도 있습니다. 나는 전국적인 수양회들에서 성경공부를 인도하는 한 친구와 매주 월요일 아침 8시에 통화를 합니다. 그것은 비용이 좀 들기는 하지만, 해볼 만한 가치가 있습니다.

  그럼에도, 독서를 통해 배우는 것을 다시 한 번 강조하고 싶습니다. 나는 성장하는 그리스도인은 언제나 독서를 잘하는 그리스도인이라는 것을 보아 왔습니다. 어떤 사람들에게는 그것은 아주 계발하기 어려운 습관입니다. 어떤 사람들은 독서를 좋아하기는 하지만, 직업상의 요구들이 너무 많거나 눈을 뗄 수 없는 어린아이가 있어 책을 읽을 시간을 낼 수 없는 것 같습니다. 그러나 나는 비록 당신이 하루에 한 장도 못 읽고 1년에 한 권밖에 못 읽는다 해도 어쨌든 독서를 위한 시간을 내도록 권하는 바입니다. 장성한 세 자녀의 어머니이기도 한 진 플레밍은 나에게, 자녀들이 어리다고 독서를 비롯한 영적 훈련을 발전시키지 않는 여인들은 시간이 나도 하지 않는 경향이 있더라고 했습니다.

  우리 교회 교인 중에서 네 명 이상의 어린 자녀를 두고서도 독서를 잘하는 여성이 네 사람이나 생각납니다. 그중 한 사람은 적어도 책을 하루에 한 쪽은 읽기 위한 시간을 내기로 결단하고 몇 주에 걸쳐 제자도에 관한 댈러스 윌러드의 저서 한 권을 다 읽었는데, 이를 통해 영적 삶에 큰 유익을 얻었습니다. 또 한 여성은 아놀드 댈리모어가 쓴 조지 휫필드의 생에 관한, 두 권으로 된 책을 900쪽이 넘게 읽었습니다. 세 번째 여성은 매년 귀중한 책들을 꾸준히 읽었는데, 우리 교회의 여름 성경 학교 종사자들을 위해, 아이들에게 하나님 중심적으로 복음을 나누는 방법에 대한 지침서를 하나 쓰기도 했습니다. 아이들을 돌보는 데 엄청난 시간을 들여야 하는 이 여인들을 생각할 때, 훈련의 필요성이 있는 사람은 거의 누구나 독서를 통해 영적 진보를 이룰 수 있음을 알게 될 것입니다.

  그럼에도 연구 결과에 따르면, 미국 사람의 45%가 책을 도무지 읽지 않는다는 것입니다. 그보다 더한 것은, 1983년의 조사 결과, 대학 졸업자들도 1년 동안 깊이 있는 내용을 다룬 책은 한 권도 읽지 않는다는 것입니다. 책을 읽지 않음으로 잃어버릴 것이 많으며,

훈련된 독서를 통해 얻을 수 있는 것이 너무나 많습니다.

독서를 통해 배우기 위해 자신을 훈련시키십시오. 그리고 읽을 책들을 잘 고르십시오. 당신은 일생 동안 비교적 적은 분량의 책을 읽게 될 것이므로, 가장 좋은 책들을 읽도록 하십시오. 당신이 지금부터 죽을 때까지 매년 10권의 책을 읽는다면, 평균 수명을 산다면 몇 권의 책을 읽게 될까요? 만약 당신이 그 정도를 읽는다 해도, 미국에서는 매일 1500종의 책이 출간되고 있는 점을 감안하면 그리 많이 읽는 편은 아닐 것입니다. 영원의 관점에서 볼 때 읽은 것을 후회할 책들을 읽는 데 시간을 허비하지 마십시오. 나는 기분 전환을 위한 독서도 필요하다고 믿습니다. 당신이 읽는 모든 책이 교훈적이거나 심지어 다 영적인 서적이어야 한다고 주장하는 것은 아닙니다. 단지 휴식과 기분 전환을 위해 읽어야 할 책들도 있습니다. 그러나 이러한 것들까지도 마음을 다해 하나님을 사랑하는 데 어떤 의미에서든 도움을 주는 것이어야 합니다.

추가 적용

의도적으로 배우는 자가 되기 위해 자신을 훈련하겠습니까? 나는 *Discipleship Journal*에서 짧은 글을 읽은 적이 있습니다. 13권의 기하학 교과서를 쓴 그리스의 유명한 수학자 유클리드에 관한 이야기였습니다. 이집트의 왕 프톨레미 1세는 그렇게 많은 책을 공부하느라 수고하지 않고도 기하학을 배우고 싶었습니다. 종들을 시켜 일을 쉽게 처리하는 데 익숙해져 있던 왕은 기하학에 정통하는 데 무슨 지름길이 있는지 물었습니다. 유클리드는 간단명료하게 대답했습니다. "폐하, 배움에 왕도는 없사옵니다."

경건한 삶에 있어서도 마찬가지입니다. 그것은 훈련을 필요로 하며, 의도적으로 배우는 자가 되어야 합니다. 기꺼이 당신은 배우는 훈련을 위해 필요한 은혜를 주시도록 기도하겠습니까? 또한 어찌

다가 그리고 손쉽게 배우려는 태도에서 벗어나기 위해 노력하겠습니까?

어디서부터 시작하겠습니까? 어떻게 "교훈에 착념하며," "지식을 간직하기" 시작하겠습니까? 어떤 습관을 버리며 어떤 습관을 기르기 시작하겠습니까? 이전에는 간과했던, 배우는 데 도움이 되는 무슨 방법이 있습니까? 책을 읽는 면은 어떻습니까? 당신의 삶을 세워 주는 것이 아니거나, 일생 동안의 독서 목록에 넣을 만한 가치가 없는 것이어서, 독서를 중단해야 할 것은 없습니까? 배우는 훈련을 중단하지 않기 위해 "하루에 한 쪽"이라도 독서하기로 결단할 필요가 있습니까?

언제 시작하겠습니까? 당신의 계획은 언제 시작됩니까? 잠언 13:4 말씀을 여기에 적용해 봅시다. "게으른 자는 마음으로 원하여도 얻지 못하나 부지런한 자의 마음은 풍족함을 얻느니라." 모든 사람은 뭔가를 마음으로 원하지만, 게으른 자들은 어떤 것을 행하기 위해 자신들을 훈련하지 않는 반면 부지런한 사람들은 그런 훈련을 하기 때문에 마음에 만족을 느낀다는 말입니다. 어떤 의미에서, 모든 사람은 어떤 것을 배우기를 "마음으로 원하며," 모든 그리스도인들은 보다 더 예수님을 닮기 원합니다. 그러나 배우기 위해 자신을 부지런히 훈련하는 자만이 그 열망을 만족시킬 것입니다.

배우는 일에는 목표가 있다는 것을 명심하십시오. 바로 그리스도를 닮는 것입니다. 예수님께서는 마태복음 11:28-29에서, "수고하고 무거운 짐진 자들아, 다 내게로 오라. 내가 너희를 쉬게 하리라. 나는 마음이 온유하고 겸손하니 나의 멍에를 메고 내게 배우라"고 말씀하셨습니다. "교만하게 하는"(고린도전서 8:1) 그릇되거나 피상적인 지식도 있으나, 경건한 배움은 경건한 삶으로 이끕니다. 실락원을 쓴 존 밀턴은 "배움의 목적은 하나님을 아는 것이며, 그 지식으로 말미암아 그분을 사랑하고 본받는 것이다"라고 썼습니다. 하나님을 더 많이 사랑하게 하고, 더 예수 그리스도를 닮게 하는 지식, 그러한 지식에 대한 불타는 열망을 주시도록 기도합니다.

제 12 장

끈기 있는 훈련

> 우리는 자신의 삶을 훈련하되
> 어떤 특정한 기간만이 아니라
> 일년 내내 그렇게 해야 한다.
> 나는 항상 자신을 훈련해야 한다.
>
> 마틴 로이드 존스

여느 때처럼, 한 주간의 일은 월요일 새벽에 시작됩니다. 샤워를 하고, 옷을 갈아입고, 식사를 하고, 아이들이 학교 갈 채비하는 것을 도와주고, 그들을 바래다주어야 하는 스케줄에 무슨 여유 있는 시간이라곤 없습니다. 그때부터, 하루의 대부분은 정신없이 흘러갑니다. 아이들을 학교에까지 데려다 주고, 볼일을 보고, 집 안팎의 일거리를 처리하다 보면 또 아이들을 학교에서 데려 와야 하는 시간이 됩니다. 혹은, 당신은 출근 시간에 맞추어 가기 위해 교통 지옥과 싸우며 직장을 향해 차를 몰아야 하고, 다시 그 교통 지옥에 합류하는 시간까지 직장에서 죽기 살기로 일을 해야 합니다.

귀가하는 길에 꼭 필요한 일 한두 가지를 서둘러 마친 후에 집에 도착하면, 당신은 저녁에 해야 할 일들을 위해 옷을 갈아입을 동안 전자 레인지에 음식을 데워서 저녁 식사를 합니다. 일주일에 한두 저녁은 아이들의 공부를 봐주어야 하고, 또 다른 저녁은 온 가족이 교회의 예배에 참석합니다. 또 다른 저녁에는 누군가에게 심방을 가야 합니다. 그리고, 어떤 날은 야근을 하거나 일거리를 집으로 가져 와서 처리해야 하며, 직장 일로 여행을 해야 할 때도 있습니다. 청구서를 처리하는 일, 수표책을 정리하는 일, 자녀들의 숙제를 도와주는 일, 마을 회의에 참석하는 일, 취미 활동, 사교적인 모임에 참석하는 일 등을 해야 하는 저녁도 있습니다.

거기다, 배우자가 없어 혼자 자녀 양육을 하거나, 가정에 불화가 있거나, 질병, 직장에서의 스트레스, 부업, 재정적인 어려움 등등이 있는 경우에는 상황은 훨씬 더 복잡해지고 심각해집니다.

귀에 익은 이야기입니까? 수고를 덜어 주는 기계들이 만들어지고, 과학 기술의 발전에도 불구하고, 지난 세대보다 여가 시간이 현저하게 감소했다는 조사 결과가 나와 있습니다. 당신의 삶은 그 조사 결과를 뒷받침하고 있지 않습니까?

그런데 당신은 이 책을 읽었습니다. 이 책은 당신에게 이 모든 영적 훈련들을 하라고 촉구하고 있습니다. 그래서 당신은 자신이 곡예용 밧줄을 타고 달걀 한 줄을 손 위에 쌓아 놓으려고 쩔쩔 매고 있는데, 다른 누군가가 그 위에 또 한 줄의 달걀을 더 얹어 놓으려고 하는 것처럼 느낍니다.

나는 거의 예외 없이 경건한 사람은 부지런한 사람이라는 결론에 도달했습니다. 경건한 사람은 하나님과 사람에게 헌신되어 있고, 이 때문에 스케줄이 꽉 차 있습니다. 정신없이 사신 것은 아닐지라도, 예수님께서도 바쁜 분이셨습니다. 마가복음을 읽으면서, 얼마나 자주 "곧"이라는 단어가 예수님의 삶에서 한 사건에서 다음 사건으로 옮겨 가는 것을 그리고 있는지 주목해 보십시오. 예수님께서는 때때로 하루 종일 일하셨으며, 저문 후에도 하셨고, 기도하기 위해 새벽 오히려 미명에 잠자리에서 일어나셨으며, 다음 사역의 현장으로 이동하셨습니다. 복음서들을 보면, 예수님께서 때로는 한잠도 못 주무신 밤도 있었습니다. 예수님께서는 피곤하셨고, 너무나 피곤하여 폭풍이 몰아치는 배 위에서도 눈을 붙이실 수 있을 정도였습니다. 거의 날마다 수많은 사람들이 그분께 몰려왔습니다. 모든 사람들이 그분과 함께 시간을 보내기를 원했으며, 그분의 관심을 요구했습니다. 당시의 예수님만큼 "일과 관련된 스트레스"를 느낄 사람은 우리 중에 아무도 없을 것입니다. 오늘날의 많은 그리스도인들이 "균형 잡힌 삶"이라고 생각하는 것에 비추어 예수님이나 바울의 삶을 평가해 보면, 그분들은 지나치게 일에 빠져 몸을 혹사한 것처럼 생각될지도 모릅니다. 이러한 관찰을 통해 알 수 있는 것을 성경은 확증합니다. 나태는 결코 경건함으로 이끌지 않는다는 것입니다.

지금까지 이런 이야기를 한 것은 바쁜 사람들도 영적 훈련을 통해 경건한 사람이 될 수 있다는 것을 강조하기 위함입니다. 영적 훈련은 여유 시간이 많은 그리스도인들을 위한 것이 아닙니다. (그런 사람이 있기라도 하겠습니까?) 영적 훈련들은 바쁜 그리스도인들도 그리스도를 닮아 갈 수 있게 하는, 하나님께서 주신 수단입니다. 영적 훈련들을 통해 하나님께서는 은혜를 내리셔서 집안 일로 바쁜 어머니들, 지나치게 일에 빠져 있는 아버지들, 과중한 숙제와 학과 수업으로 바쁜 학생들, 스케줄로 가득 차 있는 미혼자들, 책임이 무거운 혼자 된 부모 등, 한 마디로 말해 모든 그리스도인들의 삶을 변화시키십니다.

그러나 어떻게 보조를 잘 유지할 수 있습니까? 영적 훈련을 하고 있을 때 우선 순위에 관한 하나님의 음성을 가장 잘 들을 수 있습니다. 나이가 많아질수록 책임은 점점 더 늘어 갈 것입니다. 자녀들이 늘어 가고, 그 애들의 나이가 들어 갈수록, 학교 생활, 스포츠 생활, 그리고 등하교 등에 대해 더 많은 관심을 기울여야 합니다. 승진은 기회이기도 하지만 더 많은 책임이 따릅니다. 가구와 재산이 늘어 감에 따라 유지 관리에 더 많은 시간을 들여야 합니다. 이 모든 것은 당신 삶의 우선 순위를 주기적으로 평가해 보아야 한다는 것을 의미합니다. 아마도 성경 말씀 섭취, 기도, 예배, 혼자 조용한 시간을 갖는 것, 일기 쓰기 등의 훈련을 통해, 하나님께서는 그만두어야 할 활동이 어떤 것인지 알려 주실 것입니다. 영적인 훈련들은 첨가된 또 하나의 짐이 아니라, 당신의 짐을 가볍게 하고 순조로운 항해를 하도록 돕기 위해 하나님께서 사용하시는 도구라는 사실을 아시기 바랍니다.

꾸준히 우선 순위를 평가해 가면서 경건한 사람들은 계속 바쁜 삶을 살 것입니다. 그러나, 경건함으로 이끄는 영적 훈련들을 그만두고자 하는 유혹도 많이 받을 것입니다. 영적 훈련을 하지 않으면 경건해질 수가 없고, 훈련을 하려면 끈기가 있어야 합니다. 영적 훈련의 강도는 약해도 꾸준히 하는 것이 때때로는 반짝 하지만 꾸준하지 않은 것보다 더 낫습니다.

경건에 이르는 훈련을 어떻게 하면 보다 끈기 있게 할 수 있겠습니까? 영적 훈련을 처음에 시작할 때 가졌던 뜨거운 감정이 사라지고 나서도 어떻게 하면 계속 성실하게 행할 수 있겠습니까? 지금까지는 별로 언급하지 않았지만, 잘 이해하고 있으면 당신이 영적 훈련들을 꾸준히 행하는 데 도움이 되는 것 세 가지가 있습니다. 그것들은 바로 성령의 역할, 교제의 역할, 그리고 그리스도인의 삶에서 수고와 싸움의 역할입니다.

성령의 역할

누구에게 성령이 내주하시든, 성령이 임재하시면 거룩함에 대한 열정을 불러일으킵니다. 성령의 임무는 그리스도를 드높이는 것이며, 그리스도인들에게 그리스도를 닮고자 하는 열망을 주시는 것도 바로 성령입니다. 자연 상태의 인간은 그런 열망이 없습니다. 그러나 그리스도인 안에 계신 성령께서는 하나님의 뜻을 행하기 시작하여 그들로 하여금 하나님의 아들을 닮아 가게 하십니다(로마서 8:29).

그리고 이러한 선한 일을 그들 속에 시작하신 하나님께서는 "그리스도 예수의 날까지 이루실 것입니다"(빌립보서 1:6).

이처럼 경건에 이르는 훈련들을 하고자 하는 열망과 이를 행하기 위한 능력을 우리에게 주시는 것이 성령의 역할입니다. 디모데후서 1:7이 이에 대해 분명히 합니다. "하나님이 우리에게 주신 것은 두려워하는 마음이 아니요 오직 능력과 사랑과 근신(절제)하는 마음이니." 그러므로 당신의 타고난 기질이나 개성이 질서 있고 훈련된 삶을 지향하든 그렇지 않든, 내주하시는 성령께서는 "경건한 삶을 위해 자신을 훈련하라"는 명령에 순종할 수 있도록 초자연적인 "근신(절제)하는 마음"을 넉넉히 주십니다.

이 때문에, 신앙 생활을 그만두고 싶거나, 영적 훈련들을 시간 낭비로 여겨 중단하고 싶은 때가 있음에도 불구하고, 당신은 여전히 지속하고 있는 것입니다. 지속하게 하시는 분은 성령이십니다. 당신이 나태하고 영적 훈련들을 하고 싶은 열정이 조금도 없을 때, 혹은 어떤 훈련을 하지 않을 때, 당신의 감정에 무관하게 그것을 다시 회복하게 촉구하시는 분도 성령이십니다. 당신 혼자라면 벌써 오래 전에 이러한 은혜의 수단들을 버리게 되었을 터이지만, 성령께서는 은혜를 주사 그것들을 꾸준히 지속할 수 있도록 해주심으로 당신을 보호해 주십니다.

갈라디아서 5:23에 의하면, 절제는 그리스도인의 삶에서 성령의 통치로 말미암은 직접적인 산물, 즉 "열매"입니다. 그리고 성령으로 말미암은 절제가 영적 훈련으로 나타날 때, 그 결과는 경건에서의 진보입니다.

경건함에 이르는 훈련을 지속할 수 있도록 도우시는 성령의 역할을 설명하기 위해, 금시대의 한 작가는 기도라는 훈련과 관련한 자신의 갈등과 승리를 이야기해 줍니다.

최근에 나는 어떤 여성이 어느 날 기도하기로 단순히 결단한 이야기를 다시 읽었고, 내 양심은 찔림을 받았습니다. 그러나 나는 자신을 잘 압니다. 나는 결단 이외의 어떤 것이 필요하다는 것을 알고 있습니다. 나는 기도하는 것에 대해 기도하기 시작했습니다. 나는 하나님께 나 자신의 좌절된 열망들, 다시 시도하는 것에 대한 조심스럽고 지친 느낌, 보다 훈련되고 규칙적이 되고자 하는 데서의 실패감 등을 하나님께 말씀드렸습니다. 나는 그러한 단순한 기도를 할 때 깜짝 놀랄 만한 어떤 것이 일어나는 것을 깨달았습니다. 나보다 훨씬 더 나를 그분께로 가까이 이끌 수 있는 능력을 지닌 분의 존전으로 내가 이끌려 갔던 것입니다. 나는 나의 초점이 자기 노력으로부터 하나님의 노력으로, 엄격함으로부터 은혜로, 경직성으로부터 관계로 옮아 가는 것을 발견했습니다. 이내 나는 이런 것이 규칙적으로 일어나고 있다는 것을 깨달았습니다. 나는 훨씬 더 많이 기도하고 있었습니다. 나는 기술과 방법들에 대해 덜 염려하게 되었고, 그래서 더 동기 부여를 받았습니다. 그리고 내가 새롭게 깨달은 것은, 하나님께서는 우리를 돌보시기 때문에, 우리가 기도하도록 친히 도우신다는 것입니다. "… 우리가 마땅히 빌 바를 알지 못하나, 오직 성령이 말할 수 없는 탄식으로 우리를 위하여 친히 간구하시느니라"(로마서 8:26).

성경은 우리를 위한 성령의 신비한 사역의 방법에 대해서는 설명하지 않고 있습니다. 어떻게 기도(또는 다른 영적 훈련들)가 성령에 의해 촉구되어지고 이루어지며, 다른 한편으로는 우리의 책임인지는 이해할 수가 없습니다. 그러나 다음 두 가지는 분명합니다. (1) 성령은 하나님의 택하신 자들이 그리스도를 닮아 가게 하는 훈련들을 지속적으로 행할 수 있도록 성실하게 도와주신다. (2) 우리는 마음을 강퍅하게 해서는 안 되며, 경건해지기를 원한다면 성령의 촉구하시는 음성에 응답해야 한다.

교제의 역할

이 훈련들에 대해 읽고는 혼자 그 훈련들을 행함으로 그리스도를 닮을 수 있을 것으로 생각하거나, 또는 그리스도인의 교제에 적극적으로 참여하는 사람들보다 더 그리스도를 닮을 수 있을 것으로 생각해서는 안 됩니다. 영적인 훈련을 다른 그리스도인들과의 교제와 무관한 것으로 생각하는 것보다 더 진리로부터 벗어난 것은 없습니다.

그리스도를 닮는 데서 성장하는 것을 하나님과의 교제에서 성장하는 것만으로 측정하는 것은 불완전합니다. 영적 성숙은 하나님의 자녀들과의 교제에서 성장하는 것을 포함합니다. 사도 요한은 요한일서 1:3에서 이 두 가지를 나란히 언급했습니다. "우리가 보고 들은 바를 너희에게도 전함은, 너희로 우리와 사귐이 있게 하려 함이니, 우리의 사귐은 아버지와 그 아들 예수 그리스도와 함께함이라." 신약의 교제는 삼위일체 하나님과의 교제와 그분의 백성들과의 교제입니다. 인간으로서 예수님의 성장이 "하나님과 사람에게 더 사랑스러워 가시는 것"(누가복음 2:52)을 포함했듯이, 영적 훈련들을 통해 예수님을 닮아 가고자 하는 사람들의 영적 성장에도 그 두 가지를 포함해야 합니다.

영적 훈련들을 혼자서 행하거나 영적 은둔자가 되려고 해서는 안 되는 이유는 명확합니다. 다른 그리스도인들이 없이는 행할 수 없는 훈련이 있기 때문입니다. 예를 들면, 공적인 예배, 함께하는 기도, 다른 그리스도인들을 섬기는 것 등입니다. 더 나아가, 그리스도인의 교제에 대해 하나님께서 뜻하신 것 가운데 하나는 영적 훈련들을 잘 하도록 서로 보완해 주고, 그 훈련들을 통해 경건에서 성장하도록 서로 자극하는 것입니다. 한 예로, 혼자서 성경 말씀을 공부하는 것이 하나님께서 우리가 은혜 안에서 자라게 하기 위해 주신 훈련이듯이, 다른 그리스도인들과 함께 성경을 공부하는 것도 그러합니다. 영적 훈련들을 위한 적용들 가운데는 혼자서 행하는 것도 있는 게 분명하나, 훈련들은 그리스도인의 교제로부터 동떨어져서 실행되도록 한 것은 아닙니다.

서구 문화권에서 사는 그리스도인들은 영적인 훈련을 행함에 있어서 교제의 역할을 잊어버리기 쉽습니다. "당신 자신의 것을 하며," "당신이 자신의 보스가 되고," "자기 이익만을 생각하라"는 사회의 강한 개인주의적 경향이 그 이유 중 하나입니다.

그러나 좀더 교묘한 이유가 있습니다. 그리스도인들은 흔히 사교적인 모임과 교제를 구분하지 못하고 있기 때문입니다. 비록 사교모임이 흔히 교제의 한 부분이요 교제의 맥락에서 이루어지기도 하지만, 교제가 없는 사교 모임도 있을 수 있습니다. 사교 모임에서는 인간적이고 세상적인 삶을 나눕니다. 그리스도인의 교제, 즉 신약성경의 코이노니아에서는 영적인 삶을 나누는 것을 반드시 포함해야 합니다. 오해하지 마십시오. 사교 모임은 교회에 도움이 되는 귀중한 자산이며, 균형 잡힌 삶을 위해 필요합니다. 그러나 사교 모임이 본연의 위치를 벗어나게 되었습니다. 우리는 그것을 교제의 대용으로 받아들이게 되었으며, 그리스도인의 진정한 교제는 완전히 사라지고 말았습니다. 그렇게 되면, 영적 훈련은 난관에 처하게 되고, 우리는 은혜 안에서 성장하는 데 방해를 받습니다.

예를 들면, 대략 다음과 같습니다. 그리스도인들이 몇 명 모여 몇시간 동안 최근의 뉴스, 날씨, 그리고 스포츠 등에 대해서만 이야기합니다. 그러나 영적인 문제들을 토의해야 하는 자신들의 필요는 완전히 무시할 수가 있습니다. 단지 사교 시간만을 가져 놓고서도 헤어질 때는 자신들이 교제를 잘 나누었다고 생각합니다. 그리스도인들만이 코이노니아라는 풍성한 잔치를 맛볼 수 있으나, 사교라는 패스트 푸드로 만족하곤 합니다. 그런 것은 세상 사람들도 맛볼 수 있습니다. 그리스도인들끼리의 대화에는 항상 성경 말씀이 입에 오르내리고, 최근의 기도 응답, 또는 오늘 경건의 시간에 새롭게 깨달은 것 등을 나누어야 한다는 것은 아닙니다. 그러나 아주 헌신적인 많은 그리스도인들이 영적 훈련을 하는 면에서는 아주 독립적이어서 이에 대해 마음 깊숙한 것을 서로 나누는 진정한 교제를 별로 나누지 않습니다. 이것은 문제입니다. 상호 관심사들, 문제들, 그리고 제자의 삶에서의 목표로 하는 것들 등에서 서로 격려하고 돕지 않으면, 우리의 영적 삶은 빈곤해지게 됩니다.

불신자들에게 그리스도를 닮은 삶을 보여 주고 그리스도에 대해 말해 주는 훈련을 해야 하듯이, 그리스도인들에게도 동일한 것을 행하는 훈련을 할 필요가 있습니다. 그리스도의 생명을 한 방향으로만 나누는 전도라는 훈련과는 달리, 교제는 양방향으로 영적인 생명을 나누는 것입니다. J. I. 패커는 교제를 "자신의 영혼에 힘과 신선함과 교훈을 얻기 위해, 하나님께서 그분에 대해 알리신 것을 다른 그리스도인들에게 나누는 것"이라고 정의했습니다. 그리스도인들이 사교적으로 함께할 수 있는 방법만큼이나 교제의 방법도 다양합니다. 예배, 섬김, 식사, 레크리에이션, 쇼핑, 전도, 통근, 기도 모임 등등이 모두 교제의 기회가 될 수 있습니다. 어떤 사교적 환경에서 교제가 이루어지든, 말과 행동으로 그리스도의 생명을 나누는 것이 포함되어야 합니다. 각자가 그리스도를 닮은 삶을 살아간다면, 모였을 때 그리스도인의 삶에서 서로 격려할 수 있습니다. 그리스도처럼 말하며, 영적인 것들에 대해 대화한다면, 서로를 경건함으로 나아가도록 자극할 수 있습니다.

이렇게 서로를 세워 주는 것이 에베소서 4:16에 설명되어 있습니다. "그에게서 온 몸이 각 마디를 통하여 도움을 입음으로 연락하고 상합하여 각 지체의 분량대로 역사하여 그 몸을 자라게 하며, 사랑 안에서 스스로 세우느니라." 은혜 안에서 자라 감에 따라 "각 지체의 분량대로 역사하는 일"에 적절하게 기여할 수 있습니다. 그리스도의 몸이 사랑 안에서 스스로 세워 갈수록 각 그리스도인은 경건함에서 세워지게 됩니다. 다시 말하자면, 각 그리스도인들이 경건한 삶을 훈련해 감에 따라 그의 개인적인 영적 성장은 그리스도의 몸을 세우는 데 기여한다는 것입니다. 단, 그가 그 몸의 일부로서 그리스도인들과의 교제 가운데 있을 때만 그렇게 됩니다. 그리스도인의 몸이 세워져 감에 따라, 이 교제의 커진 힘은 각 개인의 영적 성장에 기여하며, 영적 훈련들을 통해 경건함을 추구하는 것을 북돋게 됩니다. 영적 훈련은 그리스도인들의 교제를 강화시키며, 교제는 영적 훈련들을 행하는 것을 강화시킵니다.

열심히 여러 영적 훈련을 해도 교제가 없으면 영적으로 균형 있게 성장하지 않습니다. 히브리서 기자는 "오직 오늘이라 일컫는 동안에 매일 피차 권면하여, 너희 중에 누구든지 죄의 유혹으로 강퍅케 됨을 면하라"(3:13)고 경고합니다. 교제는 "피차 권면하기 위해" 필요합니다. 하나님께서는 교제라는 영적 보호 장치를 주셨습니다. 이 장치를 사용하지 않을 때, 죄의 유혹을 받기가 훨씬 더 쉬워집니다. 죄의 유혹을 많이 받고 있는 사람들 중에는 여러 가지 영적 훈련을 엄격하게 행하고 있는 이들이 있습니다. 혼자서 성경도 공부하고 기도도 많이 하기 때문에 자기는 교회의 그 "영적이지 못한" 사람들을 전혀 필요로 하지 않는다고 믿고 있는 사람들이 있습니다. 다른 은사들을 지니고 있는 그리스도인들의 다듬어 주는 영향이 없기 때문에 그들은 성경 말씀에 대한 왜곡된 견해를 자신 있게 주장하게 되었으며, 스스로를 영적이라고 생각한 나머지 뻔한 죄를 정당화할 수도 있었습니다. 분명 이것은 극단적인 경우이긴 하지만, 엄격한 영적 훈련을 하는 사람일지라도 하나님께서 교제를 통해서만 얻도록 하신 것을 얼마나 필요로 하는지를 잘 보여 줍니다.

청교도인 토머스 왓슨은 "거룩하게 된 사람들과 어울리라. 그들은 상담과 기도와 거룩한 본을 통해 당신을 거룩하게 하는 수단이 될 것이다"라고 권면했습니다.

수고와 싸움의 역할

그리스도인의 삶에는 수고라는 요소가 있습니다. 많은 세력들이 아직도 천국의 가장자리에 있는 사람들의 영적 진보를 방해하기 위해 싸움을 걸어 옵니다. 그리스도를 따르는 길에는 매순간 전투가 있는 것은 아니지만, 일생 동안 저항이 있습니다. 그러므로 영적 훈련을 통해 하나님의 은혜를 누리기만 하면 그리스도인의 삶을 사는 것은 쉬운 일일 것이라고 오해하지는 마십시오.

당신은 어려울 때도 그리스도를 따르며 계속 영적 훈련들을 해야 합니다. 그렇게 하는 데 도움이 되도록 이 단락을 쓰고 있습니다. 얼마 전 나는 약 3년 전부터 예수님을 믿어 온 한 여성의 전화를 받았습니다. 그 여성은 최근의 영적 실패로 말미암은 좌절감을 토로하더니, 교회에서 아주 영적으로 성숙해 보이는 사람들도 자기가 피를 흘리며 싸우고 있는 그런 싸움을 경험하고 있는지 알고 싶어했습니다. 모든 그리스도인이 그녀처럼 어려움을 겪고 있다는 말은 그녀에게 신선하고도 시기 적절한 것이었으며 또한 위로와 소망을 주었습니다. 당신에게도 마찬가지이기를 바랍니다.

어떤 단계들을 밟기만 하면, 또는 어떤 특정한 경험을 하기만 하면, 거룩한 삶을 가로막는 죄와 싸움으로부터 자유로워진다고 가르치는 사람들을 조심하십시오. 그러한 약속은 긴 막대 끝에 달린 당근과 같아서, 붙잡기 위해 언제나 노력하게는 하나 결코 손에 넣지는 못합니다.

영적 훈련을 하며 경건함에서 진보를 이루는 데는 수고가 따른다는 것은 우리 주제 구절의 문맥을 통해서도 확실히 알 수가 있습니다. 디모데전서 4:7-8에 언급된 경건에 대해, 사도 바울은 10절에서 "이를 위하여 우리가 수고하고 진력하는 것은"이라고 쓰고 있습니다. 수고하고 진력한다는 것은 그리스도를 닮아 가는 데는 "그냥 내버려두며 하나님께서 하시게 하는 것" 이상의 그 무엇이 필요하다는 것을 보여 줍니다. 여기서 "수고"로 번역된 단어는 분투한다는 의미를 가지고 있습니다. 이것은 은혜 대신에 행위를 강조하는 것이 아닙니까? 성령에 의해 그리스도인의 삶을 시작했으나 육신의 행위에 의해 거룩하게 되어야 한다고 주장하고 있는 것입니까? 오해입니다. 영적 성장에 대한 신약성경의 가르침 전체에서 찾아볼 수 있는 것과 같은 균형 잡힌 시야가 필요합니다. 그리스도인의 삶에서의 진보는 성령의 사역만으로 이루어지는 것도 아니요, 우리의 노력만으로 이루어지는 것도 아니며, 시작하시고 유지하시는 성령의 은혜를 누리며 협력하는 것을 통해 이루어지는 것입니다. "내 속에서 능력으로 역사하시는 이의 역사를 따라 힘을 다하여 수고하노라"(골로새서 1:29)고 한 바울처럼 행할 때 그리스도를 닮아 가게 될 것입니다. 바울은 힘을 다하여 수고했습니다. 그러나 자기 속에서 능력으로 역사하시는 성령의 역사를 따라 그렇게 수고했다는 사실을 주목해 보십시오. 우리는 이미 영적 훈련들을 꾸준히 지속할 수 있게 하시고 이를 통해 우리 안에 그리스도의 성품을 나타내시는 성령의 역할에 대해 살펴보았습니다. 영적 성장이 이루어지는 방법에 대해 균형 잡힌 시야를 갖는다는 것은, 용서는 받았으나 죄로 오염된 사람들이 예수 그리스도를 닮아 가는 과정에 해야 할 수고의 실체를 기억해야 한다는 것을 의미합니다.

이것은 신약성경의 분명한 가르침입니다. 신약성경은 세상과 육신과 마귀에 대해, 또 그것들이 얼마나 끊임없이 우리를 거스를지에 대해 경고하고 있습니다. 성경은, 우리를 대항하는 이 세 가지 때문에, 육신에 머무르고 있는 한 죄를 이기기 위해 수고해야 한다는 것을 보여 줍니다.

세상에 머무르고 있는 동안, 세상은 줄기차게 압력을 가해 옵니다. 예수님께서는 세상이 그분 자신을 미워했으며, 또한 그분을 따르기 위해 훈련하는 우리를 미워할 것이라고 말씀하셨습니다(요한복음 15:18-19). 요한은 우리에게 "이 세상이나 세상에 있는 것들을 사랑치 말라"(요한일서 2:15)고 권면합니다. 그리고 나서 그는 이 세상에 있는 것들로서 육신의 정욕과 안목의 정욕과 이생의 자랑에 대해 말했습니다. 이 세상을 떠나지 않고는 이 세 가지 유혹들 가운데 어느 하나로부터도 완전히 벗어날 수 있는 길은 없습니다.

　영적인 싸움 가운데 또 하나는 죄를 향하는 경향 즉 육신에 대항하는 싸움입니다. 갈라디아서 5:17은 "육체의 소욕은 성령을 거스리고, 성령의 소욕은 육체를 거스리나니, 이 둘이 서로 대적함으로 너희의 원하는 것을 하지 못하게 하려 함이니라"고 말합니다. 때로는 올바른 것을 행하는 것, 하나님께 순종하는 것에 아무런 어려움이 없습니다. 하나님의 말씀을 읽거나 공부하는 것이 아주 즐겁고 기쁠 때가 있습니다. 기도를 하는데, 기도가 끝이 나지 않을 것 같고, 또 끝이 나지 않았으면 하고 바랄 때도 있습니다. 그러나, 당신은 많은 경우에 영적 훈련은 하나의 싸움이라는 것을 알고 있습니다. 성령은 그리스도를 닮아 가며, 영적인 훈련들을 행하도록 촉구하나, 당신의 육신은 그런 것을 행하지 못하도록 방해할 것입니다. 그것은 "이 둘이 서로 대적하기" 때문입니다. 그러나 자신을 훈련하는 것이 때때로 어렵고 수고를 요하지만, 그것은 자기를 괴롭히는 것이 아닙니다. 그것은 성령에 의해 촉구되고, 당신도 하기를 실제로 원하는 것을 행하는 것입니다. "육체의 소욕은 성령을 거스리고… 너희의 원하는 것을 하지 못하게 하려 할 때" 싸움이 일어납니다. 그러나 이러한 싸움을 하는 것, 즉 영적 훈련을 하는 것을 자기를 괴롭히는 것으로 생각하기보다는, 갈라디아서 6:8에서 격려하고 있는 바와 같이 "성령을 위하여 심는" 것으로 여기는 것이 더 성경적입니다. 그러나 육신은 성령을 거스린다는 이 성경적인 사실은 당신이 육체 가운데 있을 동안에는 그 싸움으로부터 완전히 벗어날 수는 없다는 것을 의미합니다.

　물론, 대적 마귀는 당신이 영적 훈련에서 실패하게 하려고 전력을 다하고 있습니다. 사도 베드로는 "근신하라. 깨어라. 너희 대적 마귀가 우는 사자같이 두루 다니며 삼킬 자를 찾나니"(베드로전서 5:8)라고 우리에게 상기시킵니다. 만약 우리로 영적 전투에서 면제시켜 주는 무슨 영적 경험이 있다면, 근신하고 깨어 있으라고 하기보다는 그러한 경험에 대해 말해 주지 않았겠습니까? 왜 에베소서 6장에서 하나님의 전신 갑주를 입으라고 명령하고 있습니까? 이는 우리가 싸움 중에, 전투 중에 있기 때문입니다. 그리고 그리스도인의 삶의 일부인 이 싸움에는 휴식도 휴전도 휴가도 없습니다.

그러면, 어디에 승리가 있습니까? 예수 그리스도께서는 오래 전에 세상과 육신과 마귀에 대해 결정적이고 영원한 승리를 얻으셨습니다. 그 승리는 성령에 의해 우리에게 전달됩니다. 성령께서는 우리가 하나님의 은혜 안에 거하도록 지켜 주시는 것입니다. 여기에는 우리로 꾸준히 행할 수 있게 해주는 은혜도 포함되어 있습니다. 우리가 할 일은, 자기 십자가를 지는 수고를 하면서 주님을 따르고, 영적 훈련을 통해 주님께서 사신 것처럼 사는 것입니다. 영적 훈련들에서 우리의 진보를 가로막는 세력들에 대해 우리가 실제적으로 승리를 경험할 수 있습니다. 바로 훈련을 통해서입니다. 다른 말로 하면, 훈련을 하지 못하게 거스리는 대적들에 대해 꾸준히 승리를 경험하려면 영적 훈련들을 끈기 있게 해나가야 한다는 것입니다. 우리의 이 대적들에게 굴복하고 훈련을 그만두게 된다면, 승리는 결코 오지 않을 것입니다. 그러나 이러한 훈련들, 즉 영적 무기들을 사용한다면, 그런 것들을 무찌를 수 있도록 은혜와 능력을 더 많이 받게 될 것입니다. 어느 날, 모든 싸움은 끝나고, 모든 약속들은 성취될 것이며, 그리고 영적인 훈련들은 더 이상 필요치 않을 것입니다. 마침내 예수님을 보게 되는 날 우리는 예수님과 같아질 것이기 때문입니다(요한일서 3:2 참조). 그러므로 성령으로 말미암은 결단으로 이 싸움에 임하도록 합시다. 왜냐하면 승리는 "어려움을 겪는 자가 정복한다"라는 모토를 가졌던 청교도들의 것이듯 우리의 것이 될 것이기 때문입니다.

그래서 패커는 다음과 같이 충고합니다. "그러므로 이 세상에서 거룩함을 추구해 감에 있어서, 외적이든 내적이든 갈등이나 수고를 피할 수 있다는 생각은 현실 도피주의적인 꿈이며, 그러한 꿈은 매일의 실제 삶이 그것과 반대가 됨에 따라 우리로 하여금 환멸을 느끼게 하며 맥이 빠지게 할 뿐입니다. 우리가 마땅히 깨달아야 할 것은, 우리 속에 있는 그 어떠한 진정한 거룩함도 예수님의 경우처럼 언제나 적대적인 포화를 받을 것이라는 것입니다." 히브리서 기자는 다음과 같이 말했습니다. "너희가 피곤하여 낙심치 않기 위하여 죄인들의 이같이 자기에게 거역한 일을 참으신 자를 생각하라. 너희가 죄와 싸우되 아직 피 흘리기까지는 대항치 아니하고"(12:3-4).

성령의 역할과 교제의 역할을 알고, 그리스도인의 삶에는 끊임없는 싸움이 있다는 사실을 알면 꾸준히 영적 훈련들을 행하는 데 도움이 될 것입니다. 그러한 끈기가 없으면, 훈련은 불완전하고 비효과적입니다. 베드로후서 1:6에서, 이 끈기 즉 인내가 훈련(즉 절제)과 경건을 어떻게 연결하고 있는지 주목해 보십시오. "… 절제에 인내를, 인내에 경건을." 그 두 사이에 인내가 없다면, 영적 훈련들이라는 자기 절제된 행동과 경건 사이의 관계는 마치 충전이 잘 된 배터리와 연결이 끊어진 전구 사이의 관계와 같습니다. 불이 켜질 수가 없습니다. 그러나 그 둘이 끊어지지 않는 전선으로 연결되어 있으면, 불은 밝게 빛납니다. 마찬가지로, 당신이 영적 훈련을 더 꾸준하고 인내하면서 할수록 그리스도의 생명은 당신을 통해 더 밝고 지속적으로 빛을 발하게 될 것입니다.

추가 적용

경건해지고 싶습니까? 그러면 영원한 관점에서 영적 훈련들을 실행하도록 하십시오. 조나단 에드워즈는 "오, 하나님, 저의 두 눈동자에 영원이라는 도장을 찍어 주소서!"라고 기도하곤 했습니다.

모든 것을 영원의 관점에서 본다면, 우리의 시간 사용과 여러 가지 선택들이 얼마나 달라질지 한번 생각해 보십시오. 지금은 매우 중요해 보이는 많은 것들이 갑자기 아주 하잘것없는 것으로 드러날 것입니다. 그리고 우리의 우선 순위 목록에서 "시간이 좀더 있으면" 칸에 밀려 나 있던 것이 갑자기 새롭게 중요성을 띠게 될 것입니다. 영적인 훈련들은 경건과 밀접한 관련이 있으므로, 영원이라는 도장이 찍힌 눈을 통해 보면 그것들은 다른 것과 비교할 수 없을 정도로 우선 순위를 가지게 됩니다.

영원의 관점에서 영적인 훈련들을 행하는 것은 언제나 하나님의 계획이었습니다. 이 책의 토대가 되고 있는 디모데전서 4:7의 "경건한 생활을 하기 위하여 늘 자신을 훈련하시오"(새번역)라는 말씀에 이어 다음과 같은 말씀이 나옵니다. "육체의 연습은 약간의 유익이 있으나 경건은 범사에 유익하니, 금생과 내생에 약속이 있느니라"(8절). 영적인 훈련들을 단지 실용적이고 현세적인 관점에서만 보는 것은 근시안적입니다. 우리는 그것들이 오늘 또는 현세에 우리에게 어떤 도움이 될 것인가만 생각하지 말고 그것들에 대해 더 크게 생각할 필요가 있습니다. 훈련에 의해 얻어지는 경건은 "금생"에도 추구할 만한 가치가 있는 것은 분명합니다. 그러나 경건의 가치와, 그것을 위한 영적 훈련들의 가치는 영원에 비추어 볼 때 더 확실히 알 수 있습니다.

당신이 깨닫고 있든 그렇지 않든, 당신이 행하는 모든 것은 영원한 결과를 가져옵니다. 이생에만 영향을 미치는 것은 없습니다. 이것은 성경의 가르침을 통해 볼 때 명백합니다. 우리는 자신의 일생을 어떻게 사용했는지에 대해 하나님 앞에 고해야 하며(로마서 14:12 참조), 이 세상에서 우리가 한 일에 근거하여 상을 얻거나 잃게 될 것이기 때문입니다(고린도전서 3:10-15 참조). 우리는 시간을 사용하되, 현세에서 유익할 뿐만 아니라 영원한 삶을 가장 잘 준비하는 방향으로 사용해야 합니다. 꾸준하게 영적인 훈련을 행하는 것만큼 현세의 삶과 내세의 삶을 위해 균형 있게 우리를 준비시켜 주는 것은 없습니다.

경건해지기를 원합니까? 영적인 훈련을 통하는 방법밖에는 없습니다. 경건함에 이르는 성경적인 방법은 분명해졌습니다. 경건해지기를 원합니까? 디모데전서 4:7에서 "경건한 생활을 하기 위하여 늘 자신을 훈련하시오"(새번역)라고 주님께서 말씀하십니다. 이것이 그 길이요 다른 길은 없습니다.

경건에 이르는 지름길은 없습니다. 그러나 우리의 육신은 영적 훈련을 통해서보다는 더 쉬운 길을 찾고자 합니다. 그것은 다음과 같이 반론을 제기합니다. "왜 더 빨리 그리고 더 쉽게 경건해질 수 없단 말인가? 나 자신을 훈련하는 데 관한 이 모든 이야기는 율법적이고 획일적이며, 내가 생각했던 것보다 그리스도를 닮는다는 것을 더 어렵게 보이게 한단 말이야. 나는 자연스럽기를 원해!"

이러한 유혹에 대해 존 게스트는 다음과 같이 반박합니다.

> "훈련"은 우리 문화에서는 불쾌한 말이 되었습니다.… 나는 내가 많은 영역에서 사람들이 원치 않는 것을 말하고 있음을 알고 있습니다. 그러나 자연스러움 또는 자발성은 아주 과대평가되고 있습니다. 훈련의 필요성을 무시하는 "자연스러운" 사람은 마치 다음에 소개하는, 달걀을 모으러 가는 농부와 같습니다. 그는 뜰을 지나 양계장으로 가다가 펌프가 새고 있는 것을 발견했습니다. 그래서 그는 그것을 고치기 위해 발걸음을 멈추었습니다. 살펴보니 그것은 와셔를 새로 교환해야 했습니다. 그래서 그는 그것을 가져오기 위해 광으로 발길을 돌렸습니다. 광으로 가다가 건초 더미를 정리할 필요가 있다는 것을 알게 되었고, 쇠스랑을 가지러 갔습니다. 가보니 쇠스랑 곁에는 손잡이가 부러진 빗자루가 놓여 있었습니다. "다음에 시내에 들어갈 때에는 빗자루 손잡이를 사야 한다는 것을 잊

지 말아야지" 하고 그는 생각했습니다.…

이제 그 농부는 달걀을 모으러 가고 있지도, 자신이 행하기 위해 출발한 어떤 것을 이룰 것 같지도 않다는 것은 분명합니다. 그는 철저하게 자연스러우나 별로 자유롭지는 않습니다. 그는, 말하자면, 고삐 풀린 자연스러움의 포로인 것입니다.

사실 훈련은 자유에 이르는 유일한 길입니다. 그것은 자연스러움을 위해 필요한 밑바탕입니다.

그 농부의 삶은 당신의 영적 삶과 비슷하지는 않습니까? 즉 자연적이기는 하나 종잡을 수 없지는 않습니까? 당신은 아무런 성과도, 그리고 은혜 안에서의 성장도 없이, 이것 저것 사이를 정처 없이 헤매고 있지는 않습니까? 우리가 자연스러움을 원하는 것은 분명하나, 훈련이 없는 자연스러움은 가치가 없습니다. 나에게는 키보드나 기타로 아름다운 멜로디를 즉석에서 연주할 수 있는 친구들이 몇 명 있습니다. 그러나 그들이 그토록 "자연스럽게" 연주를 할 수 있는 것은 오직 오랜 세월 동안 그러한 악기를 연주하는 훈련을 해 왔기 때문입니다. 예수님께서 그토록 영적으로 "자연스럽게" 사실 수 있었던 것은 실제로 지금까지 살았던 가장 훈련된 분이었기 때문입니다. 아무 노력이 없어도 자연적으로는 살게 될 것입니다. 그러나 그리스도인의 삶에서 효과적인 자연성은 영적 훈련의 열매입니다.

많은 그리스도인들이 영적 훈련들을 행하는 데 실패하는 것은 자연성을 원하는 마음과의 갈등 때문이라기보다는 시간을 내는 데 있어서의 갈등 때문입니다. 그러나 경건하려면 늘 바빠질 것이라는 사실을 직시해야 합니다. 하나님께서 가장 원하시는 것을 행하는 것, 즉 당신의 마음을 다하고, 목숨을 다하고, 뜻을 다하고, 힘을 다하여 하나님을 사랑하는 것과 이웃을 당신의 몸과 같이 사랑하는 것을(마가복음 12:29-31) 당신의 여가 시간에 할 수는 없습니다. 말과 행동으로 하나님과 다른 사람들을 사랑하다 보면 바쁜 삶을 살게 됩니다. 이 말을 하는 것은, 하나님께서 우리가 야단법석을 떠는 삶을 살기를 원하신다는 것이 아니라, 경건한 사람들은 결코 게으른 사람이 아니라는 것을 강조하기 위함입니다.

그러므로 영적인 훈련을 위해 시간이 더 날 때까지 기다리고만 있다면, 당신은 결코 그런 훈련을 하지 못하게 될 것입니다. 우리 부부에게 보낸 편지에 진 플레밍은 다음과 같이 썼습니다. "나는 '삶이 안정되면 …을 해야지' 하고 생각하곤 합니다. 하지만 지금쯤이면 삶은 결코 오랫동안 안정되지는 않는다는 것을 배웠어야 했습니다. 내가 이루기 원하는 것이 무엇이든, 나는 삶이 안정되지 않아도 그것을 해야 합니다." 이것은 놀라운 통찰이라고 생각합니다. 삶이 진정으로 오랫동안 안정되지는 않고, 언제나 해야 할 일은 많이 있을 것입니다. 그러므로 만약 영적 훈련들을 통해 경건한 삶에 진보를 이루고자 한다면, 지금과 같은 삶에서 훈련을 해야 합니다.

내가 고등학교에 다닐 무렵에는, 농구에 흥미가 있는 사람들은 누구나 피트 매러비치처럼 되기를 원했습니다. 그는 대학 농구 역사상 그 누구보다도 많은 득점을 했으며, 그 당시에 가장 감동을 자아내는 선수였습니다. 그가 농구계에 등장하기 전까지만 해도, 다리 사이로 드리블을 하는 것과 등뒤로 패스를 하는 것은 단지 멋으로 한번 해볼 수 있는 것 정도로 여겨졌습니다. 그러나 그는 그것들을 평범한 기술로 발전시켰습니다. 프로로 전향한 후에는 미국 NBA의 명예의 전당에 이름이 올라갔습니다. 그는 30대 중반에 그리스도인이 되었는데, 겨우 40세밖에 되지 않았던 1988년 1월에 심장마비로 갑자기 세상을 떠났습니다.

죽기 1년 전에 한 인터뷰에서 그는 다음과 같이 말했습니다.

> 나의 실력의 열쇠는 반복입니다. 나는 연습하고 연습하고 또 연습했습니다. 나는 스포츠에 완전히 헌신했지요. 나는 기술

을 향상시키기 위해 내가 할 수 있는 모든 것을 내가 할 수 있는 모든 방법으로 시도했습니다. 나는 농구에 완전히 사로잡혀 있다시피 했답니다. 그 결과 나는 선수가 되었습니다. 그러나 내 삶에 대해서는 그렇게 자신이 없습니다. 그때 내가 신앙을 위해 동일한 열심을 쏟아 부었다면, 지금은 그렇게 하고 있지만, 나는 더 나은 사람이 되었을 것입니다.

슈팅, 패스, 그리고 드리블을 하는 데 자신을 훈련함으로 그는 아주 위대한 농구 선수가 되었습니다. 농구로 인해 돈과 명성을 얻었음에도, 그는 예수님을 믿는 믿음 이외의 것에서 그러한 훈련을 한 것을 결국 후회했습니다. 그가 했었더라면 하고 바라던 대로 당신은 자신을 기꺼이 훈련하기를 원하십니까? 당신은 그가 농구를 위해 기꺼이 자신을 훈련한 것만큼 경건한 삶을 위해 기꺼이 당신을 훈련하겠습니까? 한때 농구가 그에게 중요했던 것만큼 경건은 당신에게 중요합니까?

하나님께로 가는 유일한 길이 그리스도를 통하는 것이듯, 경건함에 이르는 유일한 길은 그리스도 중심적인 영적 훈련을 통하는 것입니다. 당신은 경건한 삶을 위해 자신을 훈련하겠습니까? 언제 어디서 어떤 것에서 훈련을 시작하겠습니까?

영적 전쟁의 성서적 원리

리로이 아임스 지음
신국판/ 296쪽

네비게이토 선교회의 창시자이며 초대 회장인 도슨 트로트맨은 종종 다음과 같이 말하곤 했습니다. "여러분, 영적 전쟁에서 승리를 보장해 주는 만능 전술은 없습니다. 혹시라도 있다고 생각한다면 바로 그 순간 전술을 잃어버린 겁니다."

이와 같은 의미심장한 말을 한 도슨은 그 자신이 성경 말씀을 깊이 알고 있는 사람이었습니다. 이 충고의 말을 마음에 새긴 리로이 아임스는 그것을 주제로 깊은 연구 끝에 본서를 내놓았습니다. 영적 전쟁에서 승리를 보장해 주는 만능 전술은 없지만, 헌신된 그리스도인에게 승리를 가져다주는 성서적 원리들은 많이 있습니다.

우리는 이 원리들을, 구약시대에 이스라엘 백성이 애굽을 탈출하여 마침내 약속의 땅에 정착할 때까지 경험한 것들을 통하여 발견할 수 있습니다. 그들의 성공과 실패의 발자취는 성경에 자세히 기록되어, 후세 사람들이 그것을 거울로 삼아 승리하는 삶을 살 수 있게 도와 줍니다.

넘치는 은혜 변화되는 삶

제리 브릿지즈 지음
신국판/ 320쪽

우리의 행위가 아니라 오직 하나님의 은혜로 구원받은 사실을 모르는 그리스도인은 많지 않을 것입니다. 그러나 구원받은 이후의 삶은 어떻습니까? 많은 사람들이 구원은 은혜로 받으나 그 후의 하나님과의 관계는 우리의 행위 즉 공로나 성취에 의해 좌우되는 양 생각합니다.

이처럼 구원받은 이후의 삶도 하나님의 은혜로 이루어진다는 사실을 모르면, 율법적인 생각으로 인해 주님 안에 있는 풍성한 자유와 기쁨을 누리지 못하게 되며, 하나님께서 우리를 위해 예비해 두신 많은 축복을 놓치게 됩니다.

여러 해에 걸친 성경공부의 열매인 본서는 삶의 모든 영역에서 하나님의 은혜를 경험하고자 하는 이들에게 훌륭한 안내서가 되어 줄 것입니다. 본서의 한 페이지 한 페이지를 음미해 보십시오. 그러면 값없이 당신에게 베푸시는 하나님의 은혜가 얼마나 크고 놀라운지 알게 됩니다.

본 출판사의 서면 허락 없이는 본서의 전부 또는
일부의 무단 복제, 또는 원문에 대한 무단 번역을 금합니다.

영적 훈련

초판 1쇄 발행 : 1997년 12월 5일
초판 7쇄 발행 : 2024년 3월 25일

펴낸곳: 네비게이토 출판사 ⓒ
주소: 서울시 서대문구 연희로 16 (창천동)
전화: 334-3305(대표), 334-3037(주문), FAX: 334-3119
홈페이지 http://navpress.co.kr
출판등록: 제10-111호(1973년 3월 12일)

ISBN 978-89-375-0212-5   03230